精准扶贫政策的减贫效果研究：

基于多维相对贫困与贫困脆弱性的视角

秦升泽 李谷成◎著

Research on Poverty Reduction Effect of the Targeted Poverty Alleviation Policy:

From the Perspective of Multidimensional Relative Poverty and Poverty Vulnerability

中国财经出版传媒集团
经济科学出版社
Economic Science Press

图书在版编目（CIP）数据

精准扶贫政策的减贫效果研究：基于多维相对贫困与贫困脆弱性的视角/秦升泽，李谷成著．－－北京：经济科学出版社，2023.3

ISBN 978-7-5218-4534-1

Ⅰ.①精⋯　Ⅱ.①秦⋯②李⋯　Ⅲ.①扶贫－研究－中国　Ⅳ.①F126

中国国家版本馆 CIP 数据核字（2023）第 029954 号

责任编辑：汪武静
责任校对：隗立娜　刘　昕
责任印制：王世伟

精准扶贫政策的减贫效果研究
——基于多维相对贫困与贫困脆弱性的视角

秦升泽　李谷成　著

经济科学出版社出版、发行　新华书店经销
社址：北京市海淀区阜成路甲 28 号　邮编：100142
总编部电话：010-88191217　发行部电话：010-88191522
网址：www.esp.com.cn
电子邮箱：esp@esp.com.cn
天猫网店：经济科学出版社旗舰店
网址：http://jjkxcbs.tmall.com
北京季蜂印刷有限公司印装
710×1000　16 开　15.25 印张　210000 字
2023 年 3 月第 1 版　2023 年 3 月第 1 次印刷
ISBN 978-7-5218-4534-1　定价：68.00 元
(图书出现印装问题，本社负责调换。电话：010-88191510)
(版权所有　侵权必究　打击盗版　举报热线：010-88191661
QQ：2242791300　营销中心电话：010-88191537
电子邮箱：dbts@esp.com.cn)

本书得到国家社会科学基金重大项目"新形势下我国农业全要素生产率提升战略研究（18ZDA072）"和湖北省社会科学基金后期资助项目"精准扶贫政策的减贫效果研究：基于多维相对贫困与贫困脆弱性的视角（HBSK2022YB331）"的资助，在此表示感谢。

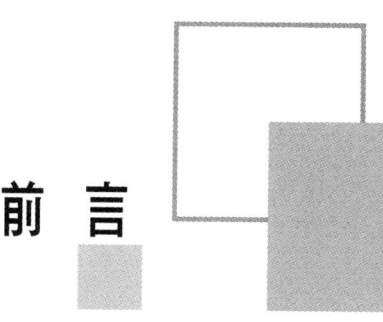

前言

2021年2月25日,习近平总书记在全国脱贫攻坚总结表彰大会上讲话时指出"反贫困始终是古今中外治国安邦的一件大事。一部中国史,就是一部中华民族同贫困作斗争的历史。从屈原'长太息以掩涕兮,哀民生之多艰'的感慨,到杜甫'安得广厦千万间,大庇天下寒士俱欢颜'的憧憬,再到孙中山'家给人足,四海之内无一夫不获其所'的夙愿,都反映了中华民族对摆脱贫困、丰衣足食的深深渴望。近代以后,由于封建统治的腐朽和西方列强的入侵,中国政局动荡、战乱不已、民不聊生,贫困的梦魇更为严重地困扰着中国人民。摆脱贫困,成了中国人民孜孜以求的梦想,也是实现中华民族伟大复兴中国梦的重要内容。"①

贫困是人类社会的顽疾。消除贫困,改善民生,实现共同富裕,是社会主义的本质要求。中国政府高度重视扶贫减贫工作。2014年,为解决已有扶贫政策未能很好识别到户的问题,我国开始实施精准扶贫政策。自精准扶贫政策实施以来,政府围绕该政策投入了大量的扶贫资源,使贫困户的识别与帮扶更加精准,贫困户得到了更多的优惠政策与智力支持。在政策实施期间,所有国家级贫困县统筹使用各级涉农财政资金的总规模为1.6万亿元,占2020年GDP的1.58%,其中,中央财

---

① 资料来源:在全国脱贫攻坚总结表彰大会上的讲话,新华网,2021-02-25.

政专项扶贫资金年均增长200亿元，2020年末达到了1 461亿元，累计投入6 601亿元。扶贫小额信贷和扶贫再贷款分别累计发放7 100亿元和6 688亿元，金融精准扶贫贷款发放9.2万亿元。[①] 2 000多万贫困患者得到分类救治，曾经被病魔困扰的家庭挺起了生活的脊梁。近2 000万贫困群众享受低保和特困救助供养，2 400多万困难和重度残疾人拿到了生活和护理补贴。110多万贫困群众当上护林员，守护绿水青山，换来了金山银山。那么长时间以来实施的精准扶贫政策减贫效果如何？通过何种方式影响农户的贫困状态？如何对相应政策进行优化？回答这些问题对于我国在脱贫攻坚与乡村振兴过渡衔接期制定扶贫政策具有重要意义，同时也能为全世界的反贫困事业提供新的反贫困理论与脱贫样本。

鉴于此，本书按照"框架构建—效果评估—政策建议"的逻辑主线展开，对精准扶贫政策的减贫效果进行评估。首先，基于可行能力剥夺理论、相对贫困理论以及贫困脆弱性等贫困理论构建了精准扶贫政策效果的评估框架，确定了政策效果的评估标准，将政策效果划分为短期广度减贫效果与长期深度减贫效果，通过农户多维相对贫困的改善来衡量政策的短期减贫效果，通过农户贫困脆弱性的改善来衡量政策的长期减贫效果。其次，利用2012~2018年的四期CFPS追踪数据，使用A-F双界限法测算我国农户的多维相对贫困指数，并在测算的基础上实证探讨了精准扶贫政策对农户多维相对贫困的影响效果及作用机制，以期评估政策的短期效果；运用VEP法测算了我国农户的贫困脆弱性指数，并在测算的基础上实证探讨了精准扶贫政策对农户贫困脆弱性的影响效果及作用机制，以期评估政策的长期效果。最后总结以上分析的结论，提出政策建议。

本书的七个章节可分为四个部分。第一部分（第1章~第3章）在

---

① 资料来源：国家统计局。

前言

文献回顾的基础上，根据相关理论，构建了精准扶贫政策减贫效果的分析框架，为后续章节提供了理论基础。第二部分（第4章）从多维相对贫困与贫困脆弱性的视角描述了我国农村贫困的特征化事实，深入探究我国农户多维相对贫困、贫困脆弱性状况的演进趋势与区域异质性，为本书实证分析的开展提供坚实的基础。第三部分（第5章~第6章）运用实证模型，从多维相对贫困与贫困脆弱性的视角对精准扶贫的减贫效果进行评估，探究政策在减缓贫困时的前提条件与适宜范围。第四部分（第7章）基于前面的分析，从持续巩固脱贫攻坚成果，建立多维相对贫困测度指标体系等五个方面提出相应的政策建议。

当然，限于研究主题的特殊性以及研究数据可得性，本书还有许多问题值得进一步研究。例如，由于数据较难获取等原因本书只从微观农户层面对精准扶贫的政策效果进行了探讨，尚未深入考察精准扶贫政策对集中连片特困地区、贫困县与贫困村的影响效果。后续笔者也将沿着这些方向深入开展下去，以更加热忱的激情投入"三农"领域研究，为我国乡村的全面振兴献上绵薄之力！

秦升泽
2022年10月

目 录

第 1 章 导论 ·· 1
  1.1 研究背景 ·· 1
  1.2 研究目的和意义 ··· 4
  1.3 研究思路、研究内容与研究方法 ······························ 7
  1.4 可能存在的创新之处 ·· 12

第 2 章 文献综述 ·· 14
  2.1 多维贫困研究进展与综述 ····································· 15
  2.2 相对贫困研究进展与综述 ····································· 23
  2.3 贫困脆弱性研究进展与综述 ·································· 33
  2.4 反贫困相关研究 ··· 43
  2.5 研究评述 ·· 53

第 3 章 理论基础与分析框架 ·· 56
  3.1 精准扶贫概念界定 ·· 56
  3.2 我国扶贫政策的演进 ··· 59

3.3 贫困理论 ·· 71
3.4 理论分析框架 ···································· 76
3.5 本章小结 ·· 89

第 4 章　农户多维相对贫困与贫困脆弱性的测度 ······ 90
4.1 农户多维相对贫困的测度及地区比较分析 ············ 90
4.2 农户贫困脆弱性的测度 ···························· 123
4.3 本章小结 ·· 129

**第 5 章　精准扶贫政策对农户多维相对贫困的
影响评估** ······································ 131
5.1 研究方法 ·· 132
5.2 实证估计结果 ···································· 137
5.3 中介效应分析 ···································· 148
5.4 稳健性检验 ······································ 150
5.5 本章小结 ·· 157

第 6 章　精准扶贫政策对农户贫困脆弱性的影响评估 ··· 159
6.1 变量界定 ·· 160
6.2 实证估计结果 ···································· 162
6.3 中介效应分析 ···································· 172
6.4 稳健性检验 ······································ 176
6.5 本章小结 ·· 187

第 7 章　研究结论与政策建议 ························ 188
7.1 主要研究结论 ···································· 188

  7.2 政策建议 ································· 191
  7.3 研究展望 ································· 197

参考文献 ·· 199
附录1：建档立卡流程图 ···················· 226
附录2：贫困户申请书 ······················· 228
后记 ··· 229

第1章

导　　论

1.1　研究背景

中国的减贫成就举世瞩目，为世界反贫困事业作出了巨大贡献（汪三贵和刘明月，2019）。改革开放以来，我国针对贫困地区投入了大量的扶贫资源，采取了一系列扶贫措施（徐舒等，2020）。1984年，党中央和国务院出台了《关于帮助贫困地区尽快改变面貌的通知》，着力改变"老少边穷"地区的贫困落后面貌。我国采取有计划、有组织、大规模的扶贫措施始于1986年，同年设立了专门的扶贫机构"国务院贫困地区经济开发领导小组"[①]。1994年，党和国家发布了"八七扶贫攻坚计划"，计划用七年时间（1994～2000年）解决当时8 000万贫困人口的温饱问题。2001年又开展了《中国农村扶贫开发纲要（2001—2010年）》，确定了全国14.8万个贫困村，这些贫困村是扶贫工作的重

---

① 后改为"国务院扶贫开发领导小组"。

点地区。为指导和协调跨省贫困地区的扶贫工作，2011年12月，《中国农村扶贫开发纲要（2011—2020年）》提出开展集中连片特困地区扶贫政策，确定了14个集中连片特困地区，涵盖主要的贫困地区和重度贫困地区，指出连片特困地区是未来一段时间扶贫的重点，要求加强中央财政专项扶贫资金对其的投入，同时提出"建立健全扶贫对象识别机制，做好建档立卡工作，实行动态管理，确保扶贫对象得到有效扶持"，我国开始尝试精准地识别贫困对象。2013年，习近平总书记在国家扶贫开发工作重点县花垣县考察的时候提出了"实事求是、因地制宜、分类指导、精准扶贫"要求，强调改变之前相对粗放的扶贫模式，"精准扶贫"思想正式落地。2014年3月，习近平总书记进一步阐述了精准扶贫理论，强调要开展精准扶贫政策，自此，我国扶贫工作进入精准扶贫新时期。

自精准扶贫政策实施以来，政府围绕该政策投入了大量的扶贫资源，使贫困户的识别与帮扶更加精准，贫困户得到了更多的优惠政策与智力支持。在政策实施期间，所有国家级贫困县统筹使用各级涉农财政资金的总规模为1.6万亿元，占2020年GDP的1.58%。其中中央财政专项扶贫资金年均增长200亿元，2020年末达到了1461亿元，累计投入6601亿元（见表1-1）。扶贫小额信贷和扶贫再贷款分别累计发放7100亿元和6688亿元，金融精准扶贫贷款发放9.2万亿元。东部地区向中部、西部地区援助与帮扶资金累计达1005亿元，而东部地区企业在中部、西部地区累计投资达1万多亿元。近2000万贫困群众享受到了低保和特困救助供养，2400多万困难和重度残疾人拿到了生活和护理补贴，110多万贫困群众当上护林员。经过8年的艰苦奋斗，我国区域性整体贫困得到解决，完成了消除绝对贫困的艰巨任务。

表1-1　　　　　2013~2020年中央财政专项扶贫资金　　　　单位：亿元

项目	2013年	2014年	2015年	2016年	2017年	2018年	2019年	2020年
金额	394	433	467.45	660.95	861	1 060.95	1 260.95	1 461

资料来源：历年的《中国农村贫困监测报告》。

与此同时，精准扶贫政策在执行过程中也存在一些问题。首先，我国幅员辽阔，在政策的执行过程中较容易出现"一刀切"问题，对地区差异重视程度不够，这严重损害了政策的瞄准效果，也降低了扶贫效果（温雪等，2019）。其次，随着扶贫政策的深入展开，贫困人口迅速降低，但经济增长的"涓滴效应"减弱，政策对贫困户减贫的边际效果也随之减弱（李玉山等，2021）。再次，由于脱贫任务繁重，部分地方为如期完成脱贫目标，采取"数字脱贫""虚假脱贫"等方法，形式主义较为严重（程峥，2020）。因此，扶贫政策的实效性有待进一步验证。

政策评估是指在对政策实施中与实施后的广泛信息搜集的基础上，基于一系列的步骤和标准，对政策的效率、效果以及实行过程中产生的问题进行系统性评价的政治行为（匡兵，2018）。政策评估是政策实施过程中极具意义的重要环节，也是近年来社会科学中研究最为活跃的领域之一。精准扶贫政策是我国2014~2020年的主要扶贫政策，政府、社会和市场等多方主体在该政策上投入的大量的人力、物力与财力。随着精准扶贫工作的圆满收官，需要从多角度科学地评估精准扶贫政策的减贫效果，理清其减贫机制，考察政策对于减缓农户贫困的前提条件与适宜范围。

一方面，贫困是一个多维的概念，除收入外，还包括许多非货币的维度，如教育、健康、住房以及公共物品的获得等；另一方面，贫困具有长期性与顽固性的特点，多数新脱贫户的收入仍然较低，自身造血功能不强，风险应对能力较弱，极容易受到各种外界的冲击而重新陷入贫困，脱贫效果具有脆弱性。因此在评估反贫困政策的减贫效果时不仅需要从多角度探究政策的短期效果，还需要深入考察政策的长期效果。农户多维相对贫困的改善可以用来衡量政策的短期效果，而农户贫困脆弱性的改善可以用来衡量政策的长期效果。那么精准扶贫政策对农户的多维相对贫困与贫困脆弱性有何影响？其影响机制如何？影响过程中会发生"精英俘获"现象吗？弄清这些问题可为脱贫攻坚与乡村振兴衔接过渡期的扶贫政策的制定提供决策参考，也能为总结扶贫的"中国经验"，讲好扶贫的"中国故事"提供经验证据。

基于此，本书根据可行能力剥夺理论、相对贫困理论、贫困脆弱性等理论，构建精准扶贫政策减贫效果的分析框架；再利用 2012～2018 年中国家庭追踪调查（China family panel studies，CFPS）的四期追踪数据，测算出我国农户的多维相对贫困与贫困脆弱性指数，并在测算的基础上实证检验了精准扶贫政策对农户多维相对贫困与贫困脆弱性的影响效果及影响机制；最后在研究结论的基础上提出政策建议。以期在丰富精准扶贫政策效果相关研究的同时，为"后扶贫时代"反贫困政策的制定提供参考与借鉴。

1.2 研究目的和意义

1.2.1 研究目的

本书的总目标是在测算农户多维相对贫困与贫困脆弱性指数的基础上，全面、系统、科学地评估精准扶贫政策的减贫效果，揭示精准扶贫政策的减贫机制与适宜范围，为脱贫攻坚与乡村振兴衔接过渡期扶贫政策的制定提供有益的参考和借鉴。概括而言，主要研究目的有三个方面。

第一，明晰政策效果的评估维度。在多维贫困理论、相对贫困理论和风险冲击等理论的指导下，构造精准扶贫政策减贫效果的评估框架，将政策的减贫效果划分为短期广度减贫效果与长期深度减贫效果，通过农户多维相对贫困的改善来衡量政策的短期广度减贫效果，通过农户贫困脆弱性的改善来衡量政策的长期深度减贫效果，为后面的实证研究提供理论基础。

第二，准确地把握我国农村贫困的特征化事实。根据相关文献和中国实际选取农户多维相对贫困的指标和维度，确定各指标的权重及临界值，然后基于2012~2018年的四期CFPS面板数据，使用A-F双界限法①测度我国农户多维相对贫困指数及其区域异质性，阐述不同临界值下的贫困发生率与不同指标的多维相对贫困贡献率。并基于历年CFPS的面板数据，使用VEP法（Chaudhuri et al., 2002）测度我国的农户贫困脆弱性指数及其演进趋势与区域异质性，为后面的政策评估奠定基础。

第三，科学评估政策的减贫效果。在测度多维相对贫困的基础上，运用双重差分（DID）、面板Probit以及断点回归（RDD）等模型，实证分析精准扶贫政策对农户多维相对贫困的影响效果和影响机制，探究政策的短期减贫效果；在测度贫困脆弱性的基础上，运用DID、PSM-DID以及连续型DID等模型，实证分析精准扶贫政策对农户贫困脆弱性的影响效果和影响机制，探究政策的长期减贫效果。

---

① 该法最先由英国牛津大学贫困与人类发展中心（OPHI）的贫困问题研究专家阿尔基尔·弗斯特（Alkire Foster）和乔治华盛顿大学贫困问题专家詹姆斯·弗斯特（James Foster）提出，故而得名。

1.2.2 研究意义

1.2.2.1 选题的理论意义

(1) 为公共政策减贫效果的评估提供了更为多元的视角。已有研究对于扶贫政策的绩效评价多从短期的收入角度出发,但是在现实生活中贫困户不只是处于绝对收入贫困的状态,还伴随着相对收入、生活质量、教育等多个维度的贫困,仅研究扶贫政策对绝对收入的影响不够全面,同时只考察扶贫政策的短期效果具有片面性,很可能出现贫困户短期脱贫但不久后返贫的现象,因此需要进一步衡量政策的长期减贫效果。基于此,本书将多个分析框架整合,将静态与动态结合,短期与长期结合。多维相对贫困可以静态刻画减贫效果,扩充了分析的广度,贫困脆弱性可以动态刻画减贫效果,增加了分析的深度,能全面系统考察精准扶贫政策的减贫效果,这为扶贫政策的绩效评估提供了更为多元的视角。

(2) 丰富了中国特色反贫困理论。精准扶贫项目注重将中国特色社会主义的优势与反贫困事业相结合,极具中国特色,扩展了扶贫模式与路径,为世界的反贫困实践尤其是发展中国家的反贫困事业积累了宝贵经验。本书从多维相对贫困与贫困脆弱性的视角评估了精准扶贫政策的减贫效果并进行实证检验分析,总结其成功经验与存在的不足,为中国特色反贫困理论的应用提供了经验证据,有利于丰富与发展中国特色反贫困理论,也为世界反贫困事业提供新的脱贫样本与理论借鉴。

1.2.2.2 选题的现实意义

(1) 有助于了解我国农村贫困的特征化事实。我国是全球最大的发展中国家,贫困人口数量多,分布地区广泛,致贫原因复杂。本书测算了我国农户的多维相对贫困指数与贫困脆弱性指数,并进行地区比较分析,探究了农户多维相对贫困的主要来源,这对于了解我国农户多维相对贫困与贫困脆弱性的现状和致贫因素具有重要意义,也为政府在"后扶贫时代"精准地识别与瞄准贫困对象提供经验支持与参考。

(2) 有利于"后扶贫时代"反贫困政策的制定。未来一段时间我国贫困的主要形式是多维贫困与相对贫困。从多维相对贫困与贫困脆弱性的视角考察了精准扶贫项目在减缓农户贫困过程中成功的经验与存在的不足,探究政策在减缓农户贫困时的前提条件与适宜范围,对于脱贫攻坚与乡村振兴过渡衔接期的扶贫政策实践具有较强的现实意义,有利于对扶贫对象进行科学地分类并制定差异化的扶贫政策,提升后续反贫困措施的精准度与减贫效率。

(3) 明晰了贫困治理路径。本书有关精准扶贫政策对农户多维相对贫困和贫困脆弱性的影响机制分析,例如,信贷获得在精准扶贫政策影响农户多维相对贫困中具有中介效应,生计资本在精准扶贫政策影响农户贫困脆弱性中具有中介效应,这为多维相对贫困与贫困脆弱性的治理提供了可靠的优化路径。

1.3 研究思路、研究内容与研究方法

1.3.1 研究思路

本书按照"框架构建—效果评估—政策建议"的逻辑主线展开。首先,基于可行能力剥夺理论、相对贫困理论以及贫困脆弱性等理论构建了精准扶贫政策效果的评估框架,确定了政策效果的评估标准,将政策效果划分为短期广度减贫效果与长期深度减贫效果,通过农户多维相

对贫困的改善来衡量政策的短期减贫效果，通过农户贫困脆弱性的改善来衡量政策的长期减贫效果。其次，利用历年的 CFPS 追踪数据，使用 A－F 双界限法测算我国农户的多维相对贫困指数，并在测算的基础上实证探讨精准扶贫政策对农户多维相对贫困的影响效果及其作用机制，评估政策的短期效果；运用 VEP 法测算了我国农户的贫困脆弱性指数，并实证探讨了精准扶贫政策对农户贫困脆弱性的影响效果及其作用机制，评估政策的长期效果。最后，总结以上分析的结论，提出政策建议。基于以上研究思路，本书绘制技术路线如图 1－1 所示。

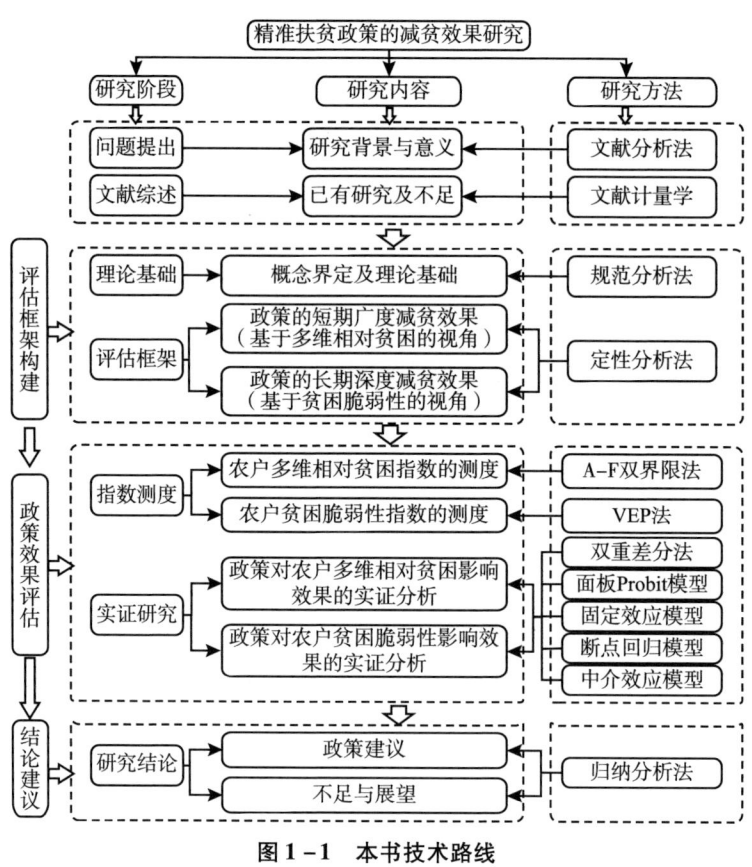

图 1－1　本书技术路线

1.3.2 研究内容

1.3.2.1 构建全书的理论分析框架（第1章~第3章）

首先，本书采取文献分析法，从文献计量学的视角，理清多维贫困、相对贫困与贫困脆弱性研究领域的热点、前沿与趋势，并对中外研究进行对比分析。其次，梳理了财政扶贫、产业扶贫、金融扶贫政策以及各个时期扶贫政策效果的研究现状，在此基础上开展文献评述，以期为后面的理论与实证分析提供较为充足的文献支撑。再次，对精准扶贫的概念进行了界定，明确本书的主要研究对象，梳理了改革开放后的扶贫政策实践，引出实施精准扶贫政策的时代背景。最后，从可行能力剥夺理论、相对贫困理论、风险冲击等理论出发，构建了精准扶贫政策减贫效果的分析框架，为后续章节提供了理论基础。

1.3.2.2 农村贫困的特征化事实（第4章）

深入了解研究对象的现状是展开分析的前提，本部分从多维相对贫困与贫困脆弱性的视角描述了我国农村贫困的特征化事实。首先，构造了农户多维相对贫困的指标体系，着重阐述了多维相对贫困的计算方法、指标设置、贫困维度和权重选取，使用2012~2018年的CFPS四期追踪数据，通过A-F双界限法识别农村家庭的多维相对贫困状况，测算出全国及东部、中部、西部三大区域农户的单维贫困发生率、多维相对贫困指数、多维相对贫困发生率与多维相对贫困各指标贡献率，并分析了东部、中部、西部三个地区在上述几个指标上的差异。其次，基于2012~2018年的四期CFPS追踪数据，使用VEP法测度我国的农户贫困脆弱性指数，深入探究我国农户贫困脆弱性状况的演进趋势与区域异质性，这为本书实证分析的开展提供坚实的基础。

1.3.2.3 精准扶贫政策减贫效果的实证检验（第5章~第6章）

本部分从多维相对贫困与贫困脆弱性的视角对精准扶贫的减贫效果进行实证评估，探究政策在减缓贫困时的前提条件与适宜范围。首先，将精准扶贫政策看成一次准自然实验，使用双重差分（DID）、面板Probit以及断点回归（RDD）等模型，实证研究了精准扶贫政策对农户多维相对贫困的影响效果及作用机制，并深入分析该影响效果在不同区域、不同贫困维度以及不同类型农户上的差异，以期探讨政策的短期效果。其次，使用DID、PSM-DID以及连续型DID等模型，实证研究了精准扶贫政策对农户贫困脆弱性的影响效果及其作用机制，并深入分析该影响效果在不同区域、不同贫困程度以及不同贫困原因农户上的差异，以期探讨政策的长期效果。

1.3.2.4 政策建议与研究展望（第7章）

基于以上内容的分析，本部分在对研究内容进行总结的基础上，从持续巩固脱贫攻坚成果，建立多维相对贫困测度指标体系，提高多维相对贫困福利水平，把贫困脆弱性纳入反贫困政策考核体系，统筹区域发展五个方面提出相应的政策建议，以有利于提升后续反贫困措施的精准度与减贫效率，减缓农户的多维相对贫困与贫困脆弱性。

1.3.3 研究方法

1.3.3.1 定量分析法

本书根据研究目的与内容，运用不同的定量分析方法。
（1）测算农户的多维相对贫困指数和贫困脆弱性指数是本书的主

要内容，也是实证研究展开的前提。本书根据当前运用最为广泛的 A－F 双界限法测算出农户的多维相对贫困指数。利用 VEP 法测算出我国农户的贫困脆弱性指数。（2）为提升实证检验结果的准确性和可靠性，本书采用在政策评估中应用最为流行的双重差分法（difference in difference，DID）作为基准回归模型，运用面板 Probit、固定效应等模型进行补充性分析，探讨精准扶贫政策对农户多维相对贫困与贫困脆弱性的影响效果及动态效应，并使用分组回归探讨该影响效果在不同区域、不同贫困维度上的异质性。（3）使用分位数 DID 模型来衡量精准扶贫政策对不同脆弱性程度农户影响强度的差异。（4）运用中介效应模型考察精准扶贫政策对农户多维相对贫困与贫困脆弱性的影响机制。（5）为使所得结论更为稳健，综合采取连续 DID、PSM－DID 以及模糊断点回归（Fuzzy RD Design，F－RD）模型对基准回归模型的回归结果进行稳健性检验。

1.3.3.2 文献分析法

基于"Web of Science"和"中国知网"（CNKI）数据库涵盖的文献，运用 CiteSpace（版本为 5.7.R3，64－bit）文献计量软件，以知识图谱的方法直观展示多维贫困、相对贫困与贫困脆弱性研究领域的现状和热点，通过关键词聚类图谱和研究时序图，展示这些研究领域的前沿与发展趋势。

1.3.3.3 统计分析法

为了准确描述农村贫困的特征化事实，本书采取描述性统计的方法，对农户的各指标贫困发生率、多维相对贫困发生率、贫困剥夺总额、平均剥夺总额、平均剥夺份额、多维相对贫困指数、多维相对贫困各指标贡献率、贫困脆弱性发生率、贫困脆弱性指数采取了总体以及差异化的系统性分析，例如，对不同年份、不同区域的各指标贫困发生率、多维相对贫困指数、贫困脆弱性指数等进行了对比性分析,为后面政策减贫效果的实证评估奠定了坚实的基础。

1.4 可能存在的创新之处

已有关于扶贫政策绩效的研究为本书提供了比较好的参考与借鉴作用,因此本书对已有研究进行了扩展,具体的研究创新有三点。

第一,本书借鉴已有文献,基于我国实际情况,较为科学地构造了多维相对贫困指标体系,为未来研究的深入开展提供了有益借鉴。已有的文献在测算农户多维相对贫困指数时多采取收入、教育、健康等客观指标,缺乏主观心理感受指标,对指标的选取不够深入,不能全面衡量农户的多维相对贫困状况(车四方,2019)。同时,精准扶贫政策不仅注重增加农民的收入,还注重提升农民的获得感、幸福感、安全感。因此本书在测度多维相对贫困时加入农户主观满意度指标,从而使测算结果和政策效果评估结论与实际更为相符。

第二,本书将多维贫困、相对贫困和贫困脆弱性纳入整合的分析框架,为公共政策减贫效果的评估提供了新思路,丰富了相关领域的研究。已有研究在评估政策的扶贫效果时,多从绝对收入角度着手,忽视了对农户其他生活因素的考察。而基于阿玛蒂亚·森(1985)的可行能力剥夺理论和彼得·汤森(Townsend,1979)的相对贫困理论,农户贫困的原因在于其多种可行能力的不足,贫困户面临的不仅是单一的绝对收入贫困,而是包含相对贫困、生活质量、健康等层面的多维相对贫困,因此本书在考察精准扶贫政策的扶贫效果时将单一的绝对收入维度扩展到多维相对角度,从微观角度,全面分析政策对农户多维相对贫困的影响,扩充了研究的广度;此外,为了弥补单纯考察精准扶贫政策的短期效果的不足,本书引入了脆弱性概念,考察了政策的长期减贫效果，增加了研究的深度。

第三，运用多种方法深入考察了精准扶贫政策效果在不同群体上的差异。已有研究在评估反贫困措施的政策效果时，多关注政策的平均处理效应，而对于政策效果的异质性考察不够。本书使用分组回归、分位数 DID 等方法从不同角度考察了精准扶贫在减缓农户贫困的前提条件与适宜范围。因而相较于已有研究，本书所得政策建议在兼容性与整体性上与现实更为契合。例如，本书发现政策实施对慢性贫困农户与高变动脆弱性农户的影响效果并不显著，这些研究结果有助于在脱贫攻坚与乡村振兴衔接期制定差异化的扶贫政策，保证后续反贫困政策实施的可持续性。

第2章

文 献 综 述

梳理、总结与评述国内外研究的现状是展开研究的基础,能发现已有研究的进展和困境以及本书所做研究在国内外学术界所处的位置。本书部分的文献综述借助 CiteSpace 文献计量软件[①]实现,通过该软件绘制知识图谱。知识图谱兼具"图"与"谱"的性质和特点,既是视觉化的知识图形,也是有顺序的知识谱系,阐释了知识单位与知识群当中网络、布局、交叉、包含等多种内涵的庞杂关系(陈悦等,2015)。通过知识图谱可探测和分析各研究主题的变化趋势、相互关系以及前沿知识和基础知识的相互关系。本章首先基于文献计量学的视角,理清多维贫困、相对贫困以及贫困脆弱性等研究领域的热点、前沿与趋势,并对中外研究进行对比分析,其次,梳理了财政扶贫、产业扶贫、金融扶贫政策的国内外研究现状,在此基础上开展文献评述,以期为后面的理论与实证研究提供充足的文献支撑。

---

① 该软件是由德雷塞尔大学(Drexel University)教授陈超美根据 Java 编程语言开发的一种知识图谱可视化工具。

2.1 多维贫困研究进展与综述

阿玛蒂亚·森（1985）对仅以单一的收入维度衡量贫困的观点提出了质疑，从可行能力剥夺的视角提出了多维贫困的概念，指出多维贫困是个体欠缺或失去了改变其贫困状态、应对外界风险以及获取经济收入的可行能力。这些可行能力涵盖教育、健康、生活质量以及所享受的公共服务等多个方面。森的理论强调描述贫困时需通过一套综合指标，他也是多维贫困理论的主要开创者（车四方，2019）。此后对贫困的衡量不再只局限于收入与消费层面。收入贫困与多维贫困有一定的重合度，但是多维贫困所涵盖的信息更为广泛。相较于收入贫困，多维贫困致贫原因更为多样，治理难度更大，测算也更加复杂。

2.1.1 多维贫困测度研究

国外采取各种方法来衡量家庭或者个人的多维贫困情况，涵盖模糊集方法（Bourguignon et al.，2008）、功利化方法（Betti and Verma，1999）、人工神经网络法（车四方，2019）以及当前运用最为广泛的A-F双界限法等。已有研究基于上述测算方法，构造出各类多维贫困指数，包括H-M指数、瓦茨指数、人类贫困指数以及最为普及的A-F指数，具体而言：

（1）H-M指数。H-M指数是测算多维贫困最早的方法之一，哈格纳尔斯（Hagenaars，1987）基于收入与闲暇两个维度建构了该指数，具体公式为：

$$D_p(y, t) = 1 - \frac{\sum_{l=1}^{L} \sum_{k=1}^{n} U(y_k^*, t_l)}{\max_{y,t} \sum_{l=1}^{L} \sum_{k=1}^{n} U(y_k^*, t_l)} \quad (2-1)$$

其中，$U(\cdot)$ 为效用函数，y 和 t 为个体的收入状况与闲暇时间，l 为个体的一系列特征变量（如家庭数量、家庭成员教育情况），L 为个体特征总规模数，k 为个体的排序，n 为人口规模，y_k^* 为单个 k 的调整收入向量（censored income vector）。且 $y_k^* = z$ 当且仅当 $y_k \geq z$，$y_k^* = y_k$ 当且仅当 $y_k < z$（z 表为贫困线）。该指数的运用使得学界对贫困测度开始将除收入以外的其他相关因素考虑在内，是多维贫困概念实证化的最早尝试。在现实生活中收入状况和闲暇时长的数据容易获取，但 H-M 指数只是将单维贫困扩充到二维贫困，局限性较为明显。

（2）瓦茨（Watts）指数。该指数是西尔伯等（Silber et al., 2008）根据公理化条件将瓦茨单维贫困指数扩充为瓦茨多维贫困指数，其核心思想是将个体在表示其基本生存的各方面需要与临界值的差值进行加总。瓦茨多维贫困指数的具体公式为：

$$P_W = \frac{1}{n} \sum_{j=1}^{D} \sum_{i \in S_j} w_j (\ln z_j - \ln x_{ij}) \qquad (2-2)$$

其中，D 为维度数量，z_j 为具体维度 j 上的贫困阈值，x_{ij} 为个体 i 在维度 j 上的基本生存需求，S_j 为在维度 j 上基本生存需要比临界值低的全部个体的集合。较之于 H-M 指数，瓦茨指数符合公理化的多种假设（包括可分解性、单调性等）。

（3）人类贫困指数（human development index，HDI）。联合国开发计划署（the united nations development programme，UNDP）从 1997 年开始使用该指数测度各个国家或地区的多维贫困状况，并基于不同国家的实际在衡量时划分为欠发达国家的人类贫困指数（HPI-1）和发达国家的人类贫困指数（HPI-2）。前者由寿命（P_1）、教育程度（P_2）和生活状况（P_3）[①] 三个指标构成，后者由寿命（P_1）、读写能力（P_2）、

[①] 欠发达国家的寿命采取预期寿命比 40 岁低的人口比例表示，知识获取采取成人文盲比例表示，生活状况涵盖拥有安全饮用水的人口比例和 5 岁以下营养不良的儿童比例。

生活状况（P_3）以及失业情况（P_4）① 四个指标衡量。具体公式分如下：

$$HPI-1 = (w_1 p_1^\alpha + w_2 p_2^\alpha + w_3 p_3^\alpha)^{1/\alpha} \qquad (2-3)$$

$$HPI-2 = (w_1 p_1^\alpha + w_2 p_2^\alpha + w_3 p_3^\alpha + w_4 p_4^\alpha)^{1/\alpha} \qquad (2-4)$$

其中，w_1、w_2、w_3、w_4 分别为各指标的权重。对于 HPI-1，有 $\sum_{i=1}^{3} w_i = 1$ 成立；而对于 HPI-2，有 $\sum_{i=1}^{4} w_i = 1$ 成立；而在实践中一般取等权重；$\alpha \geq 1$ 为调节函数。

（4）A-F 多维贫困指数。A-F 指数是近年最为通用的多维贫困状况测算办法，由牛津大学贫困与人类发展中心（Oxford poverty and human development initiative，OPHI）的阿丽吉尔和福斯特（Alkire and Foster，2007）提出。该指数（具体计算公式见第 4 章）是一个涵盖教育、健康以及生活状况等维度的综合贫困指数。该指数不但能测度微观层面（个体与家庭）与宏观层面（国家与地区）的贫困情况，还能测度不同贫困群体的多维贫困发生率（H）、多维贫困深度（MP_0）和多维贫困强度（MP_1）。

自从 2010 年开始，联合国开发计划署在其贫困体系中使用了 A-F 指数法，并在之后历年的《人类发展报告》中发布了全球和部分地区的多维贫困状况。现今全世界有多个国际机构和国家在积极研究该指数，且已经有 14 个国家完成了国家层面的 A-F 指数构建并服务于本国扶贫实践（车四方，2019）。我国到目前为止虽然还没有构建国家层面的多维贫困指数，但理论界对多维贫困的研究越来越关注。总之，A-F 指数容易理解、操作方便，相较于其他多维贫困指数测算结果与实际更为相符。因此本书在衡量农户多维相对贫困状况时也使用 A-F

---

① 发达国家的寿命采取预期寿命比 60 岁低的人口比例表示，知识获取采取欠缺技能表示，生活状况采取位于收入贫困线下的数量表示，失业情况用长期失业率（持续 1 年或者更长时间）表示。

多维贫困指数法。

2.1.2 多维贫困的影响因素研究

图2-1为国内多维贫困研究关键词的聚类图。关键词节点面积越大，颜色越深，相应研究越多。多维贫困、精准扶贫、收入贫困测度为节点面积较大的关键词，国内多维贫困的研究与精准扶贫政策、相对贫困的结合较为紧密。随着多维贫困研究的不断深入，学界开始对其影响因素进行探讨，涵盖宏观的制度供给与公共政策等方面，例如，户籍制度（郭熙保和周强，2016）、最低生活保障制度（朱梦冰和李实，2017）、医疗保险（周坚等，2019）、养老保险（朱火云，2017）等，以及微观的家庭情况与个人特征等方面，例如，人力资本（姚树洁和张璇玥，2020）、社会资本（史恒通等，2019）、信贷约束（车四方，2019）等。

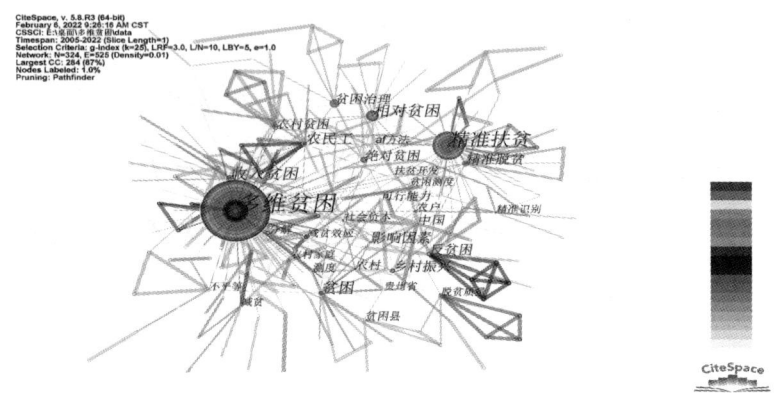

图2-1 国内多维贫困研究关键词聚类图

注：选定中国知网（CNKI）数据库，设定主题为"多维贫困"，检索时间选项为默认值，截止时间为2022年2月6日，总共得到2 117篇文献，经过CiteSpace软件对这些文献聚类分析可得此图（原图见本书彩色部分图1）。

资料来源：笔者根据"中国知网"数据库运用CiteSpace软件处理而得。

就宏观的制度层面而言，何宗樾和宋旭光（2018）基于 2012～2014 年的两期 CFPS 面板数据发现户籍制度会通过限制农民工教育机会和就业机会的方式加剧该群体的多维贫困，应进一步深化城乡户籍制度改革。刘一伟（2018）使用 2014 年的 CFPS 数据，指出"低保"政策在实施过程中会出现"瞄准错位"和"福利依赖"现象，对农户的多维贫困作用影响效果较小，应该完善"低保"政策的瞄准效果与退出机制。周坚等（2019）使用 2013～2015 年的两期中国健康与养老追踪调查（CHARLS）追踪数据，采取 A－F 双界限法和双重差分模型发现近年来农村老年人多维贫困状况得到了明显的改善与缓解，较之于新型农村合作医疗，城乡居民医疗保险对农村老年群体的多维贫困状况改善更为明显；分维度而言，城乡居民医疗保险能显著改善农村老年群体的收入贫困与健康贫困，而对其主观福利贫困影响效果较小；应该增加对新型农村合作医疗制度的补贴，统筹各类医疗保险制度，整合城乡医疗资源，减缓城乡居民贫困。朱火云（2017）使用 2014 年的中国老年社会调查（CLASS）数据，基于倾向得分匹配法，采取三维度的主观健康评价法、"老龄化态度"五级量表作为健康贫困与精神贫困的替代变量，发现由于城乡居民的养老金金额较低以及未能全面覆盖等原因，使得养老金虽然可以缓解收入贫困，但是减贫效率不高，而对健康贫困与精神贫困影响效果不明显，应该增加养老金的覆盖面积，提高养老金的待遇水平，统筹协调现有的城乡养老金制度与医疗保障、社会保障等制度。

就微观的农户特征而言，张子豪和谭燕芝（2020）采取 2010～2014 年的三期 CFPS 面板数据，通过问卷中字词与数学模块衡量被调查者的认知能力情况，发现农户家庭成员认知能力越高，越不容易陷入多维贫困状态，认知能力主要通过改善农户的各类信贷状况以实现其多维贫困减缓，但是农户认知能力对其多维贫困的减缓作用边际效果递减，认知能力的三个组成部分（字词识别能力、计算能力与记忆能力）皆能减缓农户的多维贫困。因此，我国在多维贫困治理时，要注重激发农户的内生动力，同时将农户的聪明才智与外在帮扶政策结合起来。王恒和朱玉春（2021）对14个连片特困地区之一的秦巴山区农户数据研究发现，社会网络、社会资本、劳动力流动会通过增加劳动力流动的方式减缓农户的多维贫困，应该发挥社会资本与劳动力流动的减贫功能。谭燕芝和张子豪（2017）利用2014年的CFPS数据，使用人情礼金支出作为社会资本的代理变量，得出社会资本可以通过缓解信贷约束的方式减缓农村家庭多维贫困的结论，且社会资本对中间程度多维贫困的农户减贫效果最好。史恒通等（2019）利用黄土高原退耕还林区调查数据发现生态脆弱性地区多维贫困状况较为严重，社会网络、社会信任与社会参与能明显减缓农户的多维贫困，而社会声望对多维贫困瞄准影响明显，但对多维贫困的减缓作用不明显；家庭成员生活在一起不利于减缓多维贫困，而对比于男性户主家庭，女性户主家庭更容易陷入多维贫困状态。

图2-2为国外多维贫困研究关键词的聚类图。国外多维贫困的研究与健康、性别等结合较为紧密。相较于国内，国外多维贫困的研究较早，多从经济增长（Oyekale，2011；Azpitarte，2014）、地形（Karahasan and Bilgel，2021）、社会资本（Gerlitz et al.，2015）、社会包容（Wagle，2008）、健康状况（Azeem et al.，2018；Pinilla and Alkire，2021）、性别差异（Rogan，2016；Espinoza and Klasen，2018）等角度展开，视角较为多元。国外的研究在定义、测算方式和指标设置上，做出了一系列有价值有意义的探索（Alkire and Foster，2007），如现今测度多维贫困的H-M指数、瓦茨指数、人类贫困指数以及最为普及的A-F指数皆源自国外，对我国多维贫困的研究具有较强的启发意义。

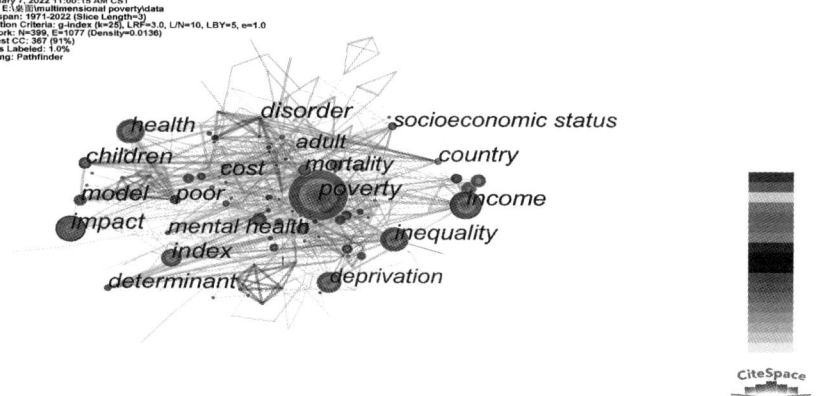

图 2－2　国外多维贫困研究关键词聚类图

注：选择"Web of Science"数据库，设定主题为"Multidimensional Poverty"，检索时间选项为默认值，截止时间为 2022 年 2 月 6 日，总共得到 1 303 篇文献，经过 CiteSpace 软件对这些文献聚类分析可得本图（原图见本书彩色部分图 2）。

资料来源：笔者根据"Web of Science"数据库运用 CiteSpace 软件处理而得。

2.1.3　多维贫困研究演进趋势

图 2－3 为国内多维贫困研究关键词的时序图。由图可知，2014 年以前，关于多维贫困的研究着重关注"多维贫困""中国""可行能力""收入贫困"。这一时期关于贫困的研究仍然主要聚焦在以收入为主的单维贫困，但多维贫困理念与多维贫困测度方法也开始被引入国内，学界对我国多维贫困状况展开了一系列研究，论文数量稳步式上升。尚卫平和姚智谋（2005）在国内研究中第一次对多维贫困的概念与测度进行介绍，较有代表性，对后续研究产生了重要影响。王小林和萨比娜（2009）将现今较为流行的 A－F 多维贫困测度法引入国内，通过 2006 年的中国健康与营养调查数据测算出我国的多维贫困指数，并比较了多维贫困指数的城乡差异，后续多维贫困测算大多都是沿其思路展开，被引频次较高。

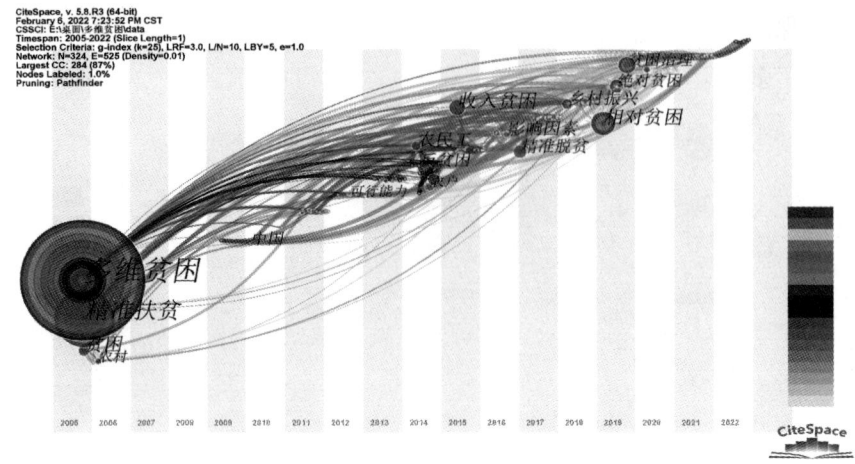

图 2-3　国内多维贫困研究时序图

注：选定中国知网（CNKI）数据库，设定主题为"多维贫困"，检索时间选项为默认值，截止时间为 2022 年 2 月 6 日，总共得到 2 117 篇文献，经过 CiteSpace 软件对这些文献聚类分析可得本图（原图见本书彩色部分图 3）。

资料来源：笔者根据"中国知网"数据库运用 CiteSpace 软件处理而得。

2015 年至今，多维贫困的研究迎来了高峰期，发文量快速增加，年均百篇以上。有关多维贫困的研究聚焦于"绝对贫困""贫困治理""影响因素""精准识别""精准脱贫""相对贫困""乡村振兴"。这一阶段丰硕的研究成果与 2015 年联合国发布的《2030 年可持续发展目标》（SDGS）密切相关，也与我国脱贫攻坚战略扶贫模式的转变有着较大的联系。2014 年 2 月，党中央与国务院颁布了《关于创新机制扎实推进农村扶贫开发工作的意见》，强调要"创新扶贫开发工作机制，建立精准扶贫工作机制"，自此我国扶贫工作开始进入"精准扶贫"时期，精准扶贫政策侧重从多个角度扶持贫困户，要求实现贫困户"两不愁三保障",① 将多维贫困的思想进行实践，现实层面的需要也极大地促进了多维贫困研究的发展。近年来国内多维贫困的研究对象逐渐细化，开始从整个家庭测算分析向一些特定的目标群体延伸，例如，老人（徐丽萍等，2019；宋嘉豪等，2020）、妇女（彭燕，2019）、儿童（宋扬和刘建宏，2019）、农民工（彭继权，2019）等。基于特定目标群体的特点，多维贫困的指标更为多元与复杂。例如，在针对老年人多维贫困测算中增加了精神健康、社区养老服务、子女照顾等指标（解垩，2017），在针对农民工多维贫困测算中增加了失业保险、社会融入等指标（蒋南平和郑万军，2017），这些指标在一定程度上反映了各个群体的多维贫困状况，但也存在部分指标设置随意，缺乏理论基础和现实根据等问题（谢家智和车四方，2017）。

通过上述分析可知，在数据上，已有多维贫困研究多使用截面数据或者跨期较短的面板数据，多从静态的角度研究多维贫困，或是仅对某一特定的地区进行考察，研究结论不具有普遍性，不能捕捉多维贫困的动态变化情况；在方法上，相关研究使用的核心自变量与因变量之间可能互为因果，不能较好地进行因果识别，容易出现内生性问题，相应研究值得进一步深入。

2.2 相对贫困研究进展与综述

2.2.1 相对贫困内涵

欧美对相对贫困的研究较早，并基于相对理论的研究展开一系列的

---

① "两不愁"是指实现农村贫困人口的不愁吃、不愁穿，"三保障"是指保障义务教育、基本医疗与住房安全。

扶贫实践（赵迪和罗慧娟，2021）。亚当·斯密在《国富论》中最早提出了相对贫困概念，后续有关相对贫困的研究也按照其逻辑思路展开。早期欧美学者研究相对贫困时多从相对收入角度出发，着重探讨了各类群体间的收入剥夺情况（Townsend，1979）。针对我国而言，邢成举和李小云（2019）指出相对贫困是指在特定的生产和生活条件下，整个家庭或者家庭成员通过其收入虽然可以维持其基本生存需求，但是无法满足其发展性需求的生活状态，因此不同区域之间和城乡之间的相对贫困状况呈现显著的差异。相较于收入而言，相对贫困可以较好地反映出社会资源与财富在不同群体与阶层的分布情况。相对贫困是由于收入分配导致的贫困群体在教育、社会阶层以及生活状况等方面所面临的"社会剥夺"。例如，在实施精准扶贫政策过程中，相对贫困群体不仅包括建档立卡贫困户，也包括收入略高于建档立卡贫困户的群体。

较之于绝对贫困，相对贫困所涉及的贫困人口更多，贫困维度更多，致贫原因更加复杂。相对贫困既包括因收入低下导致的不能保障其生活基本需要的情况，也涵盖因面临"社会剥夺"而不能享有应有社会服务的现象。随着我国经济的迅速发展以及精准扶贫政策的全面展开，现行标准下的农村贫困人口全面脱贫，但相对贫困人口数量迅速增加，数以亿计的绝对贫困人口转变为相对贫困人口。当前我国相对贫困人口涵盖农村贫困户、农村脱贫户、农村进城务工人员以及城市贫困群体四类（高强和孔祥智，2012；王亚军等，2022）。以进城务工人员为代表的流动人口是相对贫困治理的盲区，是较容易被忽视的群体。该群体数量庞大，根据《2021年农民工监测报告》，我国2021年全国农民工总量达到2.74亿人，其中进城务工1.68亿人。这仅仅只是进城务工人员，还不包括其家属以及各类流动人员。进城务工人员不属于城市人口，不能享受城市的公共服务，与城镇居民在医疗、社保、居住环境以及随迁子女的教育资源各方面有较大的差距，农村的扶贫政策也不容易将其辐射在内。城市贫困群体也是相对贫困的重要组成部分，到2018

年底，我国城市低保人口有 1 008 万人，其中特困人口 27.7 万人。相应政策应该进行调整与帮扶，将更多的资源着眼于相对贫困群体，给予他们更多的社会保障支持与公共服务（陈宗胜等，2020）。

此外，相对贫困的治理难度较高。致贫原因的多样化以及致贫原因的不确定性使得相对贫困持续的周期长，治理难度大。随着农村绝对贫困现象的消失，相对贫困的情况愈加严重（陈宗胜等，2013）。这就需要采取更加多元的扶贫措施，不只是提升相对贫困群体的收入水平，改善其生活状况，还应以能力建设为抓手，调整各地区之间、各群体之间的利益分配情况（关信平，2018）。自然风险、市场波动、政策风险都可导致相对贫困现象的发生，相对贫困的产生不仅是经济性因素与社会性因素互相影响的结果，也是结构性因素与周期性因素相互融合的结果，更是主观因素与客观因素相互交织，这给相对贫困的治理带来了巨大的挑战。例如，新冠疫情的肆虐，影响范围广泛，耗时持久，不可预测的因素使相对贫困治理的任务愈加繁重（李莹等，2021）。

2.2.2 相对贫困测度研究

国外关于相对贫困的测算主要以彼得·汤森（Townsend，1979）为代表，他主张用相对收入标准衡量贫困，一般将家庭中位数的 50% ~ 80% 作为其相对贫困标准。同时，汤森认为相对收入标准仅仅能衡量相对贫困群体规模和宽度，而对相对贫困群体的贫困程度和社会剥夺程度的衡量则需借助"相对贫困剥夺标准"。当家庭的收入达不到参与社会活动所需的开支时，部分家庭会降低参加外界社会活动的频率，家庭成员的贫困状态与其参加外界社会活动、社会风俗息息相关，因此将贫困家庭退出参加社会活动的收入水平临界值看成相对贫困线。为将贫困人口退出社会活动所缺乏的社会资源临界值量化，汤森将其细化成 60 项"相对剥夺指标"（见表 2 - 1）。

表2-1 汤森确定的相对贫困60项剥夺指标

一级指标	二级指标	一级指标	二级指标
饮食	1. 近半个月至少有一天没有生火做饭	家庭	18. 房内空间不能满足儿童玩耍的需要
	2. 一周内四到五天没有鲜肉吃		19. 去年没有给儿童举办过生日聚会
	3. 一周内四到五天没有做早餐		20. 最近30天没有朋友聚会
	4. 每个月有三周不能进行家庭聚会		21. 圣诞节的开销至少于10欧元
	5. 在读学生没有学校午餐	服饰	22. 缺乏不同气候需穿的靴子（阴天、雨天和晴天）
	6. 每人每月至少12品脱牛奶		23. 经常发现收入只能参加服装二手俱乐部
健康情况	7. 健康状况恶劣或一般		24. 收入低下不能购买二手衣物
	8. 去年生病一个月或者更长时间		25. 已婚住户多年没有买过新冬衣
	9. 去年生病卧床到半个月或者更长	燃料与电力	26. 没有电或没有照明
	10. 身体残疾		27. 经常缺乏取暖材料
	11. 身体残疾或病残		28. 没有集中供暖系统
教育情况	12. 受教育年限低于10年		29. 卧室缺乏供暖
	13. 没有花园或者庭院	耐用品	30. 没有电视
环境情况	14. 花园面积较小，甚至连坐的地方都没有		31. 没有洗衣机
	15. 生活区域空气污染严重		32. 没有冰箱
	16. 没有给1~4岁儿童安全玩耍的空间		33. 没有电话
	17. 没有给5~10岁儿童安全玩耍的空间		34. 没有收音机

第 2 章 文献综述

续表

一级指标	二级指标	一级指标	二级指标
耐用品	35. 没有录音机	工作条件	48. 室内工作条件恶劣
	36. 没有家用吸尘机		49. 去年失业状态持续时间超过半个月
	37. 没有地毯		50. 提出辞职报告时间少于一周
	38. 没有扶手椅		51. 生病期间没有工资
居住条件	39. 没有单独的室内厕所、浴室和炊具		52. 每年没有两周的带薪休假
	40. 居住环境不佳	社交	53. 没有工作餐
	41. 居住房屋是危房		54. 没有职业年金
	42. 居住条件过于拥挤		55. 过去 30 天没有人来家里一起吃饭
工作条件	43. 主要从事室外工作		56. 过去 30 天没有去亲戚和朋友家吃过饭
	44. 工作期间需要长时间的站立		57. 没有受到过紧急救援措施
	45. 过去七天工作时间超过 50 小时	休闲	58. 经常搬家
	46. 工作时间过长		59. 去年没有出去度假
	47. 室外工作条件恶劣		60. 没有时间出去散步

资料来源：Townsend P. Poverty in the United Kingdom [M]. University of California Press, 1979.

27

汤森确定的相对贫困剥夺指标涵盖较广（刘杰和李可可，2016），包括饮食、健康情况、教育情况、环境情况、家庭、服饰、燃料与电力、耐用品、居住条件、工作条件、社交、休闲共12类，60个小类。指标体系较为全面和系统，不仅包括衣食住行各个方面，还包括日常的休闲娱乐和社会参与程度。其中饮食部分只占整个体系的10%，其研究已经突破已有将贫困等同于物质缺乏的局限，而强调非物质层面所面临的社会剥夺。盖尔（Geyer，2013）通过对西方农村相对贫困问题的研究发现，美国仍然有一小部分农民享受不了应有的公共服务，农村扶贫的行政开支和财政压力较大，相较于美国而言，西欧老龄化现象严重，需要巨量的扶贫资金。因此他指出西方在解决相对贫困问题时应该下放权力并且主体下移，引导多元主体参与，形成社区自治局面，降低政府的减贫成本。而在反贫困政策实践中，当前发达经济体（除美国外）都采取相对收入标准，一般将家庭中位收入的40%~60%界定为贫困线标准。

我国对相对贫困测度的研究较晚，始于20世纪90年代。随着精准扶贫项目的深入展开，相应研究愈加丰富。由于我国绝对贫困人口数量急剧减少，相对贫困成为贫困现象的主要表现形式。科学与系统的相对贫困测算标准是识别与治理相对贫困现象的前提与基础，因此近年来相对贫困的识别研究开始成为学术界的热点。当前学界在衡量相对贫困时多是以相对收入为主要标准，或者与多维贫困结合起来，形成多维相对贫困标准。具体而言有两种标准。

一种制定相对贫困标准的方式是将相对贫困标准看成所在地人均收入或者中位数的比例（罗明忠和邱海兰，2021），即相对收入标准。当前公认的有中线标准和低线标准。中线标准是指根据西方相对贫困治理的经验，以社会平均收入和中位收入的40%及以上为基准，一般认为比例在40%~60%最为合适。张琦（2020）强调无论西方相对贫困治理经验，还是根据我国相对贫困的现实情况，将相对贫困线界定为人均

第2章 文献综述

收入的40%较为适合。同时，由于我国长期二元分割体制的存在，城乡设置的贫困线不一定需要完全相同，城镇的贫困线可以略高于农村的贫困线。从长期的角度而言，我国应该跟欧美发达国家一致，贫困线应该上升到收入水平的60%左右（李莹等，2021）。低线标准以社会平均收入和中位收入的20%～40%为标准。程中培和乐章（2020）指出应构造中国特色的基本生活标准，将人均收入中位数的30%～40%作为相对贫困标准。

另外一种制定相对贫困标准的方式是将多维贫困标准与相对贫困标准相结合，制定多维相对贫困标准。部分研究认为构建相对贫困标准时不能只聚焦于单一的收入维度，应构造多维的相对贫困指标体系。王小林和冯贺霞（2020）指出，我国的城镇化水平和西方发达国家还有很大的差距，农村人口数量众多且会长期存在，农业经营性收入与工资收入不能准确测算，因而核算出相对贫困群体的收入，在实践操作层面较难实现。同时，西方所运用的相对贫困标准相较于最新的福利理论稍显陈旧，因此我国相对贫困政策的制定不必对标欧美发达国家的标准，要结合自身的实际情况，对现阶段"两不愁三保障"的标准予以扩充，制定多维相对贫困标准。多维相对贫困标准要与我国的2035年发展目标相对标，此外相对贫困线的设置要因地制宜，不同地区要遵循当地的实际。檀学文（2020）强调在精准扶贫完美收官的大背景下，相对贫困体系是一个涵盖兜底型标准（与"低保"标准并轨）、数值型标准（减贫成果标准）、比例型标准（相对贫困监测标准）、多维贫困标准与共享繁荣指标的一个有内在逻辑的阶梯型指标体系。孙久文和张倩（2020）指出"后扶贫时代"的多维相对贫困标准应该以收入标准为核心，辅之教育、健康、社会保障以及对外交流为标准的多维贫困体系，在贫困地区与非贫困地区的差距以及城乡经济发展差距进一步减小之时，应该统筹城乡的多维相对贫困标准。

2.2.3 相对贫困的影响因素研究

图2-4为国内相对贫困研究关键词的聚类图。相对贫困、绝对贫困、共同富裕、收入分配为节点面积较大的关键词，国内相对贫困的研究与乡村振兴战略、绝对贫困的结合较为紧密。多维贫困与相对贫困的研究逐渐合流，形成了"多维相对贫困"概念（王小林和冯贺霞，2020）。随着扶贫政策制定实践的需要，相对贫困的影响因素近年来已成为学界探讨的热点话题，涉及宏观层面的社会保障、普惠金融、社会排斥等因素以及微观农户层面的教育状况、劳动力状况、土地流转等因素，且这些研究多使用CFPS数据库。

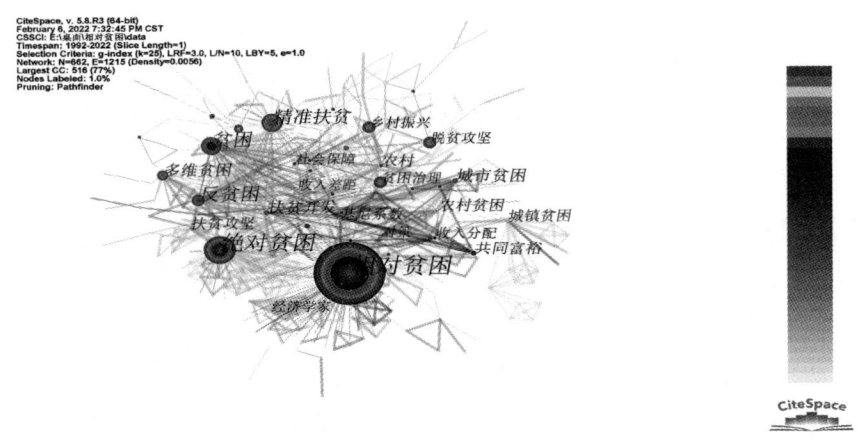

图2-4 国内相对贫困研究关键词聚类图

注：选取"中国知网"数据库，设定主题为"相对贫困"，检索时间选项为默认值，截止时间为2022年2月6日，总共得到1 618篇文献，经过CiteSpace软件对这些文献聚类分析可得本图（原图见本书彩色部分图4）。

资料来源：笔者根据"中国知网"数据库运用CiteSpace软件处理而得。

就宏观层面的社会保障、普惠金融以及社会排斥而言，王晶和简安琪（2021）基于 2015~2019 年中国社会状况综合调查（CGSS）的三期面板数据，以人均家庭收入中位数的 40%、50% 和 60% 为贫困线，发现城镇的相对贫困水平比全国的平均水平低，而农村的相对贫困水平比全国高；社会保险、医疗保险、社会救助等社会保障政策均对相对贫困有明显的减缓作用，而农村低下的社会保障水平抑制了减贫作用的发挥，在后续相对贫困的治理阶段，应该缩小城乡公共服务的差距，进行多维度的公共政策改革，增加社会公平。胡联等（2021）利用中国 2011~2018 年的 CFPS 追踪数据和北京大学的数字普惠金融数据，发现现阶段我国数字普惠金融的发展增大了不同阶层之间的"数字鸿沟"，低收入群体数字终端普及率低，难以享受便捷的金融服务，不利于其提高收入水平，使其更容易陷入相对贫困状态；而数字终端的普及、数字基础设施的完善以及用户教育水平的增加能够提高数字普惠金融减缓农户相对贫困的效率。边恕和纪晓晨（2021）利用 2018 年的 CFPS 数据，将收入处于总体收入分位数的 25% 定义为相对贫困，发现社会排斥能减缓城乡居民的相对贫困。就异质性而言，对比男性而言，社会福利排斥与社会关系更容易使女性群体陷入相对贫困陷阱；相较于中老年群体而言，社会关系排斥对青年人相对贫困的影响更为显著，而社会福利排斥对老年群体的影响更为显著。应该从社会治理的角度消除对相对贫困群体的社会排斥现象。

就微观层面的教育状况、劳动力状况、土地流转等而言，贾玮等（2021）使用 2018 年 CFPS 数据，将家庭人均纯收入的 40% 界定为收入相对贫困标准，发现教育的减贫绩效明显；就异质性而言，贫困程度越严重的地区，减贫效果越好，受教育程度越高，减贫效果越好，受教育者年龄越大，边际效果越小；就影响机制而言，金融资本、物质资本与教育资本发挥了中介作用。陈纯槿和郅庭瑾（2021）根据 2018 年全国流动人口动态监测调查数据考察了教育对城市流动人口相对贫困的效果，发现五大城市群平均相对贫困发生率由高到低排序为京津冀、成渝、长三角、长江中游、珠三角城市群；教育、住房与出生队列是影响各城市圈流动人口相对贫困的主要原因；教育在缓解城市相对贫困中具有重要作用，在"后扶贫时代"，应注重发挥教育扶贫对农户相对贫困的"阻断"作用，建设特殊教育渠道，为教育被剥夺人群提供实用性较强的职业教育与技术培训。

宋嘉豪等（2022）通过2018年的CFPS数据，选取平均数与中位数的40%、50%、60%作为相对贫困线标准，发现劳动力禀赋能够通过非农就业转移明显减缓农户的多维相对贫困；具体而言，劳动力数量能显著缓解农户的相对贫困，而教育程度与健康状况等特征会加剧农户的相对贫困。裴劲松和矫萌（2021）采取2012~2018年的CFPS四期追踪数据，采取PSM与Logit模型发现劳动参与能显著减缓农户的多维相对贫困，作用范围主要集中在资产状况与发展机会层面。而过度劳动会加剧农户的多维相对贫困，作用范围主要集中在资产状况与发展机会层面。黄乾和晋晓飞（2022）采取2014年和2018年的两期CFPS面板数据，用家庭人均可支配收入的50%作为相对贫困标准，通过DID模型与面板Logit双向固定模型指出子女流动能显著缓解农村老年人的相对贫困，外出的子女年龄越小、数量越多，影响效果越明显。

王璇和王卓（2021）基于2018年CFPS的微观数据，用扩充的A-F方法测算了农户的多维相对贫困指数，并指出土地流转会减缓一般农户的多维相对贫困，而对位于极端多维相对贫困状况农户的影响效果不显著，劳动力流转在土地流转对农户多维相对贫困的影响中发挥了中介效果作用；因此对于处于极端多维贫困状态的农户，应发挥土地生产功能对其的保障功能，减缓土地流转对其的负面冲击，同时应该完善社会保障制度，增加医疗卫生基础设施以及加强农技培训，提升其生产能力与技术效率；而针对一般多维相对贫困户，应积极鼓励其参加土地流转，合理配置生产要素。何春和刘荣增（2021）通过洛伦兹（Lorenz）曲线计算相对贫困情况，发现我国农村相对贫困水平呈现显著上升状态,低收入农户群体和高收入农户群体都能从土地流转中受益,绝对贫困状况得到缓解,而流转受益分配不均,相对贫困状态会更加严重。

随着现行标准下的贫困人口全部脱贫,我国下一时期扶贫工作的重点是减少多维相对贫困现象的发生。通过对多维贫困与相对贫困文献的梳理可知,在"后扶贫时代"看待贫困问题时,应从"贫"和"困"两个角度考察贫困概念与框架,不仅涵盖反映"贫"的经济层面,还要包括反映"困"的社会层面与发展层面(王小林和冯贺霞,2020)。多维贫困侧重于"贫"的角度,而相对贫困侧重于"困"的角度,因此相对贫困与多维贫困在理论层面虽有一定区别,但在实际操作层面时可以融为一体,制定多维相对贫困标准。而已有关于多维相对贫困识别与衡量的文献大部分基于多维贫困衡量角度展开,对反映主体发展机会与获取均等公共服务的指标不够重视,只注重了"多维"角度,而忽视了"相对"角度(裴劲松和矫萌,2021)。

2.3 贫困脆弱性研究进展与综述

当前衡量贫困的主流方法,多聚焦于对目标群体或家庭生活状况与状态的事后评价,即现在或者过去是否位于贫困状态。这种衡量方式往往忽视了目标群体或家庭未来可能发生的贫困,缺乏前瞻性。因此反贫困政策的制定与实施不仅要考虑对贫困群体事后的帮扶,也要注重事前预防,防止更多的家庭陷入贫困状态。基于反贫困政策实践的需要,世界银行2002年在《世界发展报告》正式提出了"贫困脆弱性"概念,即行为主体未来陷入贫困的概率与可能性,实质上指的是行为主体面临各类风险的可能以及与之相关的风险承受能力。脆弱性理念强调的是事前的干预与预防,未雨绸缪。因此自该概念被提出以来,就受到各界广泛的重视。西方国家已经将贫困脆弱性理念广泛地运用于贫困治理领域，并取得了显著效果，降低了反贫困措施的政策成本。贫困脆弱性具有长期性与动态性，因此测度方式较为复杂。

2.3.1 贫困脆弱性测度研究

脆弱性主要指的是家庭与个体的福利水平在将来给定的时刻低于某一标准（郑浩，2012；Chaudhuri et al.，2002）。现今学界主流的贫困脆弱性计算方法有三类：期望的低效用（vulnerability as low expected utility，VEU）、期望贫困的脆弱性（vulnerability as expected poverty，VEP）以及未被预防的风险暴露（vulnerability as uninsured exposure to risk，VER）（蒋丽丽，2017）。前两类从事前预测的角度，将外生风险冲击导致的未来福利水平涵盖在内，VEU侧重于描述家庭与个体效用的下降程度，VEP指的是家庭与个体未来的福利水平（涵盖收入与消费）比贫困线低的概率。第三类VER则从事后评估的角度，对风险冲击造成的家庭与个人福利水平下降程度进行测算。

2.3.1.1 期望的低效用（VEU）

利贡和谢希特（Ligon and Schechter，2003）指出了一种把风险考虑在内的贫困脆弱性测算办法，把贫困脆弱性分解成总的风险（aggregate risk）、特殊风险（idiosyncratic risk）、无法解释的风险和测量误差（unexplained risk and measurement error）等维度，VEU法对贫困脆弱性的测算流程如下：

$$V_i = [U_i(z) - U_i(EC_i)] + \{U_i(EC_i) - EU_i[E(C_i|X_t)]\}$$
$$+ \{EU_i[E(C_i|X_t)] - EU_i(C_i)\} \quad (2-5)$$

$$U_i = (C^{1-\tau})/(1-\tau) \quad (2-6)$$

$$E(C_i|X_t) = \alpha_i + \beta X_{vt} + \gamma X_{ivt} + \varepsilon_{ivt} \quad (2-7)$$

在对贫困脆弱性分解前需进行两个先验程序：一是对效用函数 U_i 的假设，τ 是家庭的相对风险厌恶系数，一般来说，$\tau=2$ 为合理水平；二是通过回归可得家庭消费的数学期望 $E(C_i|X_t)$，即把追踪数据中家庭随时间而变化的特征向量 X_{vt} 拆成由 βX_{vt} 代表的协方差项 X_{vt} 与 $\beta X_{vt}+\gamma X_{ivt}$ 代表的家庭特征项 X_{ivt}。VEU 从福利变化的视角描述了外生风险冲击对家庭产生的影响效果。基于该步骤分解脆弱性的来源，拆成总体经济应对的总风险与单个家庭应对的特殊风险，$U_i(z)-U_i(EC_i)$ 为贫困引起的脆弱性，$U_i(EC_i)-EU_i[E(C_i|X_t)]$ 为总风险引起的脆弱性，$EU_i[E(C_i|X_t)]-EU_i(C_i)$ 为特殊风险引起的脆弱性。利贡和谢希特（Ligon and Schechter, 2003）基于保加利亚面板数据发现导致被调查样本中贫困脆弱性的原因包括收入低下（55%）、协调性风险（13%）、异质性风险（0.7%）以及其他不能解释的风险。据此可知，贫困与风险会降低家庭福利水平，收入低下是贫困脆弱性成因最重要的组成部分。

克拉森和怀贝尔（Klasen and Waibel, 2015）在对东南亚多个国家以及格雷希（Grech, 2015）对欧洲老年人贫困脆弱性的论文中发现不可解释的风险也是重要来源。关于采取 VEU 法的争论在于所使用数据的时间跨度与频率。沃德（Ward, 2016）指出如果把风险冲击考虑在内，应该使用较为高频的数据，利贡和谢希特（Ligon and Schechter, 2003）、克拉森和怀贝尔（Klasen and Waibel, 2015）认为若把慢性贫困考虑在内，应使用跨期较长的数据，例如较长时期的时间序列数据与面板数据。

2.3.1.2 期望贫困的脆弱性（VEP）

该法由普里切特等（Pritchett et al., 2000）、乔杜里等（Chaudhuri et al., 2002）、霍迪诺特和基松宾（Hoddinott and Quisumbing, 2003）提出，由克拉森和怀贝尔（Klasen and Waibel, 2015）对计算过程进行了优化。具体而言，基于风险冲击理论，家庭与个人的贫困脆弱性可以分解为：

$$V_{it} = P(C_{i,t+1} \leq z) = E[P_{i,t+1}(C_{i,t+1}) \mid F(C_{i,t+1} \mid I_T)] \quad (2-8)$$

其中，$C_{i,t+1}$ 为第 i 户家庭或者个体在 $t+1$ 期的福利情况（一般通过收入与消费替代），$F(C_{i,t+1} \mid I_T)$ 为第 i 户家庭或者个体在 $t+1$ 期的福利情况的分布函数，I_T 代表 T 期面板所包含的数据信息，z 表示社会的贫困线，V_{it} 表示第 i 户家庭在 t 时期的贫困脆弱性指数，$P_{i,t+1}(C_{i,t+1})$ 为家庭与个人在未来福利水平下降到最低贫困线以下的概率，其大小与家庭与个体未来福利状况的分布情况有较大的相关性。辛格和马达拉（Singh and Maddala，2008）指出，帕累托分布能够描绘出高收入群体的收入分布状况，伽马与对数正态分布能描述出中低收入群体的分布。本书假设未来的收入满足对数正态分布，即 $\ln C_{i,t+1} \sim N(\mu_{\ln C_{i,t+1}}, \sigma^2_{\ln C_{i,t+1}})$，从而 VEP 为：

$$V_{it} = \int_{-\infty}^{\ln z} p(\ln C_{i,t+1}) d(\ln C_{i,t+1}) \mid F(C_{i,t+1} \mid I_T) \quad (2-9)$$

可以通过三种方式计算未来收入分布的均值与方差。一是基于弗里德曼（Friedman，1957）在 20 世纪 50 年代中期提出的持久收入理论，持久收入即较长时间段内（一般为 3 年以上）相对稳定的收入，通过对家庭或者个体较长时间内观测收入的期望得到。姆库洛克和卡兰德里诺（Mcculloch and Calandrino，2003）认为可通过家庭跨期收入的平均数与方差替代未来收入状况的均值与方差，将能观测到的收入与消费的均值和标准差作为将来的无偏估计量，但该估计方法较为粗糙。二是通过已有的观测数据构造收入的回归方程，使用回归模型的测算的收入估计值当成未来收入分布的均值，并根据上述算出的数值计算输入方差。三是根据收入方程残差在回归模型中估算出收入（Heckman，1979）。乔杜里等（Chaudhuri et al.，2002）基于上述三种方法提出了采取横截面数据对单个家庭的收入与消费函数进行回归测算的方法，并在此基础上描绘出家庭未来收入与消费的分布情况。

$$\ln C_i = X_i\beta + e_i \qquad (2-10)$$
$$\sigma_{e_i}^2 = X_i\theta \qquad (2-11)$$

其中，X_i 表示会对收入与消费造成影响的家庭特征变量，e_i 表示误差项，即外生风险冲击与测量偏差，$\sigma_{e_i}^2$ 为收入与消费的偏差，表明了家庭的收入与消费随着家庭特点不同而呈现显著的差异。通过三阶段广义最小二乘法（FGLS）回归得出家庭收入与消费均值和方差的拟合值，将其当成家庭未来收入与消费的均值与方差，最终得到贫困 VEP 的测算结果。VEP 法与 VEU 法不同之处在于前者通过对收入与消费函数的估计推断出行为主体的贫困脆弱性，而后者用效用水平的变动方式估计出贫困脆弱性（Meyer and Sullivan，2002）。

2.3.1.3　未被预防的风险暴露（VER）

同 VEP 法相同，VER 也是根据家庭福利损失程度来测算其脆弱性，不同在于 VER 是基于对家庭风险冲击前与冲击后的收入与消费的变动进行测算，为事后测度。VER 所考涵盖的各种冲击，不仅包含到系统性风险，如村庄所有居民都遇到的山洪、地震、泥石流等自然与地质灾害，还包含到各个家庭遇到的个体性风险，例如疾病、失业等，具体而言：

$$\ln c_{htv} = \sum_{tv}\delta_{tv}(D_{tv}) + \sum_i \beta_i S(i)_{htv} + \gamma X_{htv} + \varepsilon_{htv} \qquad (2-12)$$
$$\ln c_{htv} = \sum_{tv}\delta_{tv}(D_{tv}) + \beta\ln\gamma_{htv} + \delta X_{htv} + \varepsilon_{htv} \qquad (2-13)$$
$$\ln c_{htv} = \alpha + \sum_{tv}\lambda S(i)_{tv} + \beta\ln\gamma_{htv} + \delta X_{htv} + \varepsilon_{htv} \qquad (2-14)$$
$$\ln c_{htv} = \alpha + \beta\ln\gamma_{htv} + \gamma\,(\overline{\ln\gamma_{tv}}) + \delta X_{htv} + e_{htv} \qquad (2-15)$$

在上面四个公式中，$\ln c_{htv}$ 为村庄 v 的 h 家庭在第 t 期的消费对数的波动情况。其中 $S(i)_{tv}$ 为 v 村庄所有家庭遇到的整体风险，$S(i)_{htv}$ 为 h 家庭遇到的单个风险，D_{tv} 表示村庄虚拟变量，$\ln\gamma_{htv}$ 表示单个家庭的收入增长情况，$\overline{\ln\gamma_{tv}}$ 表示 v 村庄全部家庭的收入增长率[①]，X_{htv} 表示家庭的特征变量，α、β、δ、γ 与 λ 表示公式中需计算的系数向量。

VER 作为一种事后测算方法，能评估出各种情况的风险冲击造成的福利下降的程度，可对造成家庭脆弱的风险冲击来源进行准确评估。德尔康等（Dercon et al.，2005）基于三次埃塞俄比亚农村家庭调查的面板数据，通过 VER 方法对引起该地农户脆弱的风险冲击来源进行了详细的估算，将脆弱性拆分为系统性与个体性风险冲击，研究结果表明这两种风险都是家庭脆弱的风险源头，季节效应也会影响家庭的消费波动[②]。VER 法通过一个敏感系数衡量贫困脆弱性，没有区分外界风险对家庭的影响强度与家庭应对外界风险能力的大小。同时该方法运用消费平滑时可能存在误差，家庭消费对收入冲击的反应程度可以反映出家庭的脆弱性，但这种脆弱性与家庭是否贫困并不是完全相关（Singh et al.，2010）。

2.3.2 贫困脆弱性的影响因素研究

国内贫困脆弱性的研究主体多以家庭为基本单位，从收入角度与风险角度切入，影响因素研究占了较大的比例。同时多数研究置于扶贫政策的背景之下，与现实连接较为紧密，为现实服务，具有较强的政策导向。图 2-5 为国内贫困脆弱性研究关键词聚类图。已有关于贫困脆弱性的研究大多从宏观的制度层面（如农村医疗保险制度、普惠金融、商业保险等）和微观的农户层面（如邻里效应、生计资本、社会资本等）展开。

[①] 较多研究中采用 $\ln y_{htv}$ 与 $\overline{\ln y_{tv}}$ 作为 $S(i)_{htv}$ 与 $S(i)_{tv}$ 的替代变量。
[②] 季节效应为家庭的消费数量在劳动力高峰时（该种情况下劳动的回报率较高）会呈现增加的趋势，劳动力低估时候呈现减少的趋势。

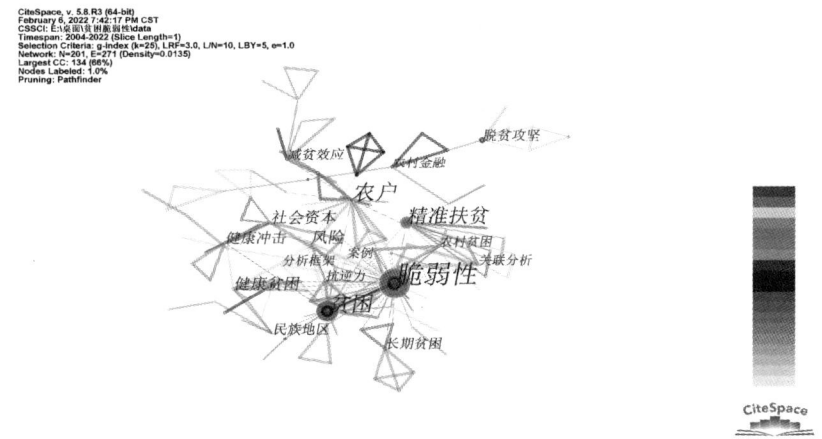

图2-5　国内贫困脆弱性研究关键词聚类图

注：选定"中国知网"数据库，设定主题为"贫困脆弱性"，检索时间选项为默认值，下载时间为2022年2月6日，总共得到711篇文献，经过CiteSpace软件对这些文献聚类分析可得本图（原图见本书彩色部分图5）。

资料来源：笔者根据"中国知网"数据库应用CiteSpace软件处理而得。

就宏观的制度层面而言，鄢洪涛和杨仕鹏（2021）使用2010年与2018年的CFPS面板数据，通过倾向得分双重差分模型发现农村医疗保险制度能够显著降低35~54岁农村居民的贫困脆弱性，而对16~34岁和55岁以上组别影响较小，应调整贫困户的识别办法，提高医疗保险服务水平，积极推动农户参与金融市场行为。申云和李京蓉（2022）基于2014~2018年CFPS的三期面板数据和中国数字普惠金融指数，发现数字普惠金融对农户贫困脆弱性的影响存在倒"U"型的门槛效应，在普惠金融指数为108~160时，普惠金融能显著降低农户的贫困脆弱性；普惠金融主要通过提升农户数字技术和风险应对能力的方式使其摆脱贫困，应该增加针对贫困脆弱性农户的普惠金融宣传与培训，开发更多金融惠农产品与服务，使普惠金融更好地为贫困地区乡村振兴而服务。

就微观的农户特征而言，彭继权（2021）使用2018年湖北省监利市和蕲春县1 105农户数据发现非学历教育使农户贫困脆弱性指数降低了0.09个单位，这种减缓效应主要通过农户务工人数与平均务工时间的中介机制实现，因此我国应该注重发挥非学历教育的减贫功能，规范非学历教育组织，提升贫困人口的人力资本。左孝凡等（2020）使用2016~2018年的两期CFPS追踪数据和曼斯基（Manski）社会互动效应模型发现邻里效应具有很好的减贫效果，不仅能显著缓解当期贫困，还可显著降低农户未来陷入贫困的概率，且该影响效果有明显的区域差异，西部地区的影响效果最强，东北地区的影响效果最弱。斯丽娟（2019）通过2016年的CFPS数据，采取FGLS与Probit模型指出家庭教育支出通过增加人力资本和增强教育支出的方式显著降低农户未来陷入贫困的可能性，并且对贫困家庭的影响效果比对非贫困家庭的更为明显，义务教育阶段的影响效果比其他教育阶段的影响效果更为明显。

国外贫困脆弱性的研究与市场、健康的结合较为紧密（孙伯驰，2020）。相较于国内，国外贫困脆弱性的研究较早（蒋丽丽，2017），多从疟疾（Christiaensen and Subbarao, 2005）、基础设施（Hoddinott and Quisumbing, 2003）、消费（Mcculloch and Calandrino, 2003）、市场波动（Klasen and Waibel, 2015）、气候变化（Ahmed et al., 2011; Leichenko and Silva, 2014）、收入（Ward, 2016）、性别差异（Espinoza and Klasen, 2018）等角度展开，视角较为多元。国外的研究在定义、测算方式和指标设置上，做出了一系列有价值、有意义的探索（万广华和章元，2009），如现今测度贫困脆弱性的期望的低效用法（VEU）、未被预防的风险暴露法（VER）以及最为普及的期望贫困的脆弱性法（VEP）皆源自国外，对我国的相应研究具有较强的启发意义。

2.3.3 贫困脆弱性研究演进趋势

图2-6为国内贫困脆弱性研究时序图。本节基于贫困脆弱性研究的特点将其划分为三个阶段。

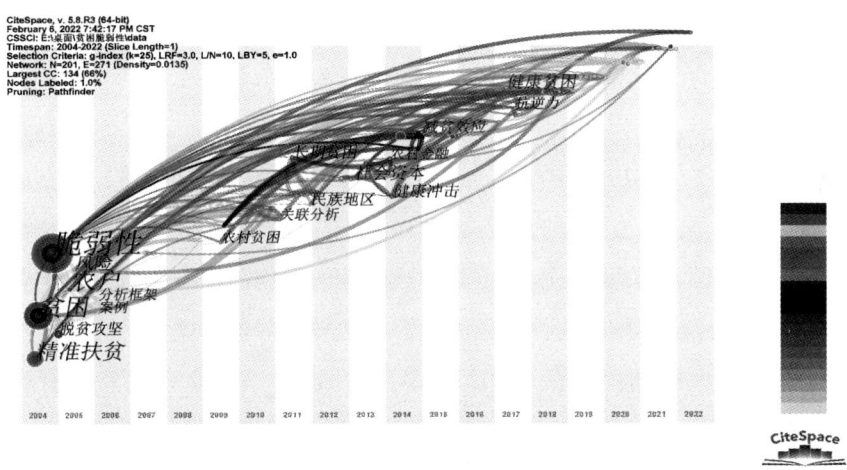

图2-6 国内贫困脆弱性研究时序图

注：选定"中国知网"数据库，设定主题为"贫困脆弱性"，检索时间选项为默认值，下载时间为2022年2月6日，总共得到711篇文献，经过CiteSpace软件对这些文献聚类分析可得本图（原图见本书彩色部分图6）。

资料来源：笔者根据"中国知网"数据库应用CiteSpace软件处理而得。

第一阶段（2013年之前）相关研究聚焦于"脆弱性""风险""长期贫困"，主要侧重于贫困脆弱性的概念与测度，万广华等（2011）认为加权平均法可显著提高测算精度，并应用CHNS面板数据实证探讨了社会网络对农户贫困脆弱性的影响效果，较具有代表性，对贫困脆弱性的测算具有较强的指导意义，被引频次较高。

第二阶段（2014~2018年），随着2014年我国"精准扶贫"政策的全面展开，急需相应研究为政策的制定和贫困户的识别提供理论指导，研究趋暖。关于贫困脆弱性的研究着力于"社会资本""健康冲击""民族地区"，主要聚焦于贫困脆弱性的影响因素研究，包括社会保障体系（蒋丽丽，2017）、社会资本（涂冰倩等，2018）、生计资本（马赞甫和王永平，2018）等。杨龙和汪三贵（2015）基于中国农村贫困监测调查样本数据发现，收入贫困与脆弱性贫困悬殊，不同种类农户脆弱性的影响因素差异明显，但是外生的风险冲击是主要原因，在这一时期的研究中较具代表性。

第三阶段（2019年至今），此时脱贫攻坚战进入决胜阶段，离全面建成小康社会也只有两年时间，亟须运用脆弱性理论为扶贫政策的绩效考核提供指导。部分研究尝试将贫困脆弱性的研究与精准扶贫政策结合起来，例如，从贫困脆弱性的角度研究了精准扶贫各专项扶贫政策的扶贫效果。孙伯驰和段志民（2020）认为"低保"会使一些农户产生"福利依赖"，减少劳动时间，降低向上奋斗的动力，从而增加了农户未来陷入贫困的概率。顾宁和刘洋（2021）通过辽宁阜新市的建档立卡数据发现，整体产业扶贫政策可以降低农户的贫困脆弱性，但是分项政策的效果存在显著的差异。种植业与养殖业的扶贫效果较好，而加工业的扶贫作用并不明显。刘明月等（2019）基于8省份调研数据发现易地扶贫搬迁能显著降低农户未来陷入贫困的概率，且在西北地区的影响效果比中南地区和西北地区更为明显。

与多维贫困的研究类似，在数据上，已有研究多使用截面数据或者跨期较短的面板数据，或是仅对某一特定的地区进行考察，研究结论不具有普遍性，不能捕捉贫困脆弱性的动态变化情况；在方法上，相关研究使用的核心自变量与因变量之间可能互为因果，不能较好地进行因果识别，容易出现内生性问题，所得结论与现实状况有着较大的差异，相应研究值得进一步深入。同时已有研究也较少对政策的影响机制进行探讨，缺乏对目标群体的细分，所得政策建议值得商榷，相应研究应继续深入推进。

2.4 反贫困相关研究

缓解贫困是政府的主要目标之一，反贫困的成果也是衡量政府行政能力的重要指标之一。各国政府都需要采取不同的政策措施以减少贫困现象的发生（Jalilian and Kirkpatrick，2005）。从这个角度上来说，贫困除了是社会发展问题，还是一个公共治理问题。从人类与贫困作斗争的历史上看，政府是减贫的主体力量和责任承担者（汪三贵和郭子豪，2015）。我国的反贫困政策也同样经过了"救济式扶贫—开发式扶贫—精准扶贫"的一系列转型，并在此过程中形成了一整套具有中国特色的政策工具，系统构成了中国特色扶贫政策体系。

2.4.1 财政扶贫研究

政府减贫的主要手段是通过公共财政扶贫手段，对扶贫对象进行救济与帮扶。蒙塔尔沃和瑞威连等（Montalvo and Ravallion et al.，2010）将财政扶贫划分为三种模式，包括现金补贴（救济金与失业金等）、教育培训、环境改良（完善基础设施与公共服务等）。"救济"是财政扶贫最为直接的形式，即政府通过直接或者间接转移支付给予贫困户各种货币补贴。贫困人口得到救济金可用于维持其基本生存，此外，救济金还可改善贫困人口对未来的预期，增加其生存意愿（Evrard et al.，2004）。蒙塔尔沃等认为，救济金不仅可以改善贫困人口的生活质量，还会增加贫困人口的消费，借此加快贫困地区各产业的发展，给予贫困地区更多的就业机会。也有部分研究指出了对扶贫对象直接给予救济的弊端，汤森和维达（Townsend and Ueda，2008）根据欧美部分高福利国家的救济实践指出，过度的补贴与救济会导致出现"福利陷阱"，过高的福利体系往往意味着高税收和高负债，不利于经济的长远发展，同时也会导致资本外逃、产业衰退等现象的发生。阿资比达特（Azpitarte，2014）认为救济金在短期内维持其基本生存具有积极作用，但总额较少，不能用于再生产，因此减贫效果不好。费希尔等（Fisher et al.，2013）也根据东南亚地区实证研究指出，若将贫困视为一种长期现象，则救济与补助对贫困的长期影响效果较小。

由于救济金扶贫措施只有短期"输血式"扶贫效果，学界开始考虑如何长期"造血式"扶贫，即采取何种方式使用财政资金以增加贫困人口内生发展能力，实现贫困户的长期收入增长（汪三贵等，2004；龚晓宽和王永成，2006）。政府在制定扶贫政策时，应致力于建设基础设施、创造就业机会、完善公共服务（Fisher et al.，2013）。雷斯泰诺（Restaino，2010）基于非洲多国样本数据的实证研究指出，相较于直接针对贫困户的转移支付而言，将财政资金用于兴修基础设施和就业培训，在短期内效果不明显，但在长期具有较好的效果。阿资比达特（Azpitarte，2014）在研究中发现针对贫困群体的教育投资减贫效率较高，而由于就业机会较少，农村贫困人口向城市搬迁的贫困减缓效果较差。胡兵等（2005）认为实行财政政策扶贫的时候，应该调动穷人的积极性，让穷人分享经济发展的好处。

国内关于财政扶贫绩效研究成果较多，并针对研究结论提出了较多有建设性的政策建议。杨颖（2011）基于我国贫困县的实证数据，指出财政支农支出和科教文卫支出能推动经济的增长，有利于减少贫困现象的发生，政府应该优化财政扶贫资金的结构，从而形成政府、市场与社会三方共同参与扶贫的局面。周艳等（2018）考察了财政扶贫资金投入对农村贫困的影响，指出每增加1%的财政扶贫资金，贫困发生率将降低0.063%，强调政府应加大对贫困地区与贫困群体扶贫资金的投入。

2.4.2　金融扶贫研究

贫困人口由于收入水平与社会地位低下等原因，通常被排除在金融体系之外，很难获得所需的金融服务，这也限制贫困人口的发展能力，使其更容易陷入贫困陷阱循环。金融扶贫可缓解贫困人口的信贷约束，增加贫困人口的融资渠道，增加其可行能力。金融抑制理论的出现与发展以及众多实证证据也表明，发展中国家金融市场利率市场化机制不健全，导致信贷资本错配，金融机构针对农业部门的金融服务供给严重不足，存在针对贫困群体的信贷与金融排斥现象，致使贫困群体很难获得信用贷款与金融服务。由于金融天然具有"嫌贫爱富"的特点，单靠金融机构采取金融扶贫政策不具有可持续性，政府应该采取针对贫困群体倾斜的金融措施，给予贫困群体信贷补贴，将政府扶贫与金融机构扶贫结合起来，采取政府担保和贴息等形式增加贫困人口的贷款总量。

传统的金融理论研究认为穷人因为其收入水平低下且不稳定、没有良好的抵押物导致其容易出现违约风险。但一些实证经验发现，贫困人口不一定"背德"，20世纪70年代，联合国扶贫基金对全球多个国家实施"贫困人口小额信用贷款计划"后指出贫困群体的信用贷款的偿还率比预计的高，且缓解贫困的效果十分明显。相较于财政扶贫和产业扶贫，金融扶贫的主体为各类商业性金融机构，金融机构在保障其盈利性的前提下开展信贷扶贫，开始引起理论界重视，逐渐地被应用于实践。孟加拉国尤努斯（Yunus）对穷人的小额信贷研究做出了重大贡献，被称为"穷人的经济学家"，他强调贷款是一项权利，贫困人口不应该被排除在外。他创立格莱珉银行（Grameen Bank，意为"乡村银行"），针对贫困群体发放了大量信用贷款，开创了为穷人小额信贷的新模式，即"格莱珉模式"。他也因为其贡献获得2006年"诺贝尔和平奖"。

基于此，学界开始对针对贫困群体的信贷补贴进行研究。太田克史等（Katsushi et al.，2012）根据多个贫困国家的小额信贷信息交流数据实证发现，针对贫困户的信用贷款，无论是物质资本还是货币资本形式，都会通过提升贫困户资本积累的方式使其获得更多的生产机会，因而使其获得更好的发展。贫困人口通过信贷倾斜政策获得了信贷，在一定程度上减少了针对贫困群体的金融抑制，提高了贫困群体的信贷可得性，为贫困人口摆脱持续性贫困做出了重要贡献。贾俊雪等（2017）基于课题组调研数据，发现小额信贷能显著增加贫困户的收入，而资本补贴的效果不明显，小额信贷在一定程度上解决了贫困户融资困难的问题，扩大了贫困户的生产经营规模，增加了贫困户的收入，同时引入资金配套机制后的小额信贷减贫效果更加明显。申云和彭小兵（2016）根据我国中部、西部三省的追踪数据考察农户链式融资的减贫效果，发现产业链式融资对于减缓农户贫困具有积极意义，比农户直接向金融机构融资的效率更高，贫困户的收入越低，扶贫效果越好。

但部分研究对农业信贷补贴理论进行批判，提出了"金融市场理论"，指出不是因为农民缺少储蓄导致了农村缺乏资金，而是因为政府管得太多，出现了"政府失灵"现象。此外，对农业信贷补贴的投入或者是将政府意愿与金融机构的商业信贷混为一体，从而导致针对贫困户的信用贷款违约率较高。金融市场理论强调针对农业的信贷补贴政策弊大于利，穷人的"信用"比想象中的高，应该减少政府对普通贫困群体信贷的干预和管制，利用市场的力量进行信贷资源配置，从而实现对贫困人口的长期持续稳定的信贷供给，政府只需要关注极端贫困人口的信贷供给，给予其信贷支持即可。阿资比达特（Azpitarte，2014）发现针对贫困群体的信贷规模会存在一个临界点，当达到临界点时，信贷违约现象急剧上升，这会降低金融机构对贫困群体信贷供给的规模。同时，金融机构为完成针对贫困人口信贷任务的任务，会将贷款给予经济条件较好的农户,即出现了"精英俘获"现象,信贷供给结构与信贷需求结构不匹配,金融抑制情况更为严重,降低了极端贫困人口的金融可得性。李金亚和李秉龙(2013)根据在山东临沭县、安徽金寨县、黑龙江绥滨县多地的调研数据发现针对贫困户的小额信贷存在瞄准偏差,这一方面是金融机构在贷款发放时没有瞄准贫困户,反而倾向于比较富裕的农户;另一方面也是因为贫困户的信贷需求相对较小,贫困户不仅缺乏融资机会,还缺乏生产投资机会。

还有部分研究对金融服务的减贫效果进行了考察。伯吉斯和潘德(Burgess and Pamde,2005)在贫困地区运营小型金融项目时发现,普惠金融通过为贫困群体提供信贷与保险等金融服务的方式缓解了其贫困状况。尹志超等(2020)指出金融扶贫角度对缓解农户信贷约束和扩充用户融资渠道具有积极作用,应完善特困家庭的正规融资渠道。此外,指出金融发展对于降低收入不平等和缓解贫困具有重要的意义,针对穷人的金融服务能够减少基尼系数,增加收入公平。金融服务不仅为贫困地区与贫困人口给予低息的贷款支持,还能通过存款取款、理财、普及金融知识等方式改善贫困人口收入分配方式,增加其长远发展能力。王汉杰等(2018)基于2012~2015年1 869个县级行政单位的面板数据考察了贫困地区金融扶贫政策对产业结构的影响,发现贫困地区的金融减贫未能与产业发展有效协同,因此在未来制定金融扶贫政策时,要与贫困地区的产业发展相结合,从而使贫困户形成摆脱贫困的内生动力。徐玮和谢玉梅(2019)基于2015年319户农户的微观调研数据考察了"贫富捆绑"和"银保互动"两类小额贷款形式对贫困户贷款的影响,结论表明前者显著增加了贫困群体的贷款需求,但是上述模式都不能使贫困户的贷款供给增加,在制订反贫困策略时要结合贫困户的实际需求,有效提升扶贫对象的贷款需求和贷款可得性,采取低利率手段,减少贫困地区出现的"信息贫困"现象。

2.4.3 产业扶贫研究

产业扶贫的核心在于将贫困户的生活生产行为纳入社会产业的大循环之中,是我国扶贫政策的重要组成部分,也是激发贫困户内生造血功能的重要手段(李志平,2017;郭劲光等,2019)。产业扶贫带动范围广,优化了农户的资源配置,提高贫困户的生产效率和增收能力,同时促进了贫困户的物质、人力、社会等生计资本有机结合,使贫困户得到了更多的就业机会。相较于其他扶贫政策,产业扶贫政策不只是针对某个贫困户进行帮扶,而是对整个贫困区域进行帮扶,帮扶效率较高(谭永风和孙浩,2019)。产业扶贫的职能主体为政府,但行为主体是公司、合作社等市场主体(郭劲光,2011)。这会导致市场理论中的"利润最大化"和政府扶贫目标的达成存在冲突。相关研究主要从下面几个角度展开。

首先是相关概念界定。汪三贵等(2015)认为产业扶贫政策是通过各种产业的发展带动贫困群体再生产等政府行为的总称,政府干预是手段,目的是增加贫困户的收入。相较于针对农户转移支付的"输血式"扶贫而言,产业扶贫为造血式扶贫,能调动贫困人口的积极性(张琦,2020)。林万龙和孙颖(2020)将产业扶贫政策分为三类,包括产业直接补贴政策、资产收益扶贫政策、到户产业培训或实物扶贫政策。直补政策即将一些产业扶贫资金直接补贴到发展产业的贫困群体或者带动贫困群体就业的企业或法人,容易操作,在实施过程中也体现了"产业到户、扶持到人"扶贫思想,是产业扶贫中的重要措施之一。

各地多基于本地的客观实际颁布详细可行的直接补贴方案。从各地的实施情况来看,主要涵盖:(1)对以农业种植养殖为主要经济来源贫困户进行补贴和奖励,以调动贫困群体发展农业产业的积极性;(2)对贫困群体创业、参与合作社、发展旅游观光等特色农业给予补贴，如对农民创业给予奖励；（3）采取资本入股收益分红的方式对贫困程度较为严重的农户进行补贴，例如，将村级光伏扶贫电站与小水电项目的收入作为村组的集体资产，将获得收益用作公益岗位扶贫和奖励补助贫困户等，可保证扶贫效果的长期性和可持续性，极具有中国扶贫特色；（4）到户产业培训和实物扶贫政策，例如，针对扶贫对象发展农业产业的技术培训以及免费为扶贫对象给予的种子、化肥、农药等生产资料。

其次是扶贫效果。产业扶贫根据产业的发展而不是个体的偏好，所投入的资金具有可持续性和规模效应。政府、金融机构与企业多主体的介入使产业的选择更为合理，更容易突破技术瓶颈。李志平（2017）运用系统动力空气学模型进行政策拟合发现，相较于直接向贫困户给予现金补贴，向贫困户提供猪崽、鸡苗的扶贫方式具有长效减贫效果。在第3~4年内，前者的减贫效果比后者好，但是超过4年后者的减贫效果比前者好。

再次是减贫机制。产业扶贫通过多主体参与，实现了对土地、劳动力与资本等要素的优化配置，具有较好的减贫效果。刘明月等（Liu et al.，2021）通过 PSM-DID 模型发现产业扶贫对农户的生计具有显著的积极影响，会显著改善农户人力、金融与社会三项资本，但对农户的自然与物质资本的影响并不明显，较之于贫困户而言，对非贫困户的影响更大。

最后是在实施政策时所面临的问题。李博和左停（2016）根据对环京津贫困带的产业扶贫政策的案例分析发现，产业扶贫政策在实施过程中会发生异化，与预期的政策目标偏离。项目制的产业扶贫导致在实施过程中追求"短平快"从而在一定程度上限制了扶贫效果，在后续产业扶贫政策的实施中，应完善产业扶贫政策的申请、审核、验收等一系列流程。

邢成举（2017）基于广西某地的产业扶贫案例发现，产业扶贫政策在实施过程中会产生扶贫"产业化"情况，即所投入的各种扶贫资源与项目可能成为扶贫工作参与主体谋取利益的工具。产业扶贫政策在执行时多会对产业的规模有要求，而贫困户不容易实现规模生产，为了达到规模指标需求，相对富裕的农户更容易被纳入扶贫项目，这与产业政策的目标相背离，出现了"精英俘获"现象。为调动地方政府参与产业扶贫的积极性，要求县必须与中央和省级配套资金参与扶贫项目，扶贫资金由中央、省级、县级财政共同支出，但参与产业扶贫的县多为贫困县，地方财政入不敷出，需要依靠国家的转移支付才能勉强达到平衡，配套资金很难到位，这在一定程度上也制约了扶贫效果的发挥。从扶贫政策的执行者来说，部分执行者为自身的职业生涯提供便利，为了更快地完成扶贫任务与目标，会更加倾向与农业龙头企业合作，相较于普通农户，农业龙头企业在经营、营销各方面具有优势且规模较大，更容易享受政策便利，致使配套资金滥用，政策效果不及预期。

总的来说，通过上述的文献回顾可知，无论是财政扶贫政策、金融扶贫政策，还是产业扶贫政策，学界都有两种观点：一种是扭曲论，认为政府不应该过多干预，应通过市场自身的力量实现贫困的减缓；另一种则强调外界对贫困群体的帮扶，政府、社会、企业等主体应该采取有针对性的措施缓解贫困群体的贫困状况。但根据森（1985）的多维贫困理论，贫困人口可行能力严重不足，不能依靠自身的力量摆脱贫困，政府的职能定位和公共财政的特点也决定了扶贫工作是政府的责任，而政府在扶贫工作上面临的信息不对称困境，可以依靠社会与金融机构得到一定的缓解，政府应该成为扶贫的主力军（刘彦随等，2016）。

2.4.4 不同时期扶贫政策的效果研究

从最开始成立专门的扶贫机构"国务院贫困地区经济开发领导小组"的成立到八七扶贫攻坚计划，再到最新的精准扶贫政策，我国的扶贫战略都是以政府为主导,取得的成绩举世瞩目,学界对其政策效应展开了一系列研究。豪斯和侯赛因(Howes and Hussain,1994)认为1986~1993年第一次国家级贫困县的设立促进了贫困地区经济的发展,扶贫资金投资回报率较高,整体上扶贫措施具有积极意义,但是不同收入阶层获益不同,最穷5%县的人均收入没有好转。而罗斯高等(Rozelle et al.,1998)指出直接投放给农户的资金对其收入有正向影响,而对县办和乡镇企业的投入不会对农户的收入产生影响。

近年来关注"八七扶贫攻坚计划"措施政策效果的文献较多。"八七扶贫攻坚计划"加强了对贫困县的财政投入,增加了人均纯收入和人均财政支出(王艺明和刘志红,2016);扶贫政策使贫困县各项指标发展速度较快,有利于其生产建设和公共服务的发展(刘冬梅,2001)。刘朝明和张衔(1999)发现"八七扶贫攻坚计划"政策对贫困地区有着较大的减贫作用,但同期其他地区发展更快,两者的差距呈现出扩大趋势。"八七扶贫攻坚计划"重点扶贫县身份使其更容易成为国家扶贫工作重点县和集中连片特困地区贫困县(郭君平等,2016)。

与前两个扶贫时期比较,研究巩固扶贫成果时期(2001~2013年)扶贫政策效应的文献较多,结论也更加多样。21世纪国家扶贫工作重点县的确定主要由其经济水平确定,也会受到其是否为革命老区和民族地区的影响,政策会显著增加农户的收入(Meng,2013);地区经济状况不同,政策效果也会显著不同且具有时滞效应(张彬斌,2013)。王小华等(2014)对比头十年贫困县和非贫困县发现,农户信贷能提高非贫困县的农民收入而未能提高贫困县农民的收入,贫困县的资本形成对中低收入者的收入有促进作用。王守坤(2018)指出贫困县城市化率低而农村固定投资完成额比例较高,不能通过城市化过程减小城乡收入差距,扩大了城乡差距。

自从2014年精准扶贫政策全面展开以来,党和国家投入了大量的扶贫资源,相应研究也应运而生。部分研究指出精准扶贫政策在实行过程中会存在瞄准偏差，仅采取收入瞄准的方法不能对贫困户进行较好的识别，采取多维贫困瞄准能显著提升识别的准确率（汪三贵和郭子豪，2015；朱梦冰和李实，2017；周云波和贺坤，2020）。也有研究对造成扶贫政策过程不精准的影响因素进行了总结，包括识别标准（张全红等，2017）、本身的制度缺陷（欧阳煌，2017）、精英俘获（胡联等，2015；韩华为，2018；何欣和朱可涵，2019）等。

而针对扶贫绩效而言，李芳华等（2020）基于某县贫困人口微观追踪数据库，借助断点回归法，指出精准扶贫政策显著提升了贫困群体的劳动收入，短期来说，男性的增收效应大于女性，但长期来说，女性的增收效应更为显著，易地搬迁和产业政策扶贫是增加贫困户劳动收入的主要途径，而光伏扶贫则会降低贫困户的劳动收入。刘钊和王作功（2020）基于2014~2018年的CFPS农户面板数据从家庭收入与生产资本两个角度，考察了精准扶贫的减贫效果，发现精准扶贫政策增加了贫困户的人均纯收入，但效果呈现边际递减的特征。张航等（2020）运用2018年全国实证调查数据，通过路径分析法评估了教育精准扶贫政策的实施效果，发现贫困群体对教育精准扶贫政策满意度处于中等水平，满意度还会受到村务公开、干部工作、程序公正以及政治效果等政策执行过程的影响，而贫困人口的年龄、健康状况、家庭人数、是否是村干部、脱贫质量期待也在一定程度上影响了政策满意度。张博胜和曹筱杨（2021）通过2010~2019年云南省县级面板数据，运用倾向得分匹配双重差分模型发现精准扶贫项目增加了国家级贫困县农民的收入水平，并且通过提高城镇化水平、增加基础设施投入、提高农业生产效率和降低农业结构比例的方式降低了城乡收入差距，但这种政策效果具有波动性，不具有累积效果；应增加对农村财政的投入，提高农村扶贫补助标准，提高农村贫困群体的收入水平。

在不同扶贫区域的不同发展时期，贫困主体和贫困形式差异较大，需要采取不同的制度设计，因此也会呈现不同的理论成果。已有的研究运用不同评估方法对各个时期的扶贫政策效果进行了评估，对我国扶贫实践有较强的理论指导意义，但这些研究多从单一的绝对收入角度出发，或者只评估了扶贫政策对扶贫对象短期贫困的影响，而对扶贫对象的长期贫困问题考察不够，研究应进一步深入。

2.5 研究评述

综上所述，国外对多维贫困、相对贫困和贫困脆弱性研究较早，并对多维贫困、相对贫困和贫困脆弱性的概念界定、测度方法以及实践运用做出了一系列有益的探索，对我国相关研究具有重要的启发意义。随着我国扶贫事业的深入推进，多维贫困、相对贫困与贫困脆弱性的研究开始成为学术研究与公共政策的热点，特别是随着精准扶贫政策的深入推进，亟须相关研究提供理论指导。相应研究注重与我国的贫困现实联系起来，尝试与我国自身的特点相结合，形成了一批重要的研究成果，为中国特色反贫困理论与扶贫事业实践做出了重要贡献。但总体而言，仍然有较大的进步空间。

第一，多维相对贫困的量化有待进一步深入。自阿玛蒂亚·森（1985）提出"能力贫困"的理论后，学界对贫困问题研究的角度从单维扩展到多维。世界银行与联合国开发计划署等国际机构基于阿玛蒂亚·森的理论，提出了"人类贫困指数""多维贫困指数"的概念，尝试从人的基本权利、全方位发展来考察与分析贫困现象（Alkire and Santos，2010）。随着我国进入脱贫攻坚与乡村振兴的过渡衔接期，研究贫困的视角应由单维绝对收入贫困转到多维相对贫困。学界与政策界对贫困的认识也经过了从单一的收入贫困向多维相对贫困的转变，从单独的经济学视角扩展到包括教育、健康、生活质量乃至制度的多维度视角。已有文献多聚焦于多维相对贫困的识别、测算与分解。由于数据的可得性以及各地经济发展水平的差异致使衡量农户的多维相对贫困指标体系不健全，指标的选取方法和权重有待进一步改进，相关研究有待进一步深化。例如，现有多维相对维贫困指标多采取收入、健康、教育等客观指标，缺乏对农户主观满意度指标的衡量（车四方，2019），因此本书在测度农户多维相对贫困指数时加入了农户的主观满意度指标。

第二，已有关于扶贫政策减贫效果的评估框架有待改进。相关研究在评估政策效果时大多侧重于政策对扶贫对象绝对收入的改善，没有深入到相对贫困与多维贫困角度，衡量不够全面，同时更是较少考察政策的长期减贫效果，扶贫过程中可能出现扶贫对象在短期内脱贫而在长期内返贫的现象，只考虑政策对农户短期贫困的影响不能真实地刻画政策的减贫效果（张栋浩等，2020），因此在评估政策减贫效果的时候，不仅要多维度衡量政策的短期效果，还要衡量政策的长期效果，全面评估反贫困措施的减贫效果。本书将政策效果划分为短期广度减贫效果与长期深度减贫效果，通过农户多维相对贫困的改善来衡量政策的短期减贫效果，扩充了研究的广度，通过农户贫困脆弱性的改善来衡量政策的长期减贫效果，增加了研究的深度。

第三，对政策效果异质性的考察有待深入。已有研究大多只对扶贫政策的整体群体扶贫效果进行探讨，研究着重聚焦于政策的平均处理效应，缺乏对目标群体的细分，较少区分影响效果在不同群体上的异质性，没有深入考察扶贫政策在减缓农户贫困的前提条件与适宜范围，例如，对"精英俘获"现象的考察不够深入，因而所得政策建议不够精准，值得商榷，相应研究应该进一步深入。因此本书使用分组回归、分位数DID等方法从不同角度考察了精准扶贫在减缓农户贫困的前提条件与适宜范围。相较于已有研究，本书所得政策建议在兼容性与整体性上与现实更为契合。

第四，有关精准扶贫政策、多维相对贫困与脆弱性三者关系的文献较少。现有多维相对贫困与贫困脆弱性的影响因素的研究多从社会保险、人力资本、信贷约束等角度展开，中国特色社会主义制度决定了我国的扶贫是以政府为主导，将贫困治理纳入了国家治理的战略目标，动员政府部门、企业、社会组织与团体多主体参与，凭借我国国家制度优势与行政优势对贫困户采取有针对性的扶贫政策，这是其他国家所不具备的（燕继荣，2020）。在一定程度来说，经济发展的"涓滴效应"与我国政府专项扶贫措施是战胜贫困，产生中国奇迹的主要动力。我国在精准扶贫上面投入了大量的资源，现有文献中很少探究精准扶贫政策对农户多维相对贫困与贫困脆弱性影响效果，更很少揭示政策对农户多维相对贫困与贫困脆弱性影响的作用路径和机理。

第3章

理论基础与分析框架

3.1 精准扶贫概念界定

自改革开放以来，我国扶贫工作取得了举世瞩目的伟大成就。但是前期扶贫政策在实施过程中容易出现"质量低下、效率不高"的问题，政策的针对性较差，致使很多地区经常出现"年年扶贫年年贫，年年贫困年年扶"的现象。已有的扶贫政策制定与执行过程中，没有很好地识别贫困户，且随着宏观经济形势的变化，尤其是不同群体收入差距的增加，以区域瞄准为核心的扶贫政策开始出现瞄准偏差和扶贫效率下降的问题（汪三贵和郭子豪，2015）。改革开放后多年的高速经济增长使我国人均收入快速增长，但是收入分配不平等情况加剧。我国的基尼系数（Gini index）由1981年的0.288增加到2013年的0.473。日益增长的收入不平等状况使得位于收入分配不利地位的贫困群体更加难以得到增长发展所带来的福利，即经济增长的"涓滴效应"减弱，这表明通过贫困地区的经济增长来减少贫困人口的效果越来越差，需要调整已有的

第3章 理论基础与分析框架

扶贫模式，提升扶贫政策的减贫效果。在此大背景下，精准扶贫思想开始出现。"精准扶贫"的核心理念在于对扶贫对象的精准识别，并基于瞄准的扶贫对象的特点进行分类，精准施策（邓维杰，2014）。

现今学界对精准扶贫的概念定义多沿用官方媒体的定义。具体而言，精准扶贫可以看成公共政策制定部门对不同地区具有不同禀赋的贫困群体进行科学有效的精准分类，并采取科学有效的扶贫政策，注重在政策流程全过程中采取实事求是的科学办法，即"靶向帮扶贫困户""贫困问题越严重享受的帮扶政策越多"。其核心在于"精准"，基本要求包含"扶贫对象精准、项目安排精准、资金使用精准、措施到户精准、因村派人精准、脱贫成效精准"。王博文（2020）认为相较于以往的大水漫灌式的粗放式扶贫，精准扶贫的内涵主要包括三点。

第一，贫困户的识别和瞄准更为准确。已有的扶贫政策多是区域瞄准，帮扶对象多由政府基层管理人员估计，较为随意，未能较好弄清当地的贫困状况。而精准扶贫要求对扶贫对象进行准确识别，贫困户的认定需进行农户申请、村民代表大会评议、村委会和驻村工作队核实、乡镇人民政府审核、县扶贫办复核多个流程多次公示，整个程序较为公开与透明，尽量减少出现"精英俘获"现象（王雨磊和苏杨，2020）。精准扶贫不仅要求精准识别贫困户，还要求精准地识别贫困村、贫困县、连片特困地区。

第二，帮扶政策的针对性更强。以往的扶贫项目没有很好地考虑贫困户的要求，针对性较差，而精准扶贫则要求"到村到户、因户施策、资金到户、干部帮扶"，强调扶贫政策要因地制宜、实事求是，保证扶贫政策的有效性（燕继荣，2020）。

第三，扶贫项目管理更加精准。已有的粗放式扶贫在政策执行、资金到账、执行效果考核等项目管理多聚焦于村一级，未聚焦在农户层面。在政策执行层面，部分扶贫资源被挤占或者浪费，没有真正落到实处。而精准扶贫需要落实政府在扶贫的主体责任以及强化贫困户的主体地位，要求在扶贫过程中"省、市、县、乡、村扶贫工作五级书记一起抓""建设全国扶贫信息网络系统""项目资金要到村到户""资金操作阳光管理""专项管理扶贫资金与扶贫项目，及时披露与公开相关信息"。同时，根据现实的需要及时跟进与调整帮扶政策，并采取第三方评估等方式精准考核政策的执行效果（葛志军和邢成举，2015）。

精准扶贫思想通过精准扶贫政策落到实处。精准扶贫政策有多种分类方式，例如，可以划分为排他性与非排他性两类（王恒，2020）。政府建设基础设施扶贫项目时，基础设施所辐射人群都能从中受益，为非排他性措施，而当政府实施最低生活保障、贫困户贴息贷款等，具有排他性，则为排他性项目。扶贫项目也可划分为竞争性与非竞争性两类（王博文，2020），非竞争性措施多具有普惠性，例如，产业扶贫政策和公共基础设施等，而竞争性措施主要为在扶贫资源有限的背景下，下级机关向上级机关打报告提出申请，上级机关组织专家对下级机关所申报项目进行可行性审核，考核中排名靠前的项目才能审核通过，竞争性措施一般不具有普惠性。其中，产业扶贫政策具有灵活性、适应性强、辐射范围广等特点，深受各地方政策制定部门的青睐（车四方，2019）。小额贴息贷款等金融扶贫政策兼具"造血"特征，在一定程度上给予了贫困户内生发展能力，是可持续性较强的市场型减贫措施。易地搬迁扶贫是将居住条件较为恶劣的贫困群体搬迁到生活或生产条件较好的地区，显著地改善了搬迁群体的生活条件与就业环境，是自然条件较为恶劣的贫困地区脱贫攻坚的重要抓手。基于此，本书所涉及的精准扶贫政策是2014~2018年我国实施的包括产业扶贫、金融扶贫、就业扶贫、科技扶贫、公共服务扶贫（涵盖大病救助、新型农村合作医疗、新型农村社会养老保险）等反贫困政策的总称。

3.2　我国扶贫政策的演进

社会主义的根本目标是共同富裕，我国政府一直以来高度重视扶贫减贫工作。改革开放以来，经过四十多年的艰苦奋斗，我国完成了消除绝对贫困的艰巨任务，走出了一条中国特色贫困治理道路。该道路强调在制定明确的反贫困路线和扶贫目标的基础上，依据我国特殊的制度优势，将政府主导与社会参与相结合，将扶贫开发与自力更生相结合，采取多层次全方位的反贫困政策缓解农户的贫困状况（王博和朱玉春，2018）。我国制定的扶贫政策是循序渐进的，根据不同时期贫困的状况和特点采取有针对性的扶贫政策。本节依据扶贫开发工作的时代特征、发展阶段与演进规律将改革开放以来的扶贫措施划分为五个阶段。

3.2.1　体制改革与局部地区开发扶贫时期（1978～1985年）

该阶段反贫困工作的主要特点是由政府主导，尝试由"外部输血"式扶贫转变为以扶持开发为主的扶贫模式（王博和朱玉春，2018）。改革开放之后家庭联产承包制的实行和良种化肥的大量使用，使我国农业发展迅速，这也为大规模减贫奠定了物质基础（Lin，1992）。这一阶段大量贫困人口的减少主要得益于农业生产率提高带来的自发减贫效果。家庭联产承包制的实行标志着统分结合的双层经营体制的确定，改变了过去"吃大锅饭"的局面，增加了农民的积极性。同时以市场化为导向的体制改革开始允许劳动力的自由流动。这些改革促进了经济发展，解决了农村贫困人口群体的温饱问题，降低了贫困发生率。1984年党中央和国务院颁布了《关于帮助贫困地区尽快改变面貌的通知》，强调

"彻底纠正集中过多、统得过死的弊端,给贫困地区农牧民以更大的经营主动权"。自此开始,我国开始实行以工代赈政策,该政策不是单纯的救济,其特点在于将救济与建设相结合,政策对象必须通过参加社会公共工程的建设而获得扶贫物资或者资金。

在"效率优先,兼顾公平"的指导思想下,东部与中部地区之间的贫富差距加大(崔元培等,2020),我国政府开始尝试对"三西"①地区进行扶贫开发。"三西"地区总面积达38万平方千米,约占全国总面积的4%,农业人口有1200万人,为当时全国最贫困的地区之一。1982年底我国政府开始以"兴河西、河套产粮之利,济定西、西海固缺粮食之贫"的思路开展扶贫开发战略,改善"三西"地区的农业生产条件。通过加强对"三西"地区农业基础设施建设如增加灌溉面积、修缮坝地与砂地,组织移民等方式改变其贫困落后状况。"三西"扶贫开发战略是我国政府开展区域扶贫模式的有益探索,在我国整个扶贫开发过程中具有开创性与引领性意义。"三西"扶贫开始尝试将单纯的救济性扶贫改变为与开发式扶贫、连片扶贫、搬迁扶贫相结合的综合扶贫模式,对后续在全国范围内开展的有组织有计划、大规模的扶贫措施产生了重要影响。

3.2.2 全国性开发扶贫时期(1986~1993年)

在改革开放之后系列利好政策的推动之下,我国绝大多数农村地区发展迅速,但是"老少边穷"地区由于自然条件恶劣、社会发展滞后等原因导致发展较为落后,与东部沿海地区的差距较大,相当一部分的收入还不能维持其基本生活保障(蔡昉,1994)。1986年,我国开始实

---

① "三西"地区涵盖甘肃河西地区19个县(市、区)、甘肃定西地区20个县(区)、宁夏西海固地区8个县,合计47个县(市、区)。

施有计划、有组织、大规模的扶贫政策,并成立专门的扶贫机构"国务院贫困地区经济开发领导小组",制定各项扶贫政策,这标志着扶贫工作从传统的社会救济工作独立出来,使扶贫政策的制定更加精准,效果更加明显。这一阶段还确定了 328 个国家级重点贫困县,加上各省确定的 371 个省级贫困县总共 699 个县作为扶贫的重点区域,各级政府针对贫困县给予了系列扶贫优惠政策,取得了巨大的成效(郭鹏等,2006)。这一阶段农村绝对贫困人口由 1986 年的 1.25 亿减少到 1993 年的 0.8 亿,年均减少 640 万人,1993 年的贫困发生率仅为 8.72%。

3.2.3 "八七扶贫攻坚计划"时期(1994~2000 年)

经过上一扶贫时期,农村地区的贫困落后状况得到了较大的改善,农村各项事业发展较快,但是也面临"农村贫困人口下降速度的减缓和扶贫难度增加"的困境,剩下未完全解决温饱的 8 000 万贫困人口多聚居在自然条件较为恶劣、交通条件不便的地区,接下来的脱贫任务更加艰巨(武国友,2011)。为集中全国资源办好扶贫大事,1993 年,国务院印发《关于印发国家八七扶贫攻坚计划的通知》,制定"八七扶贫攻坚计划",目标是用七年时间解决当时 8 000 万贫困人口的温饱问题。这是我国反贫困历史上第一个有明确目的、对象、方法和截止日期的扶贫开发行动纲领,也表明我国的脱贫工作进入了攻坚阶段(Meng,2013)。该计划根据当时我国贫困的最新情况调整了国家级贫困县的标准,新标准确定了全国 592 个国家级贫困县。

中央和地方政府在该计划的指导下都逐渐加大了对贫困地区的资金投入,总共安排专项扶贫资金 1 378.1 亿元,其中财政扶贫和信贷扶贫资金分别为 622.6 亿元和 755.5 亿元。为增加贫困地区内生发展动力,各级政府还专门制定了一系列税收减免措施,组织贫困地区的劳务输出与转移。在全国计划部门、内外贸部门、农林水部门等多单位的联合协同下,"八七扶贫攻坚计划"战略取得了举世瞩目的成就。到2000年底,全国农村绝对贫困人口减至3 000万,贫困发生率减至3%。这一时期,国家的扶贫政策从之前的区域开发为主的模式转变为纵横联合与内外兼顾的全面参与模式,强调激发贫困群体脱离贫困的内生动力,使开发式与救助式扶贫合二为一,形成"内外造血式"新局面(车四方,2019)。

3.2.4 巩固扶贫成果时期(2001~2013年)

伴随着"八七扶贫攻坚计划"的收官,我国基本上解决了贫困人口的"吃饭问题"。在21世纪的第一个十年,我国主要面临着城乡差距和工农差距过大的情况,人民群众普遍感受到贫困差距增大。为巩固来之不易的扶贫成果,应该加大对贫困人口的政策支持。

2001年我国颁布了《中国农村扶贫开发纲要(2001—2010年)》,指出要"坚持综合开发与全面发展的策略,将扶贫开发同国民经济计划和社会发展计划结合起来,加强贫困地区水利、交通、电力与通信等基础设施,促进贫困地区多方面协调发展",同时确定了全国14.8万个贫困村,把政策的瞄准对象从县转移到村,政策下沉到户,将产业扶贫、劳动力培训与转移二者结合起来。在开展专门扶贫政策的同时,党和政府还采取了一系列的惠农政策,2002年底开始提出的新型农村合作医疗政策,2006年我国政府宣布取消农业税,这些政策减轻了农民的负担,也极大地推动我国扶贫事业的发展。经过这一阶段脱贫攻坚,我国贫困人口与贫困发生率显著降低。我国的贫困人口从21世纪初的9 422万降低到2010年的2 688万,合计减少6 734万,贫困发生率从10.2%下降到2.8%。

3.2.5 精准扶贫政策时期（2014~2020年）

21世纪第二个十年，我国经济增长速度放缓，进入"新常态"。同时2020年是全面建成小康社会的最后一年，这对我国的反贫困战略提出了更高要求。在此阶段我国的扶贫工作正式进入攻坚阶段，中部、西部地区的贫困人口数量较大，余下的贫困人口脱贫难度大，应该在已有的扶贫工作与经验上创新扶贫思路，完成脱贫任务。2013年，习近平总书记在国家扶贫开发工作重点县花垣县考察的时候提出了"实事求是、因地制宜、分类指导、精准扶贫"的要求，强调改变之前相对粗放的扶贫模式，"精准扶贫"思想正式落地。2014年2月，我国颁布了《关于创新机制扎实推进农村扶贫开发工作的意见》，要求"创新扶贫开发工作机制，建立精准扶贫工作机制"。全国制定统一的贫困户识别标准，各省应在现有的工作基础上，将扶贫开发与最低生活保障制度整合起来，依据"县为单位，规模控制、分级负责、精准识别、动态管理"原则，将贫困村和贫困户"建档立卡"，建成整合的全国扶贫信息系统，扶贫减贫策略要与致贫原因结合起来，按村按户精准扶贫帮扶计划。自此，我国扶贫工作进入精准扶贫新时期（汪三贵和郭子豪，2015）。

与之前较为粗放的扶贫模式不同，精准扶贫模式从瞄准扶贫对象到执行扶贫政策都更加精准与明晰，将精准识别与建档立卡整合起来，使用大数据电子技术动态管理扶贫对象的信息。政府不仅针对的是扶贫对象的建档立卡，还对连片贫困地区、国家级贫困县、贫困村也进行建档立卡，多层次全方位地了解我国的贫困情况。2014年4月底，我国制定了《扶贫开发建档立卡工作方案》，对精准扶贫过程中的建档立卡的工作进行了布置。建档立卡的对象涵盖连片贫困地区、贫困县、贫困村以及贫困户。通过建档立卡步骤，精准识别贫困村与贫困户，精准弄清贫困状况，明晰贫困原因，决定帮扶主体，确定帮扶手段与考核标准，进行多层次的动态管理,对连片特困地区、贫困县的贫困情况展开监测与进行评估,全面掌握扶贫工作成效,为反贫困工作与考核提供指南。

3.2.5.1 建档立卡标准与工作程序

原国务院扶贫开发领导小组办公室负责指导全国的建档立卡工作,并组织成立了专门的建档立卡和信息化建设工作领导小组,下设办公室,各省份扶贫主管部门应成立负责统筹协调的相关部门。各省份在对贫困户建档立卡时,应该统一协调,大力宣传,尽量要让每个农户理解建档立卡的目的、要求、申报条件等各种情况,保证群众的知情权与参与权。要严格按照工作流程,确保公平、公开、公正。贫困户的确定要遵守"两公示一公告"原则,贫困村的确定要遵守"一公示一公告"原则。按照"省抽查、县核查"的原则,上级部门要对下级部门建档立卡工作进行抽查与核查(具体流程图见附录1)。

根据2013年的农民人均纯收入2 736元[①]的国家农村贫困线为标准,各省份可在确定保证完成国家农村贫困线识别任务的条件下,根据自己本地实际状况,确定本省份的扶贫标准并完成贫困对象的识别任务,并接入全国扶贫网络信息系统统一管理。

第一步:规模分解。按照国家统计局公布的2013年底全国各省份贫困人口基数(见表3-1)确定。各省份的统计数比国家统计局发布数大的,可按照国家统计局公布数上浮10%左右,个别省级和国家统计局的发布数额差距较为明显的,上浮幅度可适增加。具体的规模数通过省级扶贫工作领导部门确定后上报原国务院扶贫开发领导小组办公室核定。然后各级政府依据"县为单位、规模控制、分级负责、精准识别、动态管理"的原则,基于本地实际将人口规模自上而下层层分解。由市及县(市、区)的分解可通过国家统计局确定的乡村人口总数与

[①] 资料来源于《国务院扶贫办关于印发〈扶贫开发建档立卡工作方案〉的通知》。

贫困发生率算出；从乡（镇）到村的拆解因为没有人均纯收入等数据，可根据本地实际抽取的容易获得的相关贫困因子计算本地拟订的贫困发生率，然后基于当地农民年末户籍人数计算得到。各省份上报原国务院扶贫开发领导小组办公室核定后将贫困户指标分解到村。

表3-1　　　　　　　2013年各省份贫困人口数量与发生率

地区	贫困人口（万人）	贫困发生率（%）
全国	8 249	8.5
河北	366	6.5
山西	299	12.4
内蒙古	114	8.5
辽宁	126	5.4
吉林	89	5.9
黑龙江	111	5.9
江苏	95	2
浙江	72	1.9
安徽	440	8.2
福建	73	2.6
江西	328	9.2
山东	264	3.7
河南	639	7.9
湖北	323	8
湖南	640	11.2
广东	115	1.7
广西	634	14.9
海南	60	10.3
重庆	139	6
四川	602	8.6
贵州	745	21.3

续表

地区	贫困人口（万人）	贫困发生率（%）
云南	661	17.8
西藏	72	28.8
陕西	410	15.1
甘肃	496	23.8
青海	63	16.4
宁夏	51	12.5
新疆	222	19.8

资料来源：国家统计局官方网站。

第二步：初选对象。在县级扶贫主管单位与乡镇一级政府的指导与协调下，对细分到村的贫困户指标进行动员，农户根据自身的条件进行申请，填写贫困户申请书（见附录2）。村民大会对农户的申请进行民主评议，制定待选名单，村委会与驻村工作组核实申请农户的真实情况后进行第一次公示，公示期间无异议然后上报乡镇一级政府进行审核。

第三步：公示公告。乡镇一级政府对各村确定的贫困户进行审核，确定乡镇一级贫困户名单，在各村开始第二次公示，公示期间无异议然后上报县级扶贫主管单位进行复核，复核完成后在各村公告。上述工作应该在2014年6月底完成。

第四步：结对帮扶。经省一级政府的指导，县一级政府统筹协调各项扶贫资源，拿出贫困户结对扶贫计划，确定结对帮助扶贫关系与帮扶责任人。

第五步：明确计划。经乡镇一级政府指导，村委会、驻村工作组与帮扶责任人一起根据扶贫对象的实际情况，确定帮扶计划。上述工作应该在2014年7月底结束。

第六步：填写手册。经县级扶贫主管单位的指导，乡镇一级政府组织与协调村民委员会、驻村工作队与大学生志愿者填写《扶贫手册》。

第七步：录入数据。经县级扶贫主管单位的指导，乡镇一级政府组织与协调村委会、驻村工作队与大学生志愿者在全国扶贫信息网络上录入贫困户的《扶贫手册》。上述工作应该在2014年8月底结束。

第八步：及时更新贫困户的信息并将更新信息录入全国扶贫信息网络系统，对贫困户进行动态监测。我国首次建立起全国统一、涵盖近亿人，实时调整更新的扶贫信息网络系统，它被形容为"鱼鳞册"①，解决了扶贫对象的识别问题。

与贫困户类似，政府也需要对连片贫困特区、国家级贫困县、贫困村建档立卡。国家已经认定的贫困县与连片贫困地区，不需要再进行识别，直接建档立卡即可。对连片贫困特区进行建档立卡的目的是核查扶贫开发工作资金管理、监测与评价片区规划实施情况，为各片区反贫困政策的制定提供依据。国家级贫困县建档立卡为832个贫困县（包括680分连片贫困地区县与592个国家级扶贫开发工作重点县），各省份可将省一级贫困县和省定连片特困区，纳入全国扶贫网络信息系统统筹管理。贫困村的建档立卡原则上根据"一高一低一无"的考察标准瞄准贫困村，即行政村的贫困发生率比全省多1倍以上，人均纯收入比全省平均水平的60%还低，没有集体经济收入。

3.3.5.2 帮扶措施

在完成建档立卡的工作之后，政府、社会和企业等行为主体应对建档立卡贫困户采取有针对性的帮扶措施。《国务院扶贫办2015年工作要点》指出了针对建档立卡户开展的驻村帮扶工程、职业教育培训工程、扶贫小额信贷等10项工程（见表3-2）。

---

① 鱼鳞册，也称鱼鳞图或者丈量册，是我国古代的一种土地登记账簿，因土地的各信息依次排列类似鱼鳞得名。

表 3-2　　　　　　　　精准扶贫政策各扶贫工程

工程	帮扶措施
驻村帮扶工程	完善现有驻村工作队制度，开展工作考核
职业教育培训工程	给120万贫困家庭的子女提供助学补助与贷款
扶贫小额信贷工程	给贫困户提供低息贷款，每年贷款规模达到2 000亿元
易地扶贫搬迁工程	对100万居住在自然条件较差的贫困人口开展易地扶贫搬迁政策
电商扶贫工程	建立2 000个贫困村电子商务试点
旅游扶贫工程	2015年建成600个旅游扶贫试点
光伏扶贫工程	在光热条件较好的贫困县试点贫困村光伏扶贫项目
构树扶贫工程	在部分地区试点杂交构树等草食畜牧业科技项目
致富带头人培训工程	对贫困村创业致富带头人进行知识培训

2015年11月，党中央和国务院通过《中共中央 国务院关于打赢脱贫攻坚战的决定》，提出"举全党全社会之力，坚决打赢脱贫攻坚战"，将精准扶贫与精准脱贫作为下一个阶段扶贫措施的基本战略，说明了"扶持谁、谁来扶、怎么扶"，从而完成"十三五"规划制定的脱贫攻坚目标。2016年底，我国颁布了《"十三五"脱贫攻坚规划》，提出了一系列脱贫攻坚战目标如"两不愁三保障"，贫困人口人均可支配收入比2010年增加1倍以上且增速高于全国平均水平，现行标准下的农村人口完成脱贫，贫困县全部摘帽。具体目标如表3-3所示。

表 3-3　　　　　　　　"十三五"脱贫攻坚规划目标

指标	2015年	2020年	属性
建档立卡贫困总人口（万人）	5 630	摆脱贫困	约束性
建档立卡贫困村（万人）	12.8	0	约束性
贫困县（个）	832	0	约束性
实施易地扶贫搬迁贫困总人口（万人）	—	981	约束性

续表

指标	2015 年	2020 年	属性
贫困地区农民人均可支配收入增速（%）	11.7	增速高于全国平均水平	预期性
贫困地区农村集中供水率（%）	75	≥83	预期性
建档立卡贫困户危房改造率（%）	—	约 100	约束性
贫困县义务教育巩固率（%）	90	93	预期性
建档立卡贫困户因病致贫与返贫户数（万户）	835.5	基本完成	预期性
建档立卡贫困村村集体年收入（万元）	2	≥5	预期性

国务院各个部委也针对建档立卡贫困户采取了一系列帮扶措施，如教育部与原国务院扶贫开发领导小组办公室一起颁布的《关于解决建档立卡贫困家庭适龄子女义务教育有保障突出问题的工作方案》，要求"建档立卡贫困学生义务教育有保障"，强调"继续实施义务教育控辍保学专项行动"。2016 年 4 月，民政部印发了《民政部关于贯彻落实〈中共中央 国务院关于打赢脱贫攻坚战的决定〉的通知》，强调将"脱贫攻坚作为民政系统的重要工作任务"，并指出了贯彻《中共中央 国务院关于打赢脱贫攻坚战的决定》任务应该采取的措施（具体措施见表 3-4）。2018 年 8 月，为在剩余 3 年内完成脱贫任务，党中央和国务院下达了《中共中央 国务院关于打赢脱贫攻坚战三年行动的指导意见》，强调把开发式扶贫与保障性扶贫结合起来，以开发性扶贫为脱贫的基本途径，将造血与输血结合，多维度提升建档立卡贫困户的收入水平。精准扶贫政策自实施以来，取得了显著的成效。截至 2020 年底，当下标准下 9 899 万农村贫困人口全部脱贫，832 个贫困县全部摘帽，12.8 万个贫困村全部出列，区域性整体贫困得到解决，完成了消除绝对贫困的艰巨任务。

表3-4　　　　　　　民政部落实"脱贫攻坚战"任务

措施	具体内容
农村最低生活保障制度兜底脱贫	将家庭主要成员全部或部分失去劳动能力的家庭,全部纳入"低保"。社会扶贫政策向"低保"家庭倾斜
医疗救助脱贫	给予建档立卡贫困户医疗保险缴费补贴,大病予以救助
特困人员救助供养政策	将原农村五保户,城市"三无"人员整合纳入供养政策范围
临时救助制度	提高兜底保障能力与救助时效
农村"三留守"人员关爱保护工作	调高针对"三留守"人员服务的能力与水平
贫困地区农村社区建设	推动公共服务向贫困村、贫困户延伸覆盖
社工与志愿服务力量参与脱贫攻坚机制	开展扶贫志愿者行动计划和社会工作专业人才服务贫困计划
引导社会力量参与脱贫攻坚	提倡企业承担社会责任,发挥社会组织的积极作用
片区扶贫和定点扶贫工作	江西、湖南两省组织罗霄山片区的扶贫规划

中华人民共和国成立以来,我国各种反贫困措施取得了举世瞩目的成就,在长期的反贫困工作中积累了一系列宝贵经验,形成了中国特色反贫困理论。作为世界上最大的发展中国家,我国以政府主导和开发式扶贫为主要特征的反贫困模式为全世界扶贫工作的有效推进和快速减少贫困人口数量提供了"中国经验"与"中国方案"。从世界反贫困事业的艰巨性和精准扶贫政策的合理性角度看,精准扶贫战略对于世界反贫困道路与理论的选择具有较强的参考意义。无论是巩固现阶段的脱贫攻坚成果,还是减缓我国城市贫困状况,以及全球其他国家与地区扶贫政策的制定,都能从中获得有用经验。以精准扶贫政策为核心的中国农村反贫困政策体系,与发展中国家的特殊国情相适应,具有历史必然性,不仅适用于我国,也适用于其他的发展中国家。

3.3 贫困理论

3.3.1 可行能力剥夺理论

随着联合国、世界银行等国际组织在世界范围内反贫困实践的深入开展，部分研究开始尝试把贫困现象产生与福利、能力和权利等结合起来。阿玛蒂亚·森在其经典著作《贫困与饥荒》《饥饿与公共行为》中提出了"可行能力剥夺理论"。阿玛蒂亚·森（1985）的理论突破已有研究将贫困看成是单纯的物质贫乏不足，从缺乏可行能力的视角对贫困进行识别与研究，强调贫困的主要原因是行为主体的可行能力缺乏，并提出了如下观点：第一，贫困的本质是机会的丧失与基本能力的剥夺，而收入水平低下是贫困外在的表现形式；第二，收入和能力有着较深的联系，更强的个人能力意味着更高的收入，收入也是提高能力的物质基础；第三，良好的健康状况与教育不仅会提升家庭的生活质量与生活品质，还会增强家庭走出贫困陷阱的能力（张清霞，2007）；第四，社会排斥与歧视、人力资本与社会资本的缺乏、基本生活保障制度供给不足都会导致行为主体的可行能力剥夺。因此可行能力贫困的外延比收入贫困更广，可行能力贫困涵盖了我们在社会生活中遇到的各种贫乏的状态，包括各种维度，如收入贫困与非收入贫困、物质贫困与精神贫困、能力贫困与权利贫困等。

该理论对于政府制定扶贫政策具有较强的启发意义和现实意义，扶贫政策不仅要提高贫困户的收入，还要注重提升其可行能力。个人的可行能力主要受到个人特质、自然环境与社会环境三类因素的影响。个人特征涵盖身体状况、健康程度、性别、理解能力等因素；自然环境包括干旱、洪涝、地震、火山、海啸等因素；社会环境主要包括社会制度、风俗习惯、法律规范等因素（全芳，2017）。可行能力实质强调的是人有选择何种生活的自由。基于阿玛蒂亚·森的理论，过一个"不贫困"的生活要满足三项基本条件：健康、教育与资源占用，这三个基本条件是享受其他的机会与权利的基础。

可行能力剥夺理论强调"以人为本"，认为人是社会发展的最终目的，整个社会上的一切都是为人而服务。反贫困应该聚焦于个人能力的提升，而不只是单纯增加主体的收入。该理论承认且尊重不同群体与个人的异质性，改进了以收入贫困为标准忽视不同主体差异的不足（刘晓靖，2011）。阿玛蒂亚·森以能力与自由作为衡量标准，认为社会发展的目标是扩展"人类的可行能力"。对于作为个体的人来说，最重要的是人所过的生活而不是他的经济水平。可行能力剥夺理论对贫困问题的解读不仅是对贫困理论的创新，还被应用于反贫困实践，在其基础上建立的多维贫困理论被广泛应用于贫困的识别、治理和反贫困政策评估（胡道玖，2014）。

3.3.2　相对贫困理论

第二次世界大战后的英国百废待兴，工党政府启动了《贝弗里奇报告》计划，建立了涵盖国民保险制度、国民救济制度以及家庭补贴制度复合型的社会保障制度，使英国形成了全球第一个"从摇篮到坟墓"的高福利国家。截至1950年，其贫困人口仅占1.6%。当时英国的学术界与理论界认为其已经解决了贫困问题（Glennerster，2004）。在此背景下英国著名的发展经济学家彼得·汤森（Peter Townsend）在20世纪70年代反驳了该看法，指出在此阶段应该已经脱离了绝对贫困阶段，进入了相对贫困阶段，他的理念也被称为"绝对的相对贫困"。他首次系统地对相对贫困理论进行了阐释,并影响了英国的扶贫政策(Townsend,1979)。他质疑了传统的绝对贫困理论,将贫困和生存问题相挂钩,并将维持最低生活标准热量或者卡路里的价格作为绝对贫困标准,强调基于绝对贫困所制定的扶贫政策边际效果较差。他指出贫困不只是局限在缺少生活必需品层面,而是指缺乏最基本的饮食、居住条件、娱乐以及参加群体活动所需的资源,使贫困群体达不到社会期望与社会鼓励的平均生活状态。汤森在定义相对贫困概念时,假定穷人和其他人同样拥有基本生产与生活的权利。但在现实的生活环境下,实现正常生活水平以及拥有参与正常社会活动的资格,都与其本身所具有的社会资源有关。穷人缺乏这些资源,因此本身应该具有的资格与机会就被相对剥夺了,陷入了贫困陷阱,因而相对贫困现象在任何国家与地区都会长期存在。

汤森的理论有着深刻的时代背景。20世纪60年代,西方发达国家在全世界大力推广水稻、玉米和小麦等高产品种与鼓励增加化肥施用量,粮食产量增产迅速,这也被称为"绿色革命"。绿色革命的成功使饥荒在全世界范围内趋近消失。1952~1992年,全球的耕地面积只增加了1%,但粮食总产量增长了3倍。绿色革命也为发达国家摆脱绝对贫困、迈向相对贫困提供了物质基础。基于汤森的理论,整个英国对贫困现象有了更为深入的认识,之前认为贫困现象产生的原因多由个人的懒惰所导致,此时开始认识致贫原因的多样性,因此开始着重解决国内的事业、住房与养老问题。此外,西方国家对相对贫困的认识也从物质层面扩展到社会、文化与制度层面,指出仅仅采取增加收入、改良饮食、扶贫救助等手段无法完全消除相对贫困问题。研究视角的改进也促进了西方扶贫政策的调整,由帮扶救济式方式逐渐向鼓励型、带动型以及保障型等方式转换(赵迪和罗慧娟,2021)。

3.3.3 风险冲击理论

单个家庭随时都会面临外界风险所带来的冲击。相较于普通家庭而言，贫困家庭没有独立应对风险的能力，当遇到风险刺激的时候，会陷入更加贫困的状态，应对风险能力较弱的非贫困家庭面临风险时会转变为贫困家庭（Thistlethwaite，1960）。家庭在生产和生活所有环节都有可能承担风险（牛筱颖，2005；林光华，2013），风险发生的大小、规模、频率和持续时间会对家庭的经济情况带来不同程度的影响（Glewwe and Hall，1998）。基于风险的特点，风险冲击理论一般将风险分为高频率风险与低频率风险、自相关风险与非自相关风险、效用类风险与收入类风险等多种方式。20世纪50年代发达国家对这种风险冲击对家庭状况的影响效果进行了研究，将其称为贫困风险冲击理论，并基于该理论提出了贫困脆弱性概念。外在风险冲击具有较大的危害性，会对家庭或者个体造成经济损失，但仍然可以采取干预措施降低损失的范围。应对分险冲击的策略包括风险管理的事前预防机制与事后风险应对机制，前者指的是在风险发生之前防患于未然，减少行为主体的风险暴露机会，后者指的是在风险发生后，通过外在支援与跨期风险分担的方式减少风险冲击所带来的负面影响。

3.3.4 中国特色反贫困理论

改革开放之后，中国经济迅速增长，但城乡差距和贫富差距愈加明显。在此基础上学界达成了"贫穷不是社会主义，社会主义要消灭贫穷"的共识，并对城乡二元体制导致的贫困问题进行了研究。在这一阶段，我国的致贫理论研究实现了从"资源制约贫困说""素质能力贫困说"到"整体性贫困说"的转变，学界开始关注贫困户的多维贫困

(郑继承，2021）。2014年，我国正式开展精准扶贫政策，并将其作为国家重点战略，取得了举世瞩目的成绩。2021年2月25日，习近平总书记在全国脱贫攻坚总结表彰大会上指出"我国脱贫攻坚战取得了全面胜利""走出了一条中国特色减贫道路，形成了中国特色反贫困理论"。

中国特色反贫困理论是马克思反贫困理论在我国的传承与创新，是马克思反贫困理论中国化的最新理论成果，回答了在发展中国家应采取何种方式才能消灭大规模贫困现象的问题，指导了中国反贫困实践。中国特色反贫困理论强调采取一整套行之有效的政策体系、工作体系、制度体系反对贫困，即通过大规模的财政投入和投资，基于中国国情，发挥制度优势，动用庞大的行政资源，采取"两不愁三保障"作为脱贫攻坚的评估标准，通过"六个精准，五个一批"① 措施，对扶贫对象、扶贫项目、扶贫资源以及帮扶责任人进行集约化管理，激发扶贫对象的积极性、主动性与创造性，从而使扶贫对象形成内生造血能力并且摆脱贫困（燕继荣，2020）。政府缓解农村居民贫困的责任在于顶层设计、资源整合、工具创新与责任监督层面（车四方，2019），同时也应引入更多行为主体，把市场与社会力量引入进来，使政府、市场与社会协同合作缓解多维贫困，引进社会组织、民营企业与公民个人等新生力量，形成多方面合力减贫。该理论强调发挥我国社会主义的优越性，将扶贫政策与国家动员能力结合起来，即"集中力量办大事"，用行政能力牵头动员，逐渐影响与改变地方贫困落后的现状（王雨磊和苏杨，2020）。此外，该理论也注重在扶贫实践中增加同国际组织与机构的合作与交流，借鉴国外成功的扶贫经验与扶贫措施。在精准扶贫政策期间，联合国开发计划署、世界银行与美国盖茨基金会等国际机构给予了我国脱贫攻坚较大的帮助，也为我国扶贫实践作出了重要贡献。中国特

---

① 六个精准即"扶贫对象精准、项目安排精准、资金使用精准、措施到户精准、因村派人精准、脱贫成效精准"，五个一批即"发展生产脱贫一批、易地搬迁脱贫一批、生态补偿脱贫一批、发展教育脱贫一批、社会保障兜底一批"。

色社会主义国家制度、经济制度、社会制度为中国特色反贫困理论的产生提供了坚实的制度基础（汪三贵和刘未，2016）。精准扶贫理论是中国特色反贫困理论的重要组成部分与最新理论成果（李正图等，2021）。

3.4 理论分析框架

3.4.1 精准扶贫政策减贫效果的分析框架

"十四五"阶段我国的反贫困政策的重点已经由消除绝对贫困向减缓相对贫困转移。而"后扶贫时代"扶贫战略的主要目标是巩固脱贫攻坚成果，提升脱贫质量，减少返贫现象的发生。2021年2月25日，习近平总书记在全国脱贫攻坚总结表彰大会上强调："我们要切实做好巩固拓展脱贫攻坚成果同乡村振兴有效衔接各项工作，让脱贫基础更加稳固、成效更可持续。"[1] 在新的历史阶段与节点，与时俱进地探索并且较为科学地构建扶贫政策减贫效果的评估框架具有较强的现实意义（吕开宇等，2020）。

精准扶贫是一个涵盖财政扶贫、产业扶贫、教育扶贫等政策，并对扶贫对象采取有针对性的扶贫措施的政策体系，会对农户的短期贫困造成影响。本书使用多维相对贫困的改善衡量精准扶贫政策的短期广度减贫效果。首先，农村贫困是一种致贫原因复杂且表现形式多样的社会现象，仅按照绝对收入衡量的贫困标准不能全面反映出我国的贫困状况。较高的收入水平不代表一定可以获得良好的教育、医疗与公共服务（蔡

---

[1] 资料来源：习近平总书记在全国脱贫攻坚总结表彰大会上的讲话，新华网，2021-02-25。

洁和夏显力，2019）。基于阿玛蒂亚·森（1985）的可行能力剥夺理论和汤森（1979）的相对贫困理论，贫困人口不仅收入水平低下，同时在教育状况、健康水平等层面面临着剥夺状况。贫困人口往往面临的不只是单一的绝对收入贫困，而是包含教育、健康以及生活水平等层面的多维相对贫困。根据2016年的国务院第三次全国农业普查，西部地区仍然有67%的村没有幼儿园与托儿所，13.1%的村没有卫生室，0.9%的农户没有自己的住房，5.9%的农户住房由竹草土坯构成，4.3%的农户没有室内厕所，11.8%的农户饮用不受保护的井水和泉水。生活状况、教育、健康等福利的被剥夺成为农村家庭贫困的主要表现形式，从多维福利的视角更能准确地体现出农村的真实贫困情况（郭熙保和周强，2016）。因此在考察扶贫政策的效果时不应只是从单一的绝对收入维度入手，需要扩充衡量维度的广度，考察扶贫对象多维相对贫困的变化。其次，精准扶贫政策在制定与执行时也暗含治理多维贫困的思想，不只是注重解决农户的收入问题，也注重解决农户的义务教育、基本医疗、住房安全问题，即"两不愁三保障"，因此从多维相对贫困角度才能完整地衡量出精准扶贫的短期政策效果（汪三贵和曾小溪，2018）。最后，未来一段时间内的主要贫困形式为多维贫困与相对贫困（李小云等，2020），也需深入考察精准扶贫政策对农户多维相对贫困的影响效果，以期为"后扶贫时代"反贫困政策的制定与执行提供借鉴与参考。

精准扶贫政策不仅会对贫困户的短期贫困造成影响，也会影响农户的长期减贫效果。贫困脆弱性具有前瞻性，能反映出贫困状态的动态变化以及未来变化情况。本书使用贫困脆弱性的改善衡量精准扶贫政策的长期深度减贫效果。一方面，公共部门在制定扶贫政策以及已有研究在衡量反贫困政策的效果时多从事后干预的角度切入，只考虑改善农户在政策执行当期的贫困状态，对农户未来的贫困状况以及相关的未来风险与福利情况的重视程度不够（彭澎和徐志刚，2021）。根据风险冲击理论，多数新脱贫户的收入仍然较低，自身造血功能不强，风险应对能力较弱，极容易受到各种外界的冲击而重新陷入贫困，与新脱贫户类似，脱贫边缘户也有陷入贫困的风险。而部分农户的贫困状态在政策执行当期没有变化而在政策执行完一段时间后明显改善，因此只衡量政策的短期效果不够全面，需要衡量政策的长期减贫效果。另一方面，在脱贫攻坚与乡村振兴过渡衔接期，我国的反贫困政策也将从事前干预的角度出发，给予贫困户更多的发展机会，激发贫困群体的内生发展动力，阻断返贫现象的发生（乔俊峰和郭明悦，2021）。因此在考察精准扶贫的政策效果时，需要深入考察政策的长期减贫效果与减贫机制，从而为后续扶贫政策实现可持续的长期脱贫效果提供借鉴与参考（李晗和陆迁，2021）。

基于上述分析，本书将精准扶贫项目的短期广度减贫效果与长期深度减贫效果相统一，用农户多维相对贫困状况改善衡量政策的短期广度减贫效果，用农户贫困脆弱性情况改善衡量政策的长期深度减贫效果，建立精准扶贫政策减贫效果的分析框架（见图3-1）。通过对精准扶贫政策减贫效果分析，从短期贫困与长期贫困的角度找到提升扶贫政策效果的实施路径。

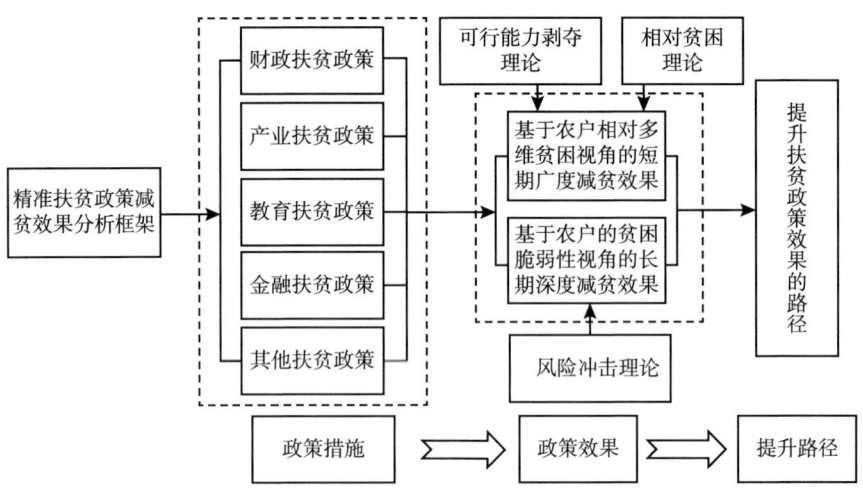

图3-1 精准扶贫政策减贫效果的分析框架

3.4.2 精准扶贫政策对农户多维相对贫困影响的理论分析

随着现行标准下的贫困人口全部脱贫，我国未来一段时间扶贫工作的重点是减少多维相对贫困现象的发生。在"后扶贫时代"看待贫困问题时，应从"贫"和"困"两个角度考察贫困概念与框架。多维贫困侧重于"贫"的角度，而相对贫困侧重于"困"的角度，因此相对贫困与多维贫困在理论层面虽有一定区别，但实际操作过程中可以融为一体，制定多维相对贫困标准。多维相对贫困概念比多维贫困概念的内涵更为广泛，不仅可以反映出行为主体在各贫困维度绝对福利的获得情况，也能反映出在各贫困维度相对福利的"被剥夺"情况，体现出在各维度贫困所面对的"相对排斥"。

精准扶贫政策是一个完备的政策体系，涵盖基础设施扶贫、产业扶贫、就业扶贫、教育扶贫等多个方面，会通过作用于农户相对贫困、生活质量、教育获得、健康改善以及就业状况改善其多维相对贫困状况。图3-2为精准扶贫政策对农户多维相对影响的作用机理图。同时，由于政策在实行过程中的内部群体侧重、区域侧重以及时滞效应，会导致影响效果出现异质性与动态性（秦升泽和李谷成，2021a）。

3.4.2.1 精准扶贫政策与相对贫困

精准扶贫政策通过直接转移支付影响农户的收入水平。扶贫政策中的转移支付如各种低保金、特困供养金、临时救助等是部分农户收入的重要来源。直接转移支付主要针对的是特困人群，强调保障其最低基本生活水平，为"输血式扶贫"（韩华为，2018）。其中"低保"制度是直接转移支付的主要形式。此外，精准扶贫政策也会通过间接培育农户能力的方式影响其收入水平，部分家庭也会从该类"造血式"扶贫中受益。例如,产业扶贫弥补了农户在资本、土地与劳动力要素配置能力低下的短板,引导与带动贫困群体参与产业发展,实现有劳动意愿与劳动能力的贫困群体在龙头企业、专业合作社、农业大户组织中工作或入股,帮助贫困群体获得稳定的工资收益或者财产性收益(朱红根和宋成校,2021)。金融扶贫项目通过实施免担保、免抵押,政府对贷款利息进行全额补贴的"两免一贴"等政策,缓解了农户的信贷约束,有利于农户增强自身发展能力,获得可持续性收入。

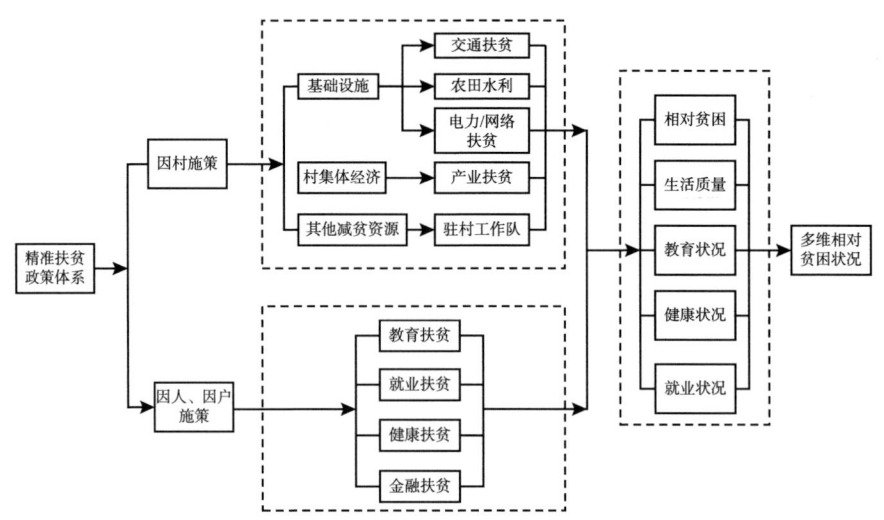

图 3-2 精准扶贫政策对农户多维相对贫困影响的作用机理

3.4.2.2 精准扶贫政策与生活质量

精准扶贫政策在实施过程中将扶贫措施与改善农户的生活环境相结合,除了会影响农户的收入水平外,还会影响生活质量。"基础设施建设扶贫工程"一般瞄准到村,是精准扶贫政策的重要项目,通过兴修交通、水利水电以及公共卫生等基础设施提高了农户的生活水平,改善了农户的生活质量(王胜等,2021)。其中,《中共中央 国务院关于打赢脱贫攻坚战的决定》指出应该开展农村饮用水安全提升工程，在贫困村开展小型农田水利工程建设，这解决了部分农户的饮水安全问题。《"十三五"脱贫攻坚规划》中指出应建设一批能源工程与基础设施工程，鼓励在贫困地区开发风电、水电等清洁能源，改变了农户的能源结构。此外，精准扶贫政策在实施过程中也注重提升农户的主观幸福感。农户自身可使用的私人物品（主要由收入状况决定）、公共物品（主要由各级政府的地方财政支出决定）以及社会关系对其主观幸福感有较大的影响（郭铖，2020）。精准扶贫政策提升了农户收入，增加了针对农户的财政支持，扩充了农户的社会网络，增进了农户的获得感、幸福感与安全感（蔡宇涵等，2021）。

3.4.2.3 精准扶贫政策与教育获得

教育扶贫对于阻断贫困的代际传递具有重要意义，也是稳定脱贫成果的重要抓手（宋乃庆，2018）。教育扶贫政策改善了贫困地区教育状况，增加了对贫困地区的教育投入，缩小了城乡义务教育发展水平的差距（袁利平和姜嘉伟，2020）。教育扶贫政策通过完善学前教育资助体系以及"控辍保学"等项目，让贫困户幼儿也能享受到学前教育，降低了辍学学生数量。免除建档立卡贫困户家庭学生高中教育的学杂费，减轻了农户的教育负担。此外，教育扶贫政策也注重改善乡村教师待遇，为贫困地区培养一批专业技能过硬的乡村教师，解决了贫困地区老师流失的问题，改善贫困地区的办学条件（李兴洲和邢贞良，2018）。

3.4.2.4 精准扶贫政策与健康状况

根据2015年的全国扶贫建档立卡数据，全国接近一半贫困户的致贫原因为疾病，并且有近1 000万人患有长期慢性病。精准扶贫政策对农户的健康贫困具有缓解作用，保障基本医疗是脱贫攻坚战中"两不愁三保障"的主要内容。健康扶贫政策作为一项外在的支持政策在作用上与社会保障功能类似，具体表现为在身体、精神、安全等层面的保障作用，通过医疗保险、大病补贴状况提高贫困户的健康水平（汪三贵和刘明月，2019）。此外在政策实施期间还加强了对贫困地区医疗的转移支付，增加了对医院、卫生院等医疗基础设施的投入，让贫困人口享受更优质的医疗服务。

3.4.2.5 精准扶贫政策与就业状况

我国有数以千万计的农民处于失业状态和隐性失业状态，就业岗位缺乏，农村"失业型贫困"现象严重（车四方等，2018）。鉴于此，精准扶贫政策旨在通过多种方式增加贫困户的就业机会。就业扶贫项目针对有劳动能力但缺乏劳动技能的贫困群体展开技术培训，引导企业扶贫与贫困地区、贫困人口的职业教育结合起来，提升农户的人力资本，增加其本地就业与外出务工的机会。同时，就业扶贫政策也提供一些如护林员之类的公益性岗位，直接解决部分贫困户的就业问题（燕继荣，2020），有110多万贫困人口在政策实施期间成为护林员。

根据上述分析，提出研究假设：

假设1：精准扶贫政策实施之后，我国农户的多维相对贫困状况显著改善。

公共政策产生效果存在时滞效应，在不同阶段的实施效果不一定相同。公共政策在实施过程中会根据遇到的问题和情况动态调整、不断优化，以期达到既定效果。自2014年精准扶贫政策实施以来，中央与地方投入的扶贫资源不断增加，扶贫力度持续加大，政府、市场与社会形成了多方主体扶贫合力。随着2020年决战脱贫攻坚战截止时间的临近，在剩余时间内完成脱贫目标的任务十分艰巨，中央和地方加强了政策实施力度（车四方，2019）。因此在政策实施期内，随着时间的推移，政策对农户贫困程度的改善作用逐渐增强（尹志超等，2020）。据此，提出研究假设：

假设2：精准扶贫政策对农户多维相对贫困的影响具有时滞动态效应。

与粗放式扶贫相比，精准扶贫政策强调"贫困户的识别和瞄准更为准确""帮扶政策的针对性更强"（马小勇和吴晓，2019）。在识别与瞄准贫困户时，村民大会对农户的申请进行民主评议，村委会与驻村工作组需对申请农户的真实情况后进行核实，之后还需乡镇一级政府与县级政府复核，多方主体合力，杜绝"错评"与"漏评"，避免识别贫困户过程中出现"精英俘获"现象（王维和向德平，2020）。在精准识别贫困户的基础上，精准扶贫的政策优惠直接辐射到建档立卡贫困户，并且采取各种办法对帮扶政策的效果进行考核，严格执行脱贫"五级书记一起抓"负责制，以使政策达到预期效果，缓解贫困户的多维相对贫困状况（王博文，2020）。据此，提出研究假设：

假设3a：精准扶贫政策能缩小贫困户和非贫困户的多维相对贫困差距。

我国的国土面积广大，不同区域之间经济社会发展水平悬殊。较之于东部地区，中部、西部地区的贫困程度更为严重，致贫原因复杂，是精准扶贫政策的主要实施区域（李小云等，2020）。《财政部贯彻落实打赢脱贫攻坚战三年行动指导意见的实施方案》中指出中央财政专项扶贫资金、教育与重点生态功能区转移支付、中央基建投资以及农村危房改造补助资金应向中部、西部深度贫困地区倾斜。精准扶贫在中部、西部地区所投入的人力、物力与财力远多于东部地区（欧阳煌，2017），据此，提出研究假设：

假设3b：精准扶贫政策对农户多维相对贫困的影响效果存在区域异质性。

我国的金融市场利率市场化形成机制不健全，对农业部门的金融服务供给严重不足，存在针对贫困群体的金融排斥现象（胡联等，2021）。在贫困地区，农户的居住地较为分散与偏远，在贷款的时候缺乏合适抵押物，很难获得所需的信用贷款与保险等金融服务（申云和彭小兵，2016）。精准扶贫政策在一定程度上缓解了农户的信贷约束，增加了农户的融资渠道，有利于农户优化其家庭资源配置（申云等，2019）。

自精准扶贫政策实施以来，各方主体投入了大量的信贷资源。2014～2020年，扶贫小额信贷和扶贫再贷款分别累计发放7 100亿元和6 688亿元，金融精准扶贫贷款发放9.2万亿元。图3-3为信贷获得的中介效应作用机理。精准扶贫项目缓解了金融机构的信息不对称问题。第一，在政策执行之前，传统小农分散生产的局面增加了金融机构的信息成本，金融机构需要在数据收集、背景调查中耗费大量的费用，包括中介服务费、金融与保险服务费等。相较于城镇居民，正规金融机构向农户提供金融服务的意愿较低，而这会使金融组织与农户之间信息不对称的问题更加恶化。但在项目实施之后，金融部门需要对贫困家庭的生活状况、资产结构、劳动力情况、信贷需求等开展"一户一档"策略。在项目的执行下，金融部门能更加详细地了解到农户的金融需求与还款能力（张栋浩等，2020）。第二，基于基层党组织、驻村干部、帮扶责任人对贫困对象的深入了解，各方主体共同参与贫困家庭信用层级的评判，建立贫困户征信体系，扩充与完善贫困群体的电子档案使金融组织更为便利地得到贫困户信用水平相关方面的信息（王汉杰等，2018）。第三，"信用乡镇""信用村""信用户"的评定与建设也显著地减少了信息不对称现象的发生，使得贫困户更容易获得"两免一贴"（免担保、免抵押，政府对贷款利息进行全额补贴）类贷款（尹志超等，2020）。

同时，精准扶贫项目在执行过程中还明显降低了农户获取正规信贷的准入条件（申云与彭小兵，2016）。第一，金融机构专门划拨部分贷款为扶贫专项贴息贷款,建档立卡贫困户按照要求可以申请各类低息或者免息的扶贫贷款。第二,金融机构还针对贫困群体贷款增加了贷款额度,扩充了抵押担保品的范围,从而盘活了农户的资产,使得贫困户在抵押担保物有限的基础上,获得更多的正规信贷。信贷约束为农户贫困产生的重要内生约束,而信贷获得对于农户的多维相对贫困具有明显的缓解作用(王恒,2020)。据此提出研究假设:

假设4:精准扶贫政策会通过影响农户信贷获得的方式影响其多维相对贫困。

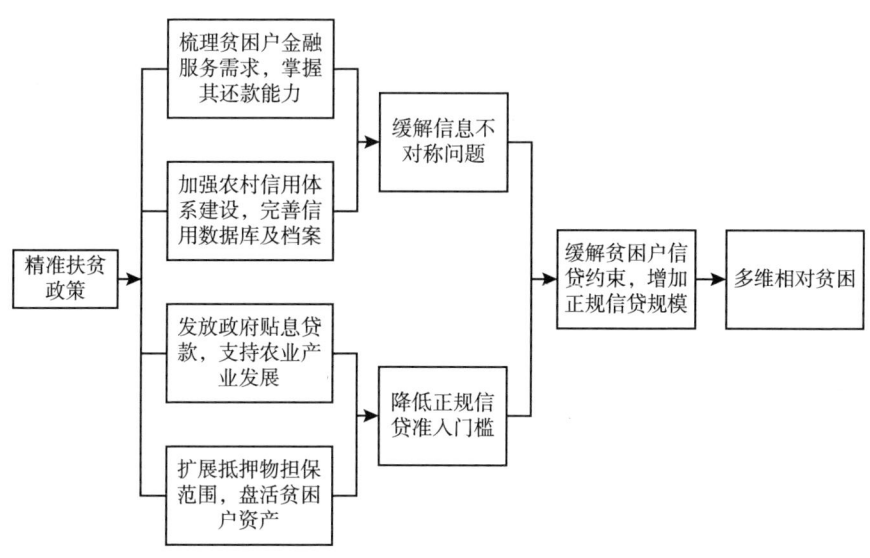

图3-3 信贷获得的中介效应作用机理

3.4.3 精准扶贫政策对农户贫困脆弱性影响的理论分析

3.4.2节探讨了精准扶贫对农户多维相对贫困影响的理论分析,即通过作用于相对贫困、生活质量、教育获得、健康改善和就业状况从而影响农户的多维相对贫困状况，把精准扶贫政策效果的衡量维度从单维扩充到多维，但涉及的只是短期减贫效果。为全面评估精准扶贫政策的减贫效果，应将减贫效果的时间维度扩展到长期，因此本节探讨精准扶贫政策对农户贫困脆弱性影响的作用机理。

"贫困脆弱性"即行为主体未来陷入贫困的概率与可能性，实质上指的是行为主体面临各类风险的可能以及与之相关的风险承受能力。可持续生计框架可以用来阐释精准扶贫对农户贫困脆弱性影响的作用机理。可持续生计框架（sustainable livelihood approach，SLA）最开始由英国国际发展署提出，在农户生计分析中运用较为广泛。具体而言，该框架假设农户具有相应的生计资本（涵盖自然、物质、金融、人力、社会资本五类），并在风险性与脆弱性环境下存活与谋生。社会、制度以及自然因素会影响农户的生计资本的获取，也会对农户的生计策略（如生计资源配置以及生计资产使用）产生影响。农户在社会、制度以及自然因素等构成的风险冲击环境下，利用其生计资本，实现其生计目标。

借鉴可持续生计框架（左孝凡，2020），本书着重聚焦在脆弱性环境下农户行为模式的分析，并构建精准扶贫政策对农户贫困脆弱性影响的分析框架（见图3-4）。SLA将脆弱性环境划分为冲击、趋向和季节周期性，即各类外界环境风险的冲击。导致农户贫困脆弱性改变的多为外部性风险的冲击，例如，自然灾难、市场波动以及家庭成员健康状况恶化等现象的发生都不利于农户配置其生计资本，致使其生计策略发生重要变化，从而对农户的生活水平与使用资源造成负面影响，降低农户的贫困脆弱性，而这又反过来不利于农户重新配置其生计资本，整个环节出现了"恶性循环"。

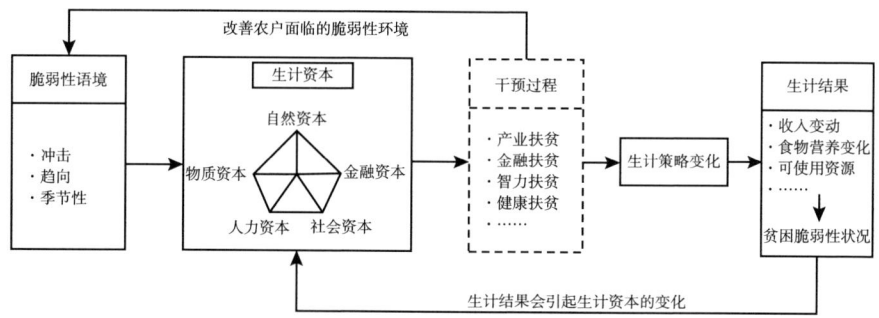

图 3-4 精准扶贫政策对农户贫困脆弱性影响的分析框架

精准扶贫项目是一个包含基础设施扶贫项目、金融扶贫、智力扶贫等多个方面完备的政策体系，改变了农户所需面对的风险性与脆弱性环境，或者培育农户具有更高的风险应对能力，对农户生计资本的总量与结构具有重要影响，有助于其打破"恶性循环"（李小云等，2020）。其中，基础设施扶贫项目通过兴修基础设施，例如，在具备条件的贫困地区乡镇与行政村实现路面硬化，在贫困村建立村级光伏电站，提升农户获取物质资本的能力（Liao et al.，2021），农户也可以利用这些基础设施，发展农产品电商等各种特色产业，获得更多的就业机会（夏显力等，2019）。金融扶贫政策通过金融普惠措施提升了农户的信贷获得与风险应对能力，使农户获得更多的金融资本（尹志超等，2020）。智力扶贫政策通过增加对农村地区的教育投入提升了农户的人力资本，有力地阻隔贫困的代际传递。党员干部结对帮扶、科技对口支援、企业援建等帮扶措施扩充了农户的社会网络，增加了农户的社会资本。产业扶贫带动范围广，优化了农户的资源配置，提高贫困户的生产效率和增收能力，同时促进了农户的物质、人力、社会等生计资本有机结合，使农户得到了更多的就业机会（刘明月等，2019）。易地搬迁扶贫显著提升了农户的人力资本、社会资本与金融资本，各类资本由碎片化转向协同化，提高了各生计资本的生产效率，为搬迁户的内生发展提供了物质前提，对其长期生活改善具有重要意义（汪磊和汪霞，2016；马赞甫和王永平，2018）。据此提出研究假设：

假设5：精准扶贫政策实施之后，我国农户的贫困脆弱性状况显著改善；

假设6：精准扶贫政策会通过影响农户生计资本的方式影响其贫困脆弱性。

精准扶贫政策在执行过程中会受到后续的相关配套措施与公共部门政策实施经验等方面的影响（Chen and Lee，2005），因此政策的减贫效果可能存在时间滞后效应。随着精准扶贫政策的全面展开，不同层级政府增加了对政策的相关投入，政策效果愈发显著（尹志超等，2020）。因此精准扶贫政策产生效果还需要实施一段时间后效果才会显现出来，随着时间的推移，政策对农户贫困脆弱性的影响逐渐强化，据此，提出研究假设：

假设7：精准扶贫政策在实施期内，对农户贫困脆弱性的影响存在逐渐增强的时间滞后效应。

精准扶贫政策的核心是对贫困户的精准识别、精准管理、精准帮扶，工作的重点在于瞄准贫困户，通过全方位的政策措施缓解其贫困状况。精准扶贫政策通过直接或者间接的转移支付保障了贫困户的基本生活；通过完善现行的医疗保险制度，使贫困人口能全面享受基本养老保险和基本医疗保险、大病保险福利，减少了农村居民因病致贫的现象；通过给予贫困户免息贷款，解决了贫困户融资困难问题；实施教育扶贫政策，建立贫困地区贫困资助体系，提高了贫困地区的义务教育质量（李小云等，2020）；设置与完善第一书记、扶贫工作组等机制避免了扶贫过程中"精英俘获"现象的发生（王维和向德平，2020）。这些政策取得了较好的效果，激发了贫困户实现从"输血"到"造血"的转变，提升了贫困户应对外界冲击的能力（王雨磊和苏杨，2020），据此，提出研究假设：

假设8a：精准扶贫政策对贫困户脆弱性的影响效果大于对非贫困户脆弱性的影响效果。

我国幅员辽阔，地区之间经济社会发展水平差异较大。相较于东部地区而言，中部、西部地区贫困人口多，脱贫任务重，是精准扶贫政策的重点地区。《中国农村扶贫开发纲要（2011—2020年）》指出要加大对中部、西部地区的扶贫力度，做好对中部、西部地区的对口帮扶工作，确定的14个集中连片特困地区和国家级贫困县也基本位于中部、西部地区（李绍平等，2018）。精准扶贫在中部、西部地区所投入的扶贫资源多于东部地区，据此，提出研究假设：

假设8b：精准扶贫政策对农户贫困脆弱性的影响效果存在区域异质性。

3.5 本章小结

本章为全书的理论基础与分析框架部分。本章首先对精准扶贫的概念进行了界定，明晰了研究对象的内涵与外延。其次梳理了改革开放后的扶贫政策实践，引出实行精准扶贫政策的时代背景。再次阐释了本书开展所依据的可行能力剥夺理论、相对贫困理论、风险冲击等理论。接着根据核心概念和相关理论，结合精准扶贫的政策目标和实际开展情况，构建了精准扶贫政策减贫效果的分析框架。最后在贫困理论以及政策效果评估框架的指导下，分别从理论上论述了精准扶贫政策对农户多维相对贫困影响与农户贫困脆弱性影响的作用机制，从而为后面的实证研究的展开奠定理论基础。

第4章

农户多维相对贫困与贫困脆弱性的测度

贫困问题一直是全世界人民共同面临的难题,各国政府针对本国的贫困问题采取了不同种类的减贫措施。改革开放后我国开始实行了一系列的大规模扶贫政策,在贫困地区投入了大量的资源,取得了巨大的成就。深入了解研究对象的现状是展开分析的前提。本章从多维相对贫困与贫困脆弱性的视角阐述了我国农村贫困的特征化事实,包括农户多维相对贫困与贫困脆弱性的状况及地区比较分析,为后续实证研究的开展提供坚实的基础。

4.1 农户多维相对贫困的测度及地区比较分析

本节首先构造了农户多维相对贫困的指标体系,着重阐述了多维相对贫困的计算方法、指标设置、贫困维度和权重选取等。接着基于2012年、2014年、2016年、2018年的四期CFPS数据,通过萨比娜·阿丽吉尔和詹姆斯·福斯特(Sabina Alkire and James Foster,2007)提出的"A-F双界限法"识别农村家庭的多维相对贫困状况,着重阐释了我国农户的单维贫困发生率、多维相对贫困发生率、多维相对贫困指数与多维相对贫困各指标贡献率,并考察了东部、中部、西部三个区域多维相对贫困情况的差异。

4.1.1 农户多维相对贫困指标体系构建

4.1.1.1 指标体系构建原则

阿玛蒂亚·森(1985)强调关注贫困时不应只聚焦在收入层面,也应该关注生活环境等客观指标与生活满意度等主观指标。目前还没有公认的多维相对贫困指标体系,本章主要通过以下三个标准构造多维相对贫困指标体系。

第一,参考已有研究经常使用的变量。已有的多维相对贫困指标体系多是借鉴人类发展指数(human development index,HDI)与人类贫困指数(human poverty index,HPI)而来,多维相对贫困指数多是对HDI指数与HPI指数的进一步完善(邹薇和方迎风,2012)。HDI最开始由联合国开发计划署(UNDP)1990年提出,将"预计寿命、教育状况与生活质量"三类基础变量根据一定的计算程序得到的综合指标。HDI对于指导发展中国家制定国家发展战略有着极为重要的意义,联合国每年都会公布各国的HDI,并用HDI衡量各个国家的人类发展水平。而HPI最开始被设计用来通过贫困人口的基本生活需求状况测算其贫困程度。HPI包括针对欠发达国家的数据HPI-1和针对人均收入较高的国家数据HPI-2。相应研究在构建多维相对贫困指标体系时,多根据在HDI与HPI基础上所形成的多维贫困指数(multidimensional poverty index,MPI)为参考,再基于具体研究实际的需要加以修改。表4-1为部分研究中使用的多维相对贫困指标体系。

表4-1 部分研究中使用的多维相对贫困指标体系

作者	维度	具体指标	数据来源	发文期刊	年份
王小林和萨比娜	—	住房、饮用水、卫生设施、电、资产、土地、教育、健康	中国健康与营养调查	《中国农村经济》	2009
李佳路	收入与消费｜环境与卫生｜教育和健康｜贫困脆弱性	收入与消费｜饮用水贫困、水源污染、饮水困难｜生病不能及时就医、未参加合作医疗、劳动力教育贫困、7~15岁儿童失学｜种植业因灾损失5~8成	农村贫困监测数据	《财贸经济》	2010
邹薇和方迎风	生活质量｜教育	饮用水、卫生设施、卫生状况、照明情况、做饭燃料、居住情况、耐用品｜教育水平	—	《国外社会科学》	2011
陈琦	—	健康、医疗、教育、住房、资产、收入	团队调研数据	《四川师范大学学报（社科版）》	2012
高艳云	教育｜健康｜生活质量	受教育状况、适龄儿童就学状况、医用水、卫生状况、做饭燃料、适龄儿童死亡率｜电力、卫生设施、饮用水、电器价值	CHNS数据	《统计研究》	2012
张全红和周强	健康｜教育｜生活质量	营养状况、儿童死亡率｜受教育年限、适龄儿童就学｜做饭燃料、卫生设施、水、电、地板材质、资产	CHNS数据	《数量经济技术经济研究》	2014
王春超和叶琴	收入｜健康｜教育状况｜医疗保险	人均年纯收入｜身高体重、自评健康／最高教育程度｜是否有医疗保险	CHNS数据	《经济研究》	2014

续表

作者	维度	具体指标	数据来源	发文期刊	年份
张璇玥和姚树洁	教育|健康|生活质量|就业收入	教育程度、儿童辍学、教育负担|BMI、医疗保险、医疗负担|食品安全与自给、日常结余、基础收支|就业状态	CFPS数据	《农业经济问题》	2020
裴劲松和矫海萌	资产|生活质量|可行能力|发展机会|社会保障	人均收入、耐用品资产、生产性资产、土地资产|饮用水、燃料、恩格尔系数、住房状况|教育、健康、人口数量|培训、转移就业、贷款|医保、养老保险	CFPS数据	《中国人口科学》	2021
联合国开发计划署（UNDP）	健康状况|教育程度|生活质量	预期寿命40岁以下家庭成员占总人口的比例|文盲率|不能获得医疗服务的比例、没有安全饮用水的人口比例、5岁以下幼儿营养不良比例	—	—	1997
阿丽吉尔等（Alkire et al.，2011）	健康|教育|生活质量	营养、儿童死亡率|受教育年限、入学率|做饭燃料、卫生状况、饮用水、电力、地板、资产	—	Journal of Public Economics	2011
德胡里和莫汉蒂（Dehury and Mohanty，2015）	健康|教育|经济|工作和就业|家庭环境	死亡率、营养|入学率、受教育时间|消费情况|职业状况、就业情况|饮用水、做饭燃料、卫生设施	印度人类发展调查数据	Economics	2015

93

续表

作者	维度	具体指标	数据来源	发文期刊	年份
格尔利茨等（Gerlitz et al., 2015）	教育|健康|生活质量|热量|社会交往|公共设施|饮水与卫生设施|公共服务	文盲率、入学率|慢性病、医疗支出|消费|电器数量、住房|电力、做饭燃料|超市、社会网络|饮用水、卫生设施|医院、巴士站	尼泊尔国家23个地区的调查数据	*Mountain Research & Development*	2015
卡拉哈桑和比尔格尔（Karahasan and Bilgel, 2021）	住房|环境|教育|健康	厕所、厨房、热水、洗衣机、空调|设施、污染、噪声、犯罪率|学位、学制|慢性病	收入和生活条件调查	*Social Indicators Research*	2021

注："|"代表维度之间的分割线。

第4章　农户多维相对贫困与贫困脆弱性的测度

第二，借鉴《中国农村扶贫开发纲要（2011—2020年）》《关于创新机制扎实推进农村扶贫开发工作的意见》以及各地方政府的扶贫手册等指出的扶贫要求与任务。《中国农村扶贫开发纲要（2011—2020年）》确定了4种主要的扶贫方式（专项扶贫、行业扶贫、社会扶贫、国际交流）和11个主任务，强调到2020年底，应该实现全部扶贫对象"两不愁三保障"；贫困地区农民人均纯收入增长幅度应该比全国平均水平快，基本公共服务主要指标与全国平均水平差距较小，改变贫困户与普通农户差距扩大的趋势；还强调保障贫困地区的饮水安全，全面解决贫困地区行政村用电问题，使贫困地区群众的居住条件得到显著改善；对贫困地区到2020年底应实现的目标做了严格要求，这些目标与任务是本章选取多维相对贫困指标的重要参考，从而使本书测算的多维相对贫困指数可以与其他相关研究进行对比研究。

第三，基于研究所用数据的可得性。本章使用的是2012年、2014年、2016年、2018年的四期CFPS追踪数据，因此在多维相对贫困的测度指标选取中也要基于CFPS问卷中数据与变量的可得性。

基于以上原则，本章选取的相对贫困、生活质量、教育、健康以及就业5个维度衡量农户的多维相对贫困状况。其中，相对贫困维度通过相对值进行衡量，需要和所有家庭的人均纯收入进行对比可得，而生活质量、教育、健康、就业4个维度通过绝对值进行衡量。具体指标与权重如表4-2所示。

4.1.1.2　指标选择与说明

(1) 相对贫困维度

已有研究多采取绝对贫困线作为收入贫困标准，即绝对贫困标准，但绝对贫困标准不能反映出家庭或者个人在整个社会收入分配状况以及所面临的社会剥夺情况（Glennerster and Hills, 2004；彭继权, 2021），

表 4-2 多维相对贫困指标的选取与权重

维度	指标	指标解释（当满足该条件，则界定发生该指标贫困）	维度权重	指标权重	政策目标与任务
相对贫困	相对收入	家庭人均纯收入低于该年度全样本家庭中位数的40%	1/5	1/5	贫困地区人口收入增长速度快于全国平均水平
生活质量	食品安全	食品支出占家庭消费总资产的60%以上	1/5	1/25	实现扶贫对象"两不愁"；农村饮水安全与自来水普及率进一步提高；加快贫困地区的可再生能源的开发利用；提升农民获得感、幸福感、安全感明显提高
	日常结余	家庭存在入不敷出（除去教育和医疗支出后，家庭消费支出占收入高）的情况		1/25	
	饮用水	家庭没有自来水		1/25	
	做饭燃料	家庭没有使用清洁燃料		1/25	
	满意度	户主对自己的生活特别不满意		1/25	
教育	教育情况	户主的学历为文盲或家庭中有学生辍学	1/5	1/10	保障贫困人口的义务教育，适龄儿童入学率100%
	教育负担	家庭的教育支出占纯收入的比例比0.5大		1/10	
健康	BMI指数	家庭中有20岁及以上的成员BMI值小于18.5	1/5	1/15	新农合的参与率达到90%以上
	医疗保险	全部家庭成员没有购买任何形式的医疗保险①		1/15	
	医疗负担	家庭的医疗支出占纯收入的一半以上		1/15	

第4章 农户多维相对贫困与贫困脆弱性的测度

续表

维度	指标	指标解释（当满足该条件，则界定发生该指标贫困）	维度权重	指标权重	政策目标与任务
就业	就业情况	全部18~65岁的劳动力成员都处于"未就业状态"（刨去因残、退休和年龄过大不能参加工作的成员）②	1/5	1/10	促进农户就业
	就业保障	18岁以上全部已工作和曾工作的成员没有得到过退休和失业等就业福利保障（含自己和单位购买的各种就业保险）③		1/10	

注：①医疗保险涵盖各种公费医疗、城镇职工和城镇居民医疗保险、新农合医疗保险、补充医疗保险以及补充医疗保险。
②"未就业状态"涵盖找不到工作的失业情况、妇女在家照顾孩子与老人导致没有工作的情况，以及少数成员因主观上不想工作而导致的未就业情况。
③"就业保障"涵盖养老保险、失业保险、工商保险、生育保险等。

只能反映出家庭或者个人的"贫",体现不出家庭或者个人的"困",应将研究的视角聚焦到相对贫困层面。因此本章借鉴贾玮等(2021)、裴劲松和矫萌(2021)、王璇和王卓(2021)等研究,若家庭人均纯收入低于所有家庭人均收入平均值的40%,则将该家庭界定为相对贫困家庭,赋值为1,反之为0。

(2) 生活质量维度

生活质量维度涵盖食品安全、日常结余、饮用水、做饭燃料以及主观满意度5个指标。

食品安全指标的目的是测算家庭的"恩格尔系数"。该系数在经济发展状况、居民消费构成、贫困衡量等多方面有着极为广泛的应用。恩格尔系数由食物支出除以消费支出所得,家庭的收入越低,对应的系数越高。联合国粮农组织指出恩格尔系数到达60%即为贫困(Wagle, 2008; 陈梦根, 2019)。参考姚树洁和张璇玥(2020)、王小林和冯贺霞(2020)、王恒(2020)、张昭等(Zhang et al., 2021)等研究,本章认为农户的食品支出占其消费支出60%以上,则视为该家庭为食品安全贫困,赋值为1,反之为0。

日常结余指标是为了衡量家庭的收支情况。《中国农村扶贫开发纲要(2011—2020年)》中指出要增强贫困户的自我发展能力,减少因为外在债务导致贫困的情况。借鉴卡拉哈桑和比尔格(Martinez and Perales, 2017)、刘一伟(2018)、姚树洁和张璇玥(2020)、王恒(2020)、秦升泽和李谷成(2021a)等文献,本章界定家庭存在入不敷出(除去教育和医疗支出后,家庭消费支出比收入高)的情况,则认为该家庭存在日常结余贫困,赋值为1,反之为0。

饮用水指标是为了衡量农户的饮用水状况。党中央和国务院2018年6月通过的《中共中央 国务院关于打赢脱贫攻坚战三年行动的指导意见》要求"加快开展深度贫困地区农村饮水安全巩固提升工程,加快建设深度贫困地区小型水利工程,推进深度贫困地区在建重大水利工程建设进度，到 2020 年全面解决贫困地区的饮水安全问题，显著提升自来水普及率"。王文略（2019）、车四方（2019）、姚树洁和张璇玥（2020）等在多维相对贫困测算中也把饮水安全作为一个重要的衡量指标。参考德胡里和莫汉蒂（Dehury and Mohanty, 2015）、唐娟莉（2016）、徐丽萍等（2019）、王文略（2019）、王恒（2020）、孙健等（2020）文献，本章认为若家庭没有自来水，则认为该家庭存在饮用水贫困，赋值为 1，反之为 0。

做饭燃料指标是为了衡量农户的能源状况。能源问题直接关系到农村家庭的健康状况与生活质量（Herington and Malakar, 2016；王恒, 2020；Habtewold, 2021）。我国幅员辽阔，不同区域之间自然环境相差较大，部分地区的农户仍面临严重的能源问题，陷入能源贫困陷阱（郝宇等, 2014；赵雪雁等, 2018）。《中共中央 国务院关于打赢脱贫攻坚战三年行动的指导意见》中要求应该着力促进贫困地区农村可再生能源的开发利用。参考谭燕芝和张子豪（2017）、汪为（2018）、刘一伟（2018）、王文略（2019）、王恒和朱玉春（2021）等研究，本章认为若家庭做饭燃料没有使用清洁能源，则认为该家庭存在做饭燃料贫困，赋值为 1，反之为 0。

精准扶贫项目是为了提升农户的获得感、幸福感、安全感，增加农户的福祉。已有文献在多维贫困指标选取中基本上使用客观指标，缺乏农户主观心理感受层面的指标，而使用客观指标是判定贫困时没有将农户个体需求的差异涵盖在内（车四方, 2019；Lehtimäki, 2021）。多维贫困不仅包括客观福利，也包括主观福利，即行为主体对其现在生活状态的主观评价（汪为, 2018）。农户的生活质量不只局限在客观层面，也涉及其主观感受，主观幸福感也是生活质量的重要维度。国外相关研究在测度多维贫困时也注重加入各类主观感受类指标（Praag and Ferrer, 2008；Gasparini et al., 2013；Chan and Wong, 2020；Martínez et al., 2021）。因此选取户主对生活的满意程度作为主观感受指标，当户主对生活特别不满意时，赋值为1，反之为0。

(3) 教育维度

公民具有受教育的权利和义务。教育对于农户的个人发展和人力资本提升具有重要意义，也是衡量农村家庭贫困状况的重要维度。教育维度包含教育情况与教育负担两个指标。

《中共中央 国务院关于打赢脱贫攻坚战三年行动的指导意见》要求应该解决义务教育学生因贫失学辍学问题，降低深度贫困地区与民族地区的义务教育辍学率，采取多种措施防止学生失学辍学。基于赵德强（1997）、宋乃庆等（2018）对我国教育改革进程的描述以及谢家智和车四方（2017）、杨晨晨和刘云艳（2019）、邓大松等（2020）、王恒（2020）等对教育贫困衡量指标的选取，本章认定若家庭有少儿（6~15岁）没有上学，或有未成年人（16~18岁）没有完成9年义务教育，或有1980年之前出生的家庭成员未完成6年小学教育，则认为该家庭存在教育情况贫困，赋值为1，反之为0。

对于农户而言，教育支出是一笔较大的开支。教育支出越多，家庭负担越大，家庭容易陷入因为教育负担导致的贫困。参照德胡里和莫汉蒂（Dehury and Mohanty，2015）、刘一伟（2018）、车四方（2019）、王博和朱玉春（2019）、姚树洁和张璇玥（2020）等文献，本章认为家庭的教育支出占纯收入的50%以上则为教育负担贫困，赋值为1，反之为0。

(4) 健康维度

根据人力资本理论，健康是一种较为重要的人力资本，与培训、教育与迁徙同为人力资本的四大组成部分（魏众，2004）。疾病是导致贫困的重要原因（邹薇和方迎风，2013）健康维度是多维贫困的重要维度（李雷等，2020）。健康维度涵盖BMI指数、医疗保险、医疗负担3个指标。

BMI指数（body mass index）即标准体重，为体重（单位：千克）

和身高（单位：米）平方的比值，也被称为克托莱指数，是当前医学上衡量身体胖瘦程度与健康状况的一个重要指标（Chakravarty and Majumder，2005）。参照王春超和叶琴（2014）、姚树洁和张璇玥（2020）、郭熙保和周强（2016）等成果，本章认为若农户中有20岁及以上的家庭成员BMI值小于18.5，则将该家庭界定为BMI贫困，赋值为1，反之为0。

医疗保险可显著减少农户的就医费用，是农户健康的一面"防火墙"。《中共中央 国务院关于打赢脱贫攻坚战三年行动的指导意见》中指出开展健康扶贫工程，应该将贫困人口全部纳入呈现居民保险、大病保险与医疗救助保障范围。借鉴何宗樾和宋旭光（2018）、彭燕（2019）、徐丽萍等（2019）、王文略（2019）、王恒（2020）等文献，本章将农户全部家庭成员还未购买任何形式的医疗保险界定为医疗保险贫困，赋值为1，反之为0。

医疗支出是农户支出的重要组成部分。家庭成员患病会直接影响家庭的经济状况，增加家庭支出，给家庭造成沉重的负担（Glewwe and Hall，1998）。参照车四方（2019）、彭继权（2019）、蔡洁和夏显力（2019）、邓大松（2020）等文献，本章将家庭的医疗支出占纯收入的一半以上界定为医疗负担贫困，赋值为1，反之为0。

（5）就业维度

农业生产容易受自然风险影响且附加值低，就业机会较少，部分农户处于隐性失业的状态（Howes and Hussain，1994）。《中国农村扶贫开发纲要（2011—2020年)》中指出应该增加扶贫对象的就业机会。就业维度包括就业情况、就业保障两个指标。

借鉴阿贾尔（Acar，2014）、张璇玥和姚树洁（2020）等文献，本章认为若全部18~65岁的劳动力成员都处于"未就业状态"则将家庭界定为就业状况贫困，赋值为1，反之为0。

相较于城镇居民，农村家庭在就业福利上可能遭受更多歧视（彭继权，2019）。参照宋泽和詹佳佳（2018）、宋嘉豪等（2020）、姚树洁和张璇玥（2020）等论文，本章认为18岁以上全部已工作和曾工作的成员没有得到过退休和失业等就业福利保障则将该家庭界定为就业保障贫困，赋值为1，反之为0。

4.1.1.3 指标权重设定

在测算多维相对贫困时，多维相对贫困权重设置方法涵盖等权重法、熵值法、主成分分析法等。各权重设置方法具有不同的特点，目前理论界对于指标权重设置办法没有定论，学者都根据自身研究实际的需要采取相应的维度与权重。等权重法分为等指标权重（张璇玥和姚树洁，2020；王璇和王卓，2021）和等维度权重（王春超和叶琴，2014；邓大松等，2020；贾玮等，2021）两种方法。其中，等指标权重法赋予各指标同等的权重，该赋值办法致使维度层级的设置有名无实，各个指标成为一个独立的维度，因此等指标权重法多在各维度只有单个指标的情形下才能使用，应用范围较小（彭继权，2019）。非等权重法包括有完全模糊和相对的方法权重法（方迎风，2012）、主成分分析法（张全红等，2017）、熵权法（车四方，2019）和人工神经网络法（谢家智和车四方，2017；裴劲松和矫萌，2021）。目前等权重法（Dehury and Mohanty, 2015; Alkire et al., 2015；汪为，2018；彭继权，2019；张璇玥和姚树洁，2020；王恒，2020）中的等维度权重法较为通用，即不同贫困维度与各维度内指标均按等权重划分。

因此，为方便本书的研究可以与其他研究进行对比分析，本章运用较为广泛的等权重方法，即各维度权重总和为1，相对贫困、生活质量、健康、教育和就业5个维度权重均为1/5。相对贫困维度各指标权重为1/5，生活质量维度各指标权重为1/25，教育与就业维度各指标权重为1/10，健康维度各指标权重为1/15（详见表4-2中的各维度权重与指标权重）。

4.1.2 农户多维相对贫困测度方法与数据

4.1.2.1 测度方法

本章使用英国牛津大学贫困与人类发展中心研究员萨比娜·阿丽吉尔和詹姆斯·福斯特（Sabina Alkire and James Foster，2007）最先提出的多维贫困双界限法（简称 A-F 法）测度我国农户的多维相对贫困指数，该方法运用比较广泛（Alkire et al.，2015；谢家智和车四方，2017；Azeem et al.，2018），联合国开发计划署每年都会发布《全球多维贫困指数 MPI》也是运用该法，本章运用 A-F 法也是为了方便与其他研究进行对比。A-F 方法具体测算步骤如下。

假设总共有 N 户家庭被调查，每户共有 d 个贫困维度，i（$i \in N$）即被调查的第 i 个家庭，j（$j \in d$）表示家庭的第 j 个维度，g_{ij} 为第 i 个家庭在第 j 个维度的样本值，z 为维度 j 的贫困界限值，则第 i 个家庭在第 j 个维度的贫困情况 p_{ij} 是：

$$p_{ij} = \begin{cases} 1, & if \ g_{ij} \leq z_j \\ 0, & 其他情况 \end{cases} \quad (4-1)$$

w_j 为维度 j 的权重，对每个贫困维度赋权，可得每个维度的加权贫困剥夺值：

$$r_{ij} = p_{ij} \times w_j \quad (4-2)$$

接着，通过维度数 k（$k \in d$）来识别多维相对贫困：

$$c_{ij}(k) = \begin{cases} \sum_{j=1}^{d} r_{ij}, & if \ \sum_{j=1}^{d} r_{ij} \geq k \\ 0, & if \ \sum_{j=1}^{d} r_{ij} < k \end{cases} \quad (4-3)$$

由上可得各种 k 值的多维相对贫困剥夺份额。然后识别各种 k 值多维相对贫困的个体数：

$$q_{ij}(k) = \begin{cases} 1, & if \ c_{ij}(k) > 0 \\ 0, & if \ c_{ij}(k) = 0 \end{cases} \quad (4-4)$$

接着加总多维相对贫困指数，可得贫困发生率 $H(k)$：

$$H(k) = \frac{\sum_{i=1}^{n} q_{ij}(k)}{N} \quad (4-5)$$

贫困剥夺份额 $A(k)$：

$$A(k) = \frac{\sum_{i=1}^{N} c_{ij}(k)}{\sum_{i=1}^{N} q_{ij}(k) \times d} \quad (4-6)$$

多维相对贫困指数 $M(k)$：

$$M(k) = H(k) \times A(k) = \frac{\sum_{n=1}^{N} c_{ij}(k)}{N \times d} \quad (4-7)$$

然后将多维相对贫困指数进行分解：

$$M(k) = \frac{\sum_{n=1}^{N} c_{ij}(k)}{N \times d} = \frac{U}{N} M_U(k) + \frac{R}{N} M_R(k) \quad (4-8)$$

U 与 R 是各类分组的人口数量，$M_U(k)$ 和 $M_R(k)$ 是各种分组的多维相对贫困指数。

4.1.2.2 数据来源

本章所使用的是中国家庭追踪调查（China family panel studies，CFPS）面板数据，该数据由北京大学中国社会科学调查中心（ISSS）2007 年开始实施，经过 2008 年、2009 年在北京、上海和广东进行预调研后，2010 年在全国范围内正式开展调查，到目前为止形成了 2010～2020 年有关社区、家庭、个体三个层次的多期面板数据。问卷设置与调查规范、数据翔实,样本总共覆盖全国 25 个省份,总规模达到 16 000 户。这 25 个省份人口总数约占我国总人口(未包括港澳台地区)的 95%,因而该样本可看成一个全国样本,通过数据可了解我国社会、经济、人口、教育等的变迁状况。其中,辽宁、甘肃、河南、上海与广东 5 省份为抽样大省(large sample),合计占总样本一半左右,黑龙江、吉林、河北等 20 个省份为抽样小省(small sample),合计占总样本一半左右。

CFPS 项目组在设计问卷之初就注重对贫困相关问题的考察,与本章的主题较为契合。同时,这种高质量追踪数据的使用既可以较好地缓解遗漏变量偏误的问题,使模型参数的估计结果与现实更为接近,也可以通过数据考察政策实行效果的动态效应。为了保证研究所使用数据的连贯性与一致性,本书的第 4 章、第 5 章、第 6 章的主要实证部分使用 CFPS 数据。由于 CFPS2020 项目只公布了个人库,未公布家庭数据库,因此本章使用 2012~2018 年的四期 CFPS 面板数据。通过对 2012 年、2014 年、2016 年、2018 年四期的面板数据进行匹配与清洗,最后得到有效样本 3 615 个,用其测度我国农户的多维相对贫困状况。

4.1.3 农户多维相对贫困测度结果与分析

4.1.3.1 我国农户单维贫困状况

表 4-3 是我国农村家庭各指标的贫困发生率。本章的测算结果与车四方(2019)、汪为(2018)、张璇玥和姚树洁(2020)等较为接近。2012~2018 年,除相对收入指标外,其余指标的贫困发生概率均显著降低,农户贫困状况得到了较大的改善。具体而言,2012 年,农村家庭各指标贫困发生率较高的有日常结余(55.73%)、饮用水(55.43%)、做饭燃料(58.62%)、就业保障(80.75%),超过了 50%。而满意度、

户主学历、医疗保险、就业情况等指标的贫困发生率较低,低于10%,农村居民在这些方面的贫困程度较轻。相对收入贫困发生率在2014年降低之后又重新攀升,农户的收入差距问题不容忽视。2012年,就业保障贫困发生率最高,多数农村居民没有享受退休和失业等就业福利保障,农村居民的就业保障问题较为严重。很多打工者在年迈不能务工后极易陷入各种形式的贫困(宋泽和詹佳佳,2018),农村居民不能和城市居民享受均等的基本公共服务,城乡二元体制严重,这也是阻碍我国乡村振兴的重要原因。随着新型农村社会养老保险在全国的全面推进,到2018年,就业保障贫困发生率下降速度最快,只有1.76%的农村家庭没有享受到就业福利保障。

表4-3　　　2012~2018年全国农户各指标贫困发生率　　　单位:%

维度层面	指标层面	2012年	2014年	2016年	2018年
相对贫困	相对收入	40.13	33.17	40.07	42.5
生活质量	食品安全	36.96	19.26	11.91	16.21
	日常结余	55.73	49.95	47.08	49.16
	饮用水	55.43	47.98	40.02	38.13
	做饭燃料	58.62	54.26	50.99	45.16
	满意度	6.20	2.97	4.85	2.30
教育	户主学历	4.25	5.43	7.20	6.86
	教育负担	17.41	14.92	6.44	5.85
健康	BMI指数	26.43	20.59	19.34	19.12
	医疗保险	1.49	1.50	1.82	0.90
	医疗负担	19.47	18.36	8.42	8.01
就业	就业情况	2.22	1.99	2.35	1.60
	就业保障	80.75	80.99	1.67	1.76

第4章 农户多维相对贫困与贫困脆弱性的测度

教育负担指标贫困发生率下降幅度较大，由2012年的17.41%减至2018年的5.85%。针对贫困地区教育落后的情况，我国开展了一整套"滴灌"形式的教育扶贫政策，重点针对教育状况最落后的群体，满足贫困群体对于教育公平的诉求。该"滴灌"的特点在于对象、政策与模式精准，对象精准表现为政府明确了扶贫范围涵盖国家扶贫重点县与集中连片特区与建档立卡贫困户。政策精准表现为扶贫体系覆盖面广，政策措施多样，措施包括从学前教育至高等教育各个阶段，如农村义务教育学生营养改善计划（涵盖范围为所有贫困县在校生，3 000多万学生从中受益）、农村义务教育薄弱学校改造计划（涵盖范围21.8万所学校）、乡村教师支持计划（显著缩小了城市与农村师资水平差距）、高校招生"国家专项计划"（涵盖范围为国家确定的21省份680个贫困县）等。模式精准表现为扶贫政策没有"一刀切"，所采用政策符合当地实际，注重政策的灵活性，形成了系统的"奖、贷、助、勤、补、减、免"帮扶助学体系，从硬件、软件、师资多方面改变了农村地区教育落后现状，取得了明显的效果（魏有兴和杨佳惠，2020）。到2018年，相对贫困、日常结余、饮用水、做饭燃料指标还有较大的改善空间，贫困发生率仍然高于38%。

我国不同的区域之间自然环境和经济发展水平存在着较大的差异，以此本节计算出各区域的农村家庭的单维贫困发生率。表4-4是东部地区农村家庭各指标的贫困发生率。除开满意度指标外，东部地区各指标的单维贫困发生率基本上低于全国。2012年，东部地区农村家庭单维贫困发生率较高的有相对收入（35.63%）、食品安全（36.53%）、日常结余（55.16%）、饮用水（49.29%）、做饭燃料（50.63%）、就业保障（79.21%）。到2018年，这几个指标的贫困情况得到了一定程度的改善，食品安全减至20.66%，日常结余减至48.04%，饮用水减至41.94%，其中，就业保障下降幅度最大，2014年到达82.61%的[①]高点后，2018年降至2.11%。2012年，教育负担、BMI指数、医疗负担指标单维贫困发生率在10%~30%，其中教育负担为17.97%，BMI指数为20.86%，医疗负担为19.38%，到2018年，分别下降至5.95%、14.01%、7.36%。2012年，户主学历、医疗保险、就业情况的贫困发生率在10%以下，到2018年，除户主学历外，其他各指标都呈现下降趋势。

表4-4　　2012~2018年东部地区农户各指标贫困发生率　　单位：%

维度层面	指标层面	2012年	2014年	2016年	2018年
相对贫困	相对收入	35.63	27.90	35.65	38.65
生活质量	食品安全	36.53	21.95	14.71	20.66
	日常结余	55.16	47.22	43.25	48.04
	饮用水	49.29	44.90	38.45	41.94
	做饭燃料	50.63	45.98	38.21	35.92
	满意度	6.98	2.86	5.04	2.19
教育	户主学历	3.04	5.02	5.28	5.28
	教育负担	17.97	14.84	5.12	5.95
健康	BMI指数	20.86	16.07	16.39	14.01
	医疗保险	2.75	1.39	2.00	1.33
	医疗负担	19.38	17.16	8.23	7.36
就业	就业情况	1.86	2.24	2.16	1.25
	就业保障	79.21	82.61	1.92	2.11

---

① 这与新型农村社会养老保险政策在全国的全面推进有关，该政策规定农民年满60岁就可以领取55元养老金。本书将18岁以上全部已工作和曾工作的成员没有得到过退休和失业等就业福利保障（含自己和单位购买的各种就业保险）定义为就业保障贫困。2014年左右该政策在全国全面推开，在此政策实施之前，多数农户没有享受到国家的就业福利，老一辈务工者在年老之后没有任何保障，因而就业贫困发生率很高，而在政策全面展开之后，辐射范围很广并且是普惠性政策，大多农户享受到该政策红利，因而就业贫困发生率骤减。

第4章 农户多维相对贫困与贫困脆弱性的测度

表4-5是中部农村家庭各指标的贫困发生率。具体而言,与东部地区类似,2012年,中部地区农村家庭单维贫困发生率较高的有相对收入(35.39%)、食品安全(34.27%)、日常结余(51.59%)、饮用水(61.33%)、做饭燃料(53.56%)、就业保障(82.49%),贫困发生率超过30%,到2018年,除相对收入上升至38.92%外,其余分别下降至15.37%、48.10%、37.72%、39.02%、1.40%。相较于全国而言,中部地区农村家庭饮用水与做饭燃料贫困发生率下降幅度较快,自来水和清洁燃料的使用比例大幅度增加。2012年,教育负担、BMI指数、医疗负担指标单维贫困发生率在10%~30%,其中教育负担为16.10%,BMI指数为25%,医疗负担为17.51%,到2018年分别下降至5.79%、16.97%、8.28%。到2018年,户主学历、医疗保险、就业情况和满意度的贫困发生率在10%以下,相对收入、户主学历与医疗保险贫困发生率发生反弹并且呈现增加的趋势。

表4-5　　2012~2018年中部地区农户各指标贫困发生率　　单位:%

维度层面	指标层面	2012年	2014年	2016年	2018年
相对贫困	相对收入	35.39	30.11	35.76	38.92
生活质量	食品安全	34.27	18.47	11.75	15.37
	日常结余	51.59	49.91	44.42	48.10
	饮用水	61.33	53.79	42.93	37.72
	做饭燃料	53.56	50.28	46.91	39.02
	满意度	4.12	2.94	4.78	2.10
教育	户主学历	4.40	5.11	6.47	5.99
	教育负担	16.10	13.64	6.57	5.79
健康	BMI指数	25.00	17.71	17.43	16.97
	医疗保险	0.75	1.33	1.39	0.50
	医疗负担	17.51	17.23	7.27	8.28

续表

维度层面	指标层面	2012 年	2014 年	2016 年	2018 年
就业	就业情况	3.46	2.75	2.89	1.70
	就业保障	82.49	80.4	1.59	1.40

表4-6是西部地区农户各指标的贫困发生率。西部地区各指标的单维贫困发生率多数比东部、中部地区高。2012年，西部地区农村家庭单维贫困发生率较高的有相对收入（48.86%）、食品安全（39.51%）、日常结余（59.70%）、饮用水（56.87%）、做饭燃料（71.25%）、BMI指数（33.46%）、就业保障（80.99%），贫困发生率超过30%，西部地区的这些指标相较于其他区域更为严重，减贫难度较大，到2018年，食品安全贫困发生率减至12.49%，日常结余减至51.05%，饮用水减至34.60%。就业保障下降幅度最大，由2012年的80.99%下降至2018年的1.71%。2012年，教育负担与医疗负担指标的贫困发生率在10%～30%，其中教育负担为17.99%，医疗负担为21.29%，到2018年，分别下降至5.82%、8.46%。历年的满意度、户主学历、医疗保险、就业情况的贫困发生率均在10%以下。

表4-6　2012~2018年西部地区农户各指标贫困发生率　　单位：%

维度层面	指标层面	2012 年	2014 年	2016 年	2018 年
相对贫困	相对收入	48.86	40.92	47.87	49.11
生活质量	食品安全	39.51	17.18	9.32	12.49
	日常结余	59.70	52.67	53.00	51.05
	饮用水	56.87	46.34	39.26	34.60
	做饭燃料	71.25	65.65	66.90	59.12
	满意度	7.15	3.13	4.74	2.56

续表

维度层面	指标层面	2012 年	2014 年	2016 年	2018 年
教育	户主学历	5.42	6.03	9.64	8.61
	教育负担	17.99	15.95	7.66	5.82
健康	BMI 指数	33.46	27.4	23.62	25.83
	医疗保险	0.79	1.76	1.97	0.78
	医疗负担	21.29	20.46	9.56	8.46
就业状况	就业情况	1.57	1.15	2.13	1.86
	就业保障	80.99	80.00	1.50	1.71

4.1.3.2 我国农户多维相对贫困状况

只测算单维贫困发生率不能全面地反映农村家庭的贫困状况，因此利用 A-F 多维贫困指数法对全国以及东部、中部、西部三大区域的农村家庭的多维相对贫困水平进行测度。多维贫困指数测算中临界值 k 值的大小对测算结果影响较大，k 的取值越大，平均缺失份额越小，测算的多维贫困指数越小。k 值本质上为 A-F 双界限法的第二个临界值，当测算群体的缺失得分比界限值大时，则被划分为多维相对贫困，反之为非多维相对贫困。k 的取值在 0~1，各学者根据研究的特点与实际情况确定了不同的 k 值，目前学界通行的标准为将 k 取值为 1/3（车四方等，2018）。

本节测算了 k 在 0.1~0.5 的多维相对贫困指数，表 4-7 为 2012~2018 年我国农村家庭多维相对贫困指数的测算情况。本节的测算结果与车四方（2019）、张璇玥和姚树洁（2020）等较为接近。界限值 k 值越大，多维相对贫困户数、多维相对贫困发生率、贫困剥夺总额和多维相对贫困指数越小。即随着贫困维度的增加，贫困家庭的数量逐渐减少。而所有的农户平均剥夺份额变化幅度不大，可知我国农村家庭多维相对贫困下降的主要原因是总体贫困人数的减少。k 取值 0.1 时，多维相对贫困指数取值范围为 0.163~0.299。2012~2018 年,多维相对贫困户数急剧减少,由 2012 年的 3 445 户减少至 2018 年的 2 173 户(样本总户数为 3 615 户),多维相对贫困发生率由 95.3% 降至 60.1%。当 $k=0.2$ 时,多维相对贫困指数取值由 2012 年的 0.26 降低至 2018 年的 0.143,多维相对贫困农户由 2 494 户减少到 1 620 户,多维相对贫困发生率从 69% 减少至 44.8%。当 $k=0.5$ 时,全国农户的多维相对贫困发生率和多维相对贫困指数趋近于 0,较少农户位于该界限值的多维相对贫困状态。从时间变化来看,随着年份的增加,我国农村家庭多维相对贫困近年来得到缓解,但仍有改进空间。到 2018 年,在临界值 $k=0.3$ 时,仍有 24% 的农户位于多维相对贫困状态。所有农户的平均剥夺份额变化幅度较小,我国农户多维相对贫困减缓的主要原因是总体贫困人数的减少,而陷入贫困的家庭被剥夺维度数量改变幅度较小。

表 4-7　　　　　　2012~2018 年全国农户多维相对贫困指数

k 值	年份	多维相对贫困户数(户)	多维相对贫困发生率(%)	贫困剥夺总额(户)	平均剥夺份额(户)	多维相对贫困指数
0.1	2012	3 445	95.3	1 080.885	0.314	0.299
	2014	3 351	92.7	947.13	0.283	0.262
	2016	2 169	60.0	589.245	0.272	0.163
	2018	2 173	60.1	589.245	0.271	0.163
0.2	2012	2 494	69.0	939.9	0.377	0.260
	2014	2 089	57.8	766.38	0.367	0.212
	2016	1 573	43.5	509.715	0.324	0.141
	2018	1 620	44.8	516.945	0.319	0.143

续表

k值	年份	多维相对贫困户数（户）	多维相对贫困发生率（%）	贫困剥夺总额（户）	平均剥夺份额（户）	多维相对贫困指数
0.3	2012	1 746	48.3	755.535	0.433	0.209
	2014	1 424	39.4	607.32	0.426	0.168
	2016	889	24.6	336.195	0.378	0.093
	2018	868	24.0	328.965	0.379	0.091
0.4	2012	1 066	29.5	520.56	0.488	0.144
	2014	813	22.5	390.42	0.480	0.108
	2016	293	8.1	130.14	0.444	0.036
	2018	257	7.1	119.295	0.465	0.033
0.5	2012	380	10.5	213.285	0.562	0.059
	2014	271	7.5	151.83	0.560	0.042
	2016	29	0.8	14.46	0.500	0.004
	2018	33	0.9	18.075	0.556	0.005

表4-8为2012~2018年我国东部地区农村家庭多维相对贫困指数测算情况。同全国的趋势一致，随着临界值 k 值的增大，各指标逐渐减少，但东部地区的多维相对贫困情况总体优于全国。当 $k=0.1$ 时，多维相对贫困指数取值范围为0.144~0.279。2012~2018年，多维相对贫困户数由2012年的1 227户减少至2018年的731户（样本总户数为1 293户），多维相对贫困发生率由94.9%降至56.5%。当 $k=0.2$ 时，多维相对贫困指数取值由2012年的0.232降低至2018年的0.129，多维相对贫困户数由821户减少到533户，多维相对贫困发生率由63.5%降低至41.2%。当 $k=0.5$ 时，到2016年，仅有9户农村居民家庭位于该临界值的多维相对贫困状态。从年份变化来看，随着年份的增加，多

维相对贫困户数、多维相对贫困发生率、贫困剥夺总额、多维相对贫困指数也呈现逐渐减少，这表明我国东部地区的多维相对贫困情况得到一定程度的缓解与改善。

表 4 – 8　　　　2012 ~ 2018 年东部地区农户多维相对贫困指数

k 值	年份	多维相对贫困户数（户）	多维相对贫困发生率（%）	贫困剥夺总额（户）	平均剥夺份额（户）	多维相对贫困指数
0.1	2012	1 227	94.9	360.747	0.294	0.279
	2014	1 190	92.0	316.785	0.266	0.245
	2016	712	55.1	186.192	0.261	0.144
	2018	731	56.5	193.95	0.265	0.150
0.2	2012	821	63.5	299.976	0.365	0.232
	2014	658	50.9	240.498	0.365	0.186
	2016	500	38.7	157.746	0.315	0.122
	2018	533	41.2	166.797	0.313	0.129
0.3	2012	561	43.4	237.912	0.424	0.184
	2014	447	34.6	190.071	0.425	0.147
	2016	265	20.5	99.561	0.376	0.077
	2018	264	20.4	99.561	0.377	0.077
0.4	2012	322	24.9	153.867	0.478	0.119
	2014	262	20.3	125.421	0.478	0.097
	2016	85	6.6	38.790	0.455	0.030
	2018	78	6.0	34.911	0.45	0.027
0.5	2012	106	8.2	58.185	0.549	0.045
	2014	81	6.3	43.962	0.54	0.034
	2016	9	0.7	5.172	0.571	0.004
	2018	12	0.9	6.465	0.556	0.005

第4章 农户多维相对贫困与贫困脆弱性的测度

表4-9为2012~2018年我国中部地区农村家庭多维相对贫困指数测算情况。中部地区的多维相对贫困情况比全国情况好,但比东部地区差。当$k=0.1$时,多维相对贫困指数取值范围为0.148~0.285。2012~2018年,多维相对贫困户数由2012年的973户减少至2018年的565户(样本总户数为1 033户),贫困发生率由94.2%降至54.7%。当$k=0.2$时,多维相对贫困指数取值由2012年的0.244降低至2018年的0.13,多维相对贫困户数由690户减少到426户,多维相对贫困发生率由66.8%降低至41.2%。当$k=0.5$时,到2018年,仅有7户农村居民家庭位于该临界值的多维相对贫困状态。

表4-9　　2012~2018年中部地区农户多维相对贫困指数

k值	年份	多维相对贫困户数(户)	多维相对贫困发生率(%)	贫困剥夺总额(户)	平均剥夺份额(户)	多维相对贫困指数
0.1	2012	973	94.2	294.405	0.303	0.285
	2014	952	92.2	260.316	0.273	0.252
	2016	585	56.6	152.884	0.261	0.148
	2018	565	54.7	152.884	0.271	0.148
0.2	2012	690	66.8	252.052	0.365	0.244
	2014	575	55.7	205.567	0.357	0.199
	2016	412	39.9	130.158	0.316	0.126
	2018	426	41.2	134.29	0.316	0.13
0.3	2012	456	44.1	195.237	0.429	0.189
	2014	378	36.6	158.049	0.418	0.153
	2016	217	21.0	81.607	0.376	0.079
	2018	213	20.6	80.574	0.379	0.078

续表

k值	年份	多维相对贫困户数（户）	多维相对贫困发生率（%）	贫困剥夺总额（户）	平均剥夺份额（户）	多维相对贫困指数
0.4	2012	267	25.8	129.125	0.484	0.125
	2014	197	19.1	95.036	0.482	0.092
	2016	64	6.2	27.891	0.435	0.027
	2018	61	5.9	27.891	0.458	0.027
0.5	2012	91	8.8	51.65	0.568	0.05
	2014	64	6.2	35.122	0.548	0.034
	2016	4	0.4	2.066	0.5	0.002
	2018	7	0.7	4.132	0.571	0.004

表4-10为2012~2018年西部农户多维相对贫困指数测算情况。相较于东部、中部地区，西部地区多维相对贫困状况最差，当$k=0.1$时，多维相对贫困指数取值范围为0.189~0.333，为三大区域最高。2012~2018年，多维相对贫困户数急剧减少，由2012年的1 244户减少至2018年的871户（样本总户数为1 285户），贫困发生率降低至67.8%，比东部地区高11.3个百分点，比中部地区高13.1个百分点。当$k=0.2$时，多维相对贫困指数取值由2012年的0.251降低至2018年的0.171，多维相对贫困户数由1 049户减少到658户，多维相对贫困发生率由81.6%降低至51.2%。当$k=0.5$时，西部地区还有较大比例的农村家庭位于该临界值的多维相对贫困状态。西部地区多维相对贫困状况得到了一定程度的缓解与改善，但相较于东部、中部，仍有较大的提升空间。对比东部、中部、西部地区发现，随着临界值k值的增加，东部地区多维相对贫困指数下降的速度比中部、西部地区快，相对于中部、西部地区，东部地区陷入极端多维相对贫困的概率较小。我国农户的多维相对贫困状况呈现明显的区域分布特征。

表4-10　　2012~2018年西部地区农户多维相对贫困指数

k值	年份	多维相对贫困户数（户）	多维相对贫困发生率（%）	贫困剥夺总额（户）	平均剥夺份额（户）	多维相对贫困指数
0.1	2012	1 244	96.8	427.905	0.344	0.333
	2014	1 207	93.9	371.365	0.308	0.289
	2016	871	67.8	249.290	0.286	0.194
	2018	871	67.8	242.865	0.279	0.189
0.2	2012	1 049	81.6	322.535	0.308	0.251
	2014	983	76.5	388.070	0.395	0.302
	2016	855	66.5	318.680	0.373	0.248
	2018	658	51.2	219.735	0.334	0.171
0.3	2012	657	51.1	214.595	0.327	0.167
	2014	788	61.3	285.270	0.362	0.222
	2016	734	57.1	326.390	0.445	0.254
	2018	596	46.4	257.000	0.431	0.200
0.4	2012	403	31.4	155.485	0.385	0.121
	2014	387	30.1	145.205	0.375	0.113
	2016	531	41.3	221.020	0.416	0.172
	2018	482	37.5	237.725	0.493	0.185
0.5	2012	351	27.3	170.905	0.487	0.133
	2014	141	11.0	64.250	0.455	0.050
	2016	118	9.2	53.970	0.457	0.042
	2018	274	21.3	131.070	0.479	0.102

4.1.3.3　我国农户多维相对贫困指数分解

将上述的多维相对贫困指标进行分解，得到临界值 $k=0.2$ 与 $k=0.3$ 时全国农村家庭的多维相对贫困指数各指标贡献率。表4-11为2012~2018年全国农户多维相对贫困各指标贡献率。由表可知，农户各贫困指标对多维相对贫困的贡献率相差悬殊,而不同指标对多维相对贫困指数的贡献率在不同临界值 k 下大致相同。相对收入的贡献率最高,多年以来维持在 30% 以上的高位,在 $k=0.2$ 时,历年均值为 41.1%,$k=0.3$ 时,均值为 42%。我国农户的相对贫困形势较为严峻,是农户多维相对贫困的主要来源。除相对收入外,日常结余、饮用水、做饭燃料、BMI 指数、就业保障贡献率较高,无论 $k=0.2$ 还是 $k=0.3$,历年贡献率均值都超过 5%。日常结余在 $k=0.2$ 时,历年贡献率均值为 7.8%,$k=0.3$ 时,均值为 7.6%。饮用水在 $k=0.2$ 时,历年贡献率均值为 6%,$k=0.3$ 时,均值为 5.5%。做饭燃料在 $k=0.2$ 时,历年贡献率均值为 7.2%,$k=0.3$ 时,均值为 6.6%。BMI 指数在 $k=0.2$ 时,历年贡献率均值为 5.5%,$k=0.3$ 时,均值为 5.2%。随着新型农村社会养老保险在全国的全面展开,我国农户的就业保障水平显著上升,指标贡献率下降明显,$k=0.2$ 时,贡献率由 2012 年的 22.7% 下降至 2018 年的 0.5%,$k=0.2$ 时,由 20% 下降至 0.5%。

随着收入水平的提高,近年来我国农村家庭恩格尔系数降低,食品安全指标贡献率呈现出下降趋势,$k=0.2$ 时,贡献率由 2012 年的 4.5% 下降至 2018 年的 3.0%,$k=0.3$ 时,贡献率由 3.8% 下降至 2.7%。户主学历指标贡献率呈现上升趋势,$k=0.2$ 时,贡献率由 2012 年的 1.6% 上升至 2018 年的 3.9%,$k=0.3$ 时,贡献率由 1.8% 上升至 5.5%,我国现今的义务教育政策能提升新一代农村少儿的文化程度,增加对农村多维相对贫困的贡献率,但不能改变家庭年龄较大成员的教育状况(张璇玥和姚树洁,2020)。满意度、医疗保险、就业情况的贡献率较低,历年平均贡献率多小于 1%。我国农村居民主观幸福度较高,满意度指标贡献率较小,无论 $k=0.2$ 还是 $k=0.3$,历年贡献率均值为 0.6%。

第4章 农户多维相对贫困与贫困脆弱性的测度

表4-11　　　　全国农户多维相对贫困各指标贡献率　　单位：%

维度	k=0.2 2012年	2014年	2016年	2018年	均值	k=0.3 2012年	2014年	2016年	2018年	均值
相对收入	30.9	31.3	56.9	59.5	41.1	36.8	37.5	52.1	52.6	42.0
食品安全	4.5	2.7	1.5	2.1	3.0	3.8	2.3	1.6	2.0	2.7
日常结余	7.3	7.3	8.5	8.7	7.8	7.0	7.0	8.8	9.0	7.6
饮用水	6.4	6.0	5.8	5.3	6.0	5.5	5.3	6.0	5.5	5.5
做饭燃料	7.1	6.9	8.0	7.1	7.2	6.2	6.0	8.2	7.3	6.6
满意度	0.8	0.4	0.8	0.4	0.6	0.8	0.4	0.9	0.4	0.6
户主学历	1.6	2.5	4.1	3.9	2.8	1.8	2.5	5.3	5.5	3.2
教育负担	6.6	6.9	4.1	3.5	5.7	7.1	7.3	5.0	4.9	6.5
BMI指数	6.0	5.5	5.1	4.8	5.5	4.8	4.2	6.5	6.5	5.2
医疗保险	0.3	0.4	0.5	0.3	0.4	0.3	0.3	0.4	0.4	0.4
医疗负担	4.9	5.6	3.2	3.2	4.5	5.3	6.1	4.3	4.6	5.3
就业情况	0.7	0.9	0.9	0.5	0.8	0.6	0.7	0.7	0.7	0.7
就业保障	22.7	23.4	0.6	0.5	14.7	20.0	20.5	0.2	0.5	13.8

表4-12为我国东部地区多维相对贫困的各指标贡献率。如表4-12所示，相对收入、日常结余、饮用水、做饭燃料、教育负担、就业保障指标贡献率最高，无论$k=0.2$还是$k=0.3$，指标贡献率均值大部分在5%以上。其中，东部的相对贫困状况好于全国，贡献率比全国平均水平低，在临界值$k=0.2$时，历年贡献率均值为40.9%，$k=0.3$时，均值为41.4%。饮用水和做饭燃料指标贡献率变化幅度较小，饮用水在临界值$k=0.2$时，历年贡献率均值为6.2%，$k=0.3$时，均值为5.6%。做饭燃料在临界值$k=0.2$时，历年贡献率均值为6.4%，$k=0.3$时，均值为6%。

表 4-12　　　东部地区农户多维相对贫困各指标贡献率　　　单位：%

维度	k=0.2					k=0.3				
	2012年	2014年	2016年	2018年	均值	2012年	2014年	2016年	2018年	均值
相对收入	30.7	30.0	58.5	59.8	40.9	36.7	36.1	52.7	52.1	41.4
食品安全	4.6	3.0	1.9	2.8	3.3	3.8	2.6	2.1	2.3	2.9
日常结余	7.6	7.4	8.4	8.8	7.9	7.0	6.9	8.9	9.6	7.7
饮用水	6.1	6.1	6.3	6.2	6.2	5.1	5.3	6.8	6.5	5.6
做饭燃料	6.4	6.2	7.0	6.4	6.4	5.5	5.5	7.5	6.5	6.0
满意度	1.0	0.4	0.9	0.4	0.7	0.9	0.4	1.1	0.5	0.7
户主学历	1.3	2.6	3.4	3.3	2.4	1.5	2.7	4.9	4.6	2.9
教育负担	7.6	7.7	3.8	4.1	6.3	8.2	8.0	4.9	5.7	7.2
BMI指数	5.1	4.7	4.3	3.5	4.5	4.1	3.5	5.4	5.1	4.3
医疗保险	0.7	0.4	0.5	0.6	0.5	0.5	0.4	0.7	0.7	0.5
医疗负担	5.5	6.0	3.5	3.1	4.8	5.8	6.3	5.0	4.9	5.7
就业情况	0.6	1.1	0.8	0.5	0.8	0.4	0.8	0.4	0.8	0.6
就业保障	23.0	24.3	0.8	0.6	15.2	20.3	21.5	0.1	0.6	14.5

户主学历指标贡献率呈现上升趋势，$k=0.2$ 时，贡献率由 2012 年的 1.3% 上升至 2018 年的 3.3%，$k=0.3$ 时，贡献率由 1.5% 上升至 4.6%，东部的户主学历指标贡献率比全国平均水平低。教育负担指标贡献率呈现下降趋势，$k=0.2$ 时，贡献率由 2012 年的 7.6% 下降至 2018 年的 4.1%，$k=0.3$ 时，贡献率由 8.2% 下降至 5.7%，东部教育负担指标贡献率比全国平均水平低。东部地区的就业保障状况较好，贡献率低于全国，$k=0.2$ 时，贡献率由 2012 年的 23% 下降至 2018 年的 0.6%，$k=0.3$ 时，贡献率由 20.3% 下降至 0.6%。部分指标的贡献率在不同临界值下会表现出不同的趋势，户主学历在 $k=0.2$ 时，贡献率由 2012 年的 1.3% 升为 2016 年的 3.4%，又下降至 2018 年的 3.3%。

第4章 农户多维相对贫困与贫困脆弱性的测度

BMI 指数在临界值 $k=0.3$ 时，贡献率由 2012 年的 4.1% 下降至 2014 年的 3.5%，又上升至 2018 年的 5.1%。

表 4-13 为 2012~2018 年我国中部地区的多维相对贫困的各指标贡献率。与东部地区类似，相对收入、日常结余、饮用水、做饭燃料、教育负担、BMI 指数、就业保障指标贡献率较高，无论 $k=0.2$ 还是 $k=0.3$，指标贡献率均值多在 5% 以上。相对收入的贡献率最高，在临界值 $k=0.2$ 时，历年贡献率均值为 39.8%，$k=0.3$ 时，均值为 41.2%。日常结余在临界值 $k=0.2$ 时，历年贡献率均值为 7.8%，$k=0.3$ 时，均值为 7.5%，与东部地区的结果较为接近。$k=0.2$ 时，饮用水指标贡献率由 2012 年的 7.2% 下降至 2018 年的 5.4%，历年平均贡献率是 6.6%；做饭燃料由 2012 年的 6.9% 下降至 2018 年的 6.6%，历年平均贡献率是 6.8%。$k=0.3$ 时，饮用水贡献率由 6.1% 下降至 5.7%，做饭燃料贡献率由 5.9% 上升至 7.3%。医疗负担的贡献率在 $k=0.2$ 呈下降趋势，贡献率由 2012 年的 4.8% 下降至 2018 年的 3.7%，而在 $k=0.3$ 时，贡献率由 5.2% 上升至 5.6%。

表 4-13　中部地区农户多维相对贫困各指标贡献率　　单位：%

维度	$k=0.2$ 2012 年	2014 年	2016 年	2018 年	均值	$k=0.3$ 2012 年	2014 年	2016 年	2018 年	均值
相对收入	29.0	30.3	56.9	60.1	39.8	36.1	36.9	52.2	52.6	41.2
食品安全	4.3	2.7	1.9	2.2	3.1	3.4	2.4	1.9	2.4	2.7
日常结余	7.1	7.6	8.2	8.9	7.8	6.9	7.2	8.3	8.8	7.5
饮用水	7.2	6.9	6.2	5.4	6.6	6.1	6.0	6.0	5.7	6.0
做饭燃料	6.9	6.7	7.3	6.6	6.8	5.9	5.5	7.8	7.3	6.2
满意度	0.6	0.4	1.0	0.3	0.6	0.5	0.3	1.2	0.3	0.5
户主学历	1.8	2.5	3.9	3.8	2.7	1.9	2.5	4.7	5.6	3.1

续表

维度	$k=0.2$					$k=0.3$				
	2012年	2014年	2016年	2018年	均值	2012年	2014年	2016年	2018年	均值
教育负担	6.6	6.8	4.6	3.5	5.8	7.2	7.4	5.9	5.1	6.8
BMI指数	6.0	4.8	4.6	3.9	5.0	4.5	3.5	5.8	4.9	4.5
医疗保险	0.2	0.4	0.5	0.3	0.3	0.1	0.2	0.3	0.3	0.2
医疗负担	4.8	5.6	3.1	3.7	4.5	5.2	6.2	4.1	5.6	5.4
就业情况	1.3	1.3	1.1	0.9	1.2	1.2	0.9	1.4	1.0	1.1
就业保障	24.2	24.1	0.7	0.5	15.9	21.0	21.0	0.3	0.5	14.8

表4-14为2012~2018年我国西部地区多维相对贫困的各指标贡献率，相对收入、日常结余、饮用水、做饭燃料、教育负担、BMI指数、就业保障指标贡献率较高，无论$k=0.2$还是$k=0.3$，贡献率均值多在5%以上。相较于东部、中部地区，西部地区的相对贫困状况最为严重，贡献率最高，在$k=0.2$时，历年贡献率均值为42%，$k=0.3$时，均值为42.8%。日常结余在$k=0.2$时，历年贡献率均值为7.7%，$k=0.3$时，均值为7.6%，与东部、中部地区的结果较为接近。$k=0.2$时，饮用水指标的贡献率由2012年的6.2%下降至2018年的4.5%，历年平均贡献率是5.5%；做饭燃料由2012年的7.7%上升至2018年的8.1%，历年平均贡献率是8.0%。$k=0.3$时，饮用水贡献率由5.5%下降至4.8%，做饭燃料贡献率由7%上升至7.8%。BMI指数在$k=0.2$时，贡献率由2012年的6.7%下降至2018年的6.4%，历年均值为6.5%，$k=0.3$时，贡献率由2012年的5.6%上升至2018年的8.4%，均值为6.2%，中部、西部地区BMI指数的贡献率比东部地区高，相较于东部地区，中部、西部地区农户的健康状况堪忧。

表4-14　　　　西部地区农户多维相对贫困各指标贡献率　　　　单位:%

维度	k=0.2 2012年	2014年	2016年	2018年	均值	k=0.3 2012年	2014年	2016年	2018年	均值
相对收入	32.4	33.0	55.9	59.0	42.0	37.3	38.8	51.7	53.1	42.8
食品安全	4.6	2.4	1.0	1.6	2.7	4.1	2.1	1.1	1.6	2.6
日常结余	7.1	7.1	8.6	8.5	7.7	7.1	6.9	8.9	8.7	7.6
饮用水	6.2	5.5	5.2	4.5	5.5	5.5	4.8	5.5	4.8	5.2
做饭燃料	7.7	7.6	9.1	8.1	8.0	7.0	6.6	8.7	7.8	7.3
满意度	0.9	0.4	0.7	0.4	0.6	0.8	0.4	0.7	0.4	0.6
户主学历	1.8	2.4	4.7	4.5	3.0	2.0	2.3	5.8	6.0	3.4
教育负担	5.9	6.4	4.0	3.1	5.1	6.2	6.8	4.7	4.3	5.8
BMI指数	6.7	6.6	6.0	6.4	6.5	5.6	5.1	7.5	8.4	6.2
医疗保险	0.1	0.4	0.4	0.2	0.3	0.1	0.4	0.4	0.2	0.3
医疗负担	4.7	5.5	3.2	2.9	4.3	5.0	6.0	4.1	3.9	4.9
就业情况	0.5	0.4	0.9	0.6	0.6	0.4	0.4	0.8	0.5	0.5
就业保障	21.4	22.3	0.3	0.4	13.7	19.0	19.5	0.1	0.3	12.8

4.2　农户贫困脆弱性的测度

4.2.1　测度方法

测算农户贫困脆弱性的主流方法有三种,分别为期望的低效用(vulnerability as low expected utility,VEU)、期望贫困的脆弱性(vulnerability as uninsured exposure to risk,VER)、未被预防的风险暴露(vulnerability as expected poverty,VEP)。其中VEU法在贫困脆弱性的测算中仅选取单一的效用函数,没有考虑到家庭偏好较为多样性的现实,

VER 法为事后对福利损失的计算,不是事前计算,体现不出测度的前瞻性。VEP 法把与家庭有关的异质性都涵盖在内,具有前瞻性,且可体现出贫困的动态性,在当前的应用较为广泛。为便于与其他研究进行比较分析,本章使用 VEP 法(Chaudhuri et al.,2002)测算农户的贫困脆弱性。具体步骤有四步。

第一步,估计消费方程和残差方程。选取家庭人均消费 $\ln Y_h$ 为被解释变量,同时选取一组被解释变量 X_h^Y。包含村级特征如村人均纯收入($income\_village$)、该村距本县县城距离($distance$)、该村地貌($landform$),家庭特征如家庭人口数量($familysize$)、人均收入对数($lnincome$)、人均储蓄对数($lnsavings$)、人均土地价值对数($lnland\_asset$)、人均耐用品资产对数($lndurables\_asset$),户主特征如性别($gender$)、年龄(age)、婚姻状态($marry$)、就业状态($employ$)。

$$\ln Y_h = \beta X_h^Y + \zeta_h \qquad (4-9)$$

$$\zeta_h^2 = \rho X_h^\zeta + \upsilon_h \qquad (4-10)$$

第二步,使用第一步计算的拟合值构造权重采取 FGLS 估计。接着,采用 ρX_h^ζ 作为权重对式(4-10)进行加权回归,将 $\hat{\beta}_{FGLS}$ 看成 β 的渐进有效一致估计量。基于此,通过式(4-11)和式(4-12)可知家庭人均消费对数的期望与平方,将其作为家庭未来消费期望和方差的替代变量。

$$\hat{E}(\ln Y_h^\gamma \mid X_h^\gamma) = \hat{\beta}_{FGLS} X_h^Y \qquad (4-11)$$

$$\hat{V}(\ln Y_h \mid X_h^\zeta) = \hat{\rho}_{FGLS} X_h^\zeta \qquad (4-12)$$

第三步,选择贫困线。基于克里斯蒂安森和苏巴劳(Christiaensen and Subbarao,2005)的研究,假定人均消费对数为正态分布,选择与实际相符合的贫困线与脆弱线实证测算贫困脆弱性指数。式(4-13)中 $\ln poor$ 为贫困线对数。

$$Vul_h = \Pr(\ln Y_h \leq \ln poor) = \phi(\ln poor - \hat{\beta}_{FGLS})\sqrt{\hat{\rho}_{FGLS} X_h^{\xi}}$$

$$(4-13)$$

第四步，生成贫困脆弱性虚拟变量。借鉴万广华和章元（2009）的研究逻辑，当一个家庭未来陷入贫困的概率大于 0.5 时，则将该家庭看成脆弱性家庭，否则为非脆弱性家庭。

通过式（4-13）中可以发现，贫困线标准的选择对贫困脆弱性的影响较大。2015 年底，世界银行宣布将国际贫困标准由以前的人均每天 1.25 美元上调至 1.9 美元，适用于低收入国家。世界银行还有一条对应中低收入国家的贫困线，为 3.1 美元。大多数研究采用 1.9 美元和 3.1 美元作为贫困线，因此本章将 1.9 美元与 3.1 美元作为贫困线标准。

4.2.2 测度结果

表 4-15 为历年的贫困脆弱性指数测算结果。从时间维度看，贫困脆弱性发生率除 2016 年在 1.9 美元贫困线下小范围内上升外，整体呈现下降趋势。再考察历年的贫困脆弱性平均值，农户在未来阶段陷入贫困的概率显著下降，表明随着我国经济的快速发展与扶贫事业的推动，农户在收入、健康、教育、就业与生活条件等方面得到了极大的改善与提高，提升了农户风险应对能力从而减少未来其陷入贫困的概率。对于不同的贫困线而言，贫困线越高，贫困线发生率与贫困脆弱性平均值越高，3.1 美元标准下，2012 年我国贫困脆弱性发生率最高，达到 62.29%。到 2018 年，仍然有 10.11% 的农户位于 1.9 美元贫困线下的脆弱性状态。

表4-15   2012~2018年全国贫困发生率和贫困脆弱性平均值

年份	贫困线为1.9美元		贫困线为3.1美元	
	贫困发生率（%）	脆弱性平均值	贫困发生率（%）	脆弱性平均值
2012	19.38	0.2736	62.29	0.5870
2014	15.17	0.2248	51.61	0.5080
2016	20.395	0.2467	48.78	0.4914
2018	10.11	0.1539	33.17	0.3691

表4-16为不同年份与不同区域的贫困脆弱性发生率分布情况，$vep1$、$vep2$分别为1.9美元和3.1美元贫困线脆弱性发生率，由表4-16可知，在不同标准线下，我国贫困脆弱性发生率西部最高，中部次之，东部再次之，这与我国不同区域的经济发展水平有关。具体而言，2012年3.1美元贫困线下的贫困脆弱性发生率最高，东部、中部、西部分别为54.08%、60.89%、72.01%。2018年1.9美元贫困线下的贫困脆弱性发生率最低，东部、中部、西部分别为10.12%、9.92%、10.23%。从时间维度来说，贫困发生率近年来呈现出递减的趋势，各区域的贫困脆弱性均显著改善。

表4-16   不同年份与不同区域贫困脆弱性发生率的分布情况   单位：%

地区	2012年		2014年		2016年		2018年	
	$vep1$	$vep2$	$vep1$	$vep2$	$vep1$	$vep2$	$vep1$	$vep2$
东部	14.21	54.08	10.67	42.38	16.69	41.69	10.12	28.94
中部	19.65	60.89	15.70	52.03	18.40	46.26	9.92	31.14
西部	24.55	72.01	19.47	60.99	26.04	58.58	10.23	39.24

表4-17为贫困脆弱性指数平均值在不同年份与不同区域的分布情况，$vul1$和$vul2$分别为1.9美元和3.1美元贫困线下的脆弱性指数平均

值。由表4-17可知，在不同标准线下，我国贫困脆弱性指数平均值西部最高，中部次之，东部最低。相较于东部、中部来说，西部地区农村居民未来陷入贫困的可能性更高，不同区域贫困深度存在较大的差距。2012年3.1美元贫困线下的贫困脆弱性指数平均值最高，东部、中部、西部分别为52.54%、59.23%、64.86%，2018年1.9美元贫困线下的贫困脆弱性指数最低，东部、中部、西部分别为14.09%、14.83%、17.24%，从时间维度来说，贫困脆弱性近年来呈现出递减的趋势，各区域农户未来陷入贫困的概率显著降低。

表4-17　　　　贫困脆弱性指数平均值在不同年份与不同区域的分布情况　　　　单位：%

地区	2012年 vul1	2012年 vul2	2014年 vul1	2014年 vul2	2016年 vul1	2016年 vul2	2018年 vul1	2018年 vul2
东部	22.16	52.54	18.02	44.76	20.1	43.37	14.09	33.53
中部	27.29	59.23	22.28	51.22	23.12	47.55	14.83	35.67
西部	33.01	64.86	27.51	56.98	30.95	56.75	17.24	41.60

4.2.3　基于贫困脆弱性视角的政策瞄准效果

本节在通过VEP法测算每个农户贫困脆弱性指数的基础上，考察精准扶贫的瞄准效果。将2016年的CFPS数据中的人均纯收入与人均消费支出按照从低到高的顺序划分为10个组，将测算的农户贫困脆弱性指数按照从高到低的顺序也划分为10个组，并计算出每组农户得到的精准扶贫政策补助占总额的比例，由此判断政策的瞄准效果（具体结果见表4-18）。

表4-18　　不同划分标准下精准扶贫政策补助额分布状况　　单位：%

按人均纯收入			按人均消费支出			按农户贫困脆弱性		
组别	补助金额所占比例	累计比例	组别	补助金额所占比例	累计比例	组别	补助金额所占比例	累计比例
1	12.31	12.31	1	14.13	14.13	1	11.06	11.06
2	15.23	27.54	2	14.39	28.51	2	14.43	25.49
3	13.26	40.79	3	13.18	41.69	3	11.16	36.65
4	11.66	52.46	4	11.49	53.18	4	11.43	48.08
5	11.47	63.93	5	10.43	63.61	5	10.16	58.23
6	9.98	73.90	6	10.07	73.68	6	9.53	67.77
7	10.56	84.46	7	7.92	81.60	7	9.55	77.32
8	5.20	89.65	8	6.64	88.24	8	8.74	86.06
9	5.39	95.05	9	6.28	94.52	9	8.05	94.11
10	4.95	100.00	10	5.48	100.00	10	5.89	100.00

从人均纯收入而言，政策补助金额随着收入的增加表现出递减的趋势，但收入最低两个组的农户所得到政策补助金额只占总体金额的27.54%，而收入最高的四个组（7~10组）累计补助占总体金额的26.10%。从人均农户消费支出而言，人均消费支出最低两个组的农户所得到政策补助金额只占总体金额的28.51%，而支出最高的四个组（7~10组）累计补助占总额的26.32%。从农户贫困脆弱性而言，贫困脆弱性最严重两个组的农户得到政策补助金额只占总体金额的25.49%，而贫困脆弱性最轻的四个组（7~10组）所得补助占总额的32.23%。由上可知，从人均收入与消费角度来看，精准扶贫政策瞄准效果较好，但部分比例仍然被家庭状况较好的农户获得，且该现象在贫困脆弱性组别中表现最为明显，这说明政策补助还存在一定程度的瞄准偏差，政策补助的分配机制有待进一步优化。

4.3 本章小结

本章从多维相对贫困与贫困脆弱性的角度阐述了我国农村贫困的特征化事实,包括农户多维相对贫困与贫困脆弱性的状况及地区比较分析,为后续章节的开展提供现实依据与坚实的基础。

第一,就农户单维贫困而言,2012～2018年,除相对收入指标外,其余指标的贫困发生率均显著降低,农户贫困状况得到了较大的改善;西部地区多数指标的单维贫困发生率比东部、中部地区高。我国农户的多维相对贫困近年来呈现出显著缓解与减弱趋势,但仍有改进空间,在临界值 $k=0.3$ 时,到2018年仍有24.0%的农户位于多维相对贫困状态;多维相对贫困户、多维相对贫困发生率、贫困剥夺总额、多维相对贫困指数逐渐减少;西部地区的多维相对贫困状况最为严重,中部次之,东部再次之;所有农户的平均剥夺份额变化幅度较小,我国农户多维相对贫困减缓的主要原因是总体贫困人数的减少,而陷入贫困的家庭被剥夺维度数量没有明显改变。就指标贡献率而言,农户各贫困指标对多维相对贫困的贡献率悬殊,而不同指标对多维相对贫困指数的贡献率在不同临界值 k 下大致相同;相对收入、日常结余、饮用水、做饭燃料、教育负担、BMI指数、就业保障指标贡献率较高,我国农户的相对贫困形势较为严峻,是农户多维相对贫困的主要来源;分地区而言,相较于东部、中部地区,西部地区的相对贫困状况最为严重,贡献率最高。

第二,就时间而言,我国农户贫困脆弱性发生率除2016年小范围内上升外,整体呈现下降趋势,到2018年,仍然有10.11%的农户位于1.9美元贫困线下的脆弱性状态;就区域而言,西部最高,中部次之,东部最低。从时间维度来说,在不同标准线下,贫困脆弱性指数平均值近年来呈现出递减的趋势；从区域维度来说，西部最高，中部次之，东部最低。从人均收入与消费角度来看，精准扶贫政策瞄准效果较好，但仍有部分比例被家庭状况较好的农户获得，且该现象在贫困脆弱性组别中表现最为明显，这表明政策补助还存在一定程度的瞄准偏差，政策补助的分配机制有待进一步优化。

第5章

精准扶贫政策对农户多维相对贫困的影响评估

自2010年联合国持续多年发布全世界各国的多维贫困指数以来，关于多维贫困的研究日渐丰富。本章从多维相对贫困的视角考察精准扶贫政策的减贫效果，一方面，其暗含了贫困问题的本质和内涵，已有研究多采用绝对收入指标衡量贫困，没有涉及农户可行能力方面的指标。如阿玛蒂亚·森（1985）所言，贫困不单单指的是行为主体比其他人的收入少，贫困的内核在于行为主体不能获得维持基本生存的"可行能力"，可行能力不只涵盖收入层面，还涉及生活质量、健康与教育等多维能力的获得。作为世界上最大的发展中国家，我国农村贫困人口多，贫困发生率高，贫困表现形式多样，呈现出显著的多维贫困特征。另一方面，随着精准扶贫政策的圆满收官，我国基本消除绝对贫困，区域整体性贫困问题得到解决，未来相当长一段时间内多维贫困与相对贫困为贫困的主要形式，深入探讨精准扶贫政策对农户多维相对贫困的影响对后续扶贫政策的制定具有极强的现实意义。因此，本章将利用2012~2018年CFPS的追踪数据从多个角度实证探讨精准扶贫政策对农户多维相对贫困的影响效果及作用机制。

5.1 研究方法

5.1.1 模型设计

本章的问题是精准扶贫政策对农户多维相对贫困状况的影响,最直接的办法是比较受到政策照顾和未受到政策照顾的农户在政策实施前后多维相对贫困的变化,但这种变化还会受到其他一些随时间变化因素的影响。为了排除这些因素的影响,本章利用双重差分法(differences-in-differences,DID)来考察精准扶贫政策对农户多维相对贫困的影响(王立勇和许明,2019;尹志超等,2020;尹志超和郭沛瑶,2021;李晗和陆迁,2021)。通过观察受到政策照顾的农户(实验组)和没有受到政策照顾的农户(控制组)多维相对贫困的变动,然后用双重差分法来观察政策实施效果。双重差分模型在关于政策评估的研究中运用较为广泛,最开始由阿申费尔特(Ashenfelter,1978)运用到经济学的研究中。本章在使用双重差分法的基础上,还使用面板 Probit 与固定效应模型做补充性分析。

具体而言,将精准扶贫政策看成一个外生性的冲击把样本分为两组:受政策照顾农户组(实验组)和未受政策照顾农户组(控制组)。如果实验组和控制组在政策实验前主要经济指标没有明显差异,将对照组看成实验组没有受到外生政策冲击的反事实结果,通过上述分析可知政策对农户多维相对贫困的平均处理效应(average treatment effect on the treated)为:

$$ATT_{DID} = E(MPI_1^T - MPI_0^T \mid D = 1) - E(MPI_1^c - MPI_0^c \mid D = 0)$$

$$(5-1)$$

第5章 精准扶贫政策对农户多维相对贫困的影响评估

其中，E 为期望值，D 表示是否受到政策照顾的虚拟变量（$D=0$ 为控制组，$D=1$ 为实验组），MPI_1^T 和 MPI_0^T 表示实验组农户多维相对贫困情况，MPI_1^c 和 MPI_0^c 表示控制组农户多维相对贫困情况。等号右边两项表示实验组和对照组在政策实施前后的一阶差分，能够消去实验组和对照组在政策实行过程中本身的发展趋势，分别对实验组和对照组差分后第二次差分便得到政策对农户多维相对贫困的影响效果。

本章的因变量除了多维相对贫困指数与人均家庭纯收入对数外，还有多维相对贫困虚拟变量，因此本章还采用面板 Probit 模型进行分析。考虑到多维相对贫困虚拟变量为 0~1 虚拟变量，因此选择二元 Probit 模型。Probit 模型为离散选择模型，常用二元选择因变量回归，该模型的残差项 ε 为标准正态分布，模型形式简单，较易处理，多数情况下，解释变量与被解释变量之间没有线性关系，可以进行相应的调整拟合，从而达到线性假设条件（张宁等，2020）。

一般的线性回归方程为：

$$Y = \beta_0 + \sum_{i=1}^{n} \beta_i x_i + \varepsilon \qquad (5-2)$$

为得到多维相对贫困虚拟变量与和各个解释变量之间的关系，使用 Probit 概率对初始方程进行调整，设 $\phi(x)$ 为标准正态分布函数，有：

$$\phi^{-1}(P) = \phi^{-1}(P\{Y=1\}) = \beta_0 + \sum_{i=1}^{n} \beta_i x_i + \varepsilon \qquad (5-3)$$

其中，$Y=1$ 代表是多维相对贫困家庭，$Y=0$ 代表不是多维相对贫困家庭，x_i 为自变量，β_0 为常数项，β_i 为相对应的样本回归系数，ε 为随机误差项。根据研究对象，可以得到式（5-4），通过最大似然估计得到拟合值。

$$P_i = P_i\{Y=1\} = \phi\left(\beta_0 + \sum_{m=1}^{n} \beta_m x_m\right) = \frac{1}{\sqrt{2\pi}} \int \beta_0 + \sum_{m=1}^{n} \beta_m x_m + \varepsilon$$

$$(5-4)$$

为使结果更加稳健,本章在运用双重差分法和面板 Probit 作为基准回归模型的基础上,还运用了固定效应模型进行补充性分析。

5.1.2 变量界定

根据理论分析与相关文献回顾,本章的具体变量界定如表 5-1 所示。

表 5-1　　　　　　　　　　变量界定

变量类型	变量名	变量符号	说明
因变量	多维相对贫困指数	deprivedscore	指数越大,农户多维相对贫困状况越严重
	多维相对贫困虚拟变量	depriveddummy	虚拟变量,如果农户处于多维相对贫困状态赋值为1,否则赋值为0
	人均家庭纯收入对数	income	年人均家庭纯收入(元)取自然对数
自变量	政策实施变量	treat	虚拟变量,接受政府精准扶贫补助的赋值为1,否则赋值为0
	政策实施时间变量	post	政策实施前赋值为0,实施后赋值为1
	政策补助金额对数	help	接受政府精准扶贫补助金额(元)取自然对数
控制变量	性别	gender	户主的性别为男性赋值为1,女性赋值为0
	年龄	age	户主的年龄(岁)
	婚姻状况	marry	户主的婚姻状况,如果已婚为1,其他为0
	家庭规模	familysize	家庭人口数量(人)
	是否从事农业活动	agriculture	家庭从事农业生产赋值1,否则赋值0
	家庭存款金额对数	save	家庭现金存款(元),取自然对数

5.1.2.1 因变量

本章的因变量为第4章测算的农村家庭的多维相对贫困指数（界限值 k 取值为0.33）、多维相对贫困虚拟变量（若农户处于多维相对贫困状态则取值为1，否则为0）。农户的多维相对贫困指数越大，多维相对贫困状况越严重。

5.1.2.2 自变量

CFPS问卷中有变量 $FN100$ "是否收到政府补助"和 $FN101$ "政府补助总额（元/年）"。其中的政府补助涵盖五保户补助、低保户补助、特困户补助以及各种救济金和赈灾款等，绝大部分与财政专项资金重合，特别是在2014年全面实施精准扶贫政策后，该类政府补助基本上来自财政专项扶贫资金，因此收到政府补助的群体为精准扶贫政策受益群体（马小勇和吴晓，2019）。王立勇和许明（2019）、刘钊和王作功（2020）、杨超（2021）、许永洪等（2021）、周强（2021）、郭芮绮等（2021）、秦升泽和李谷成（2021a）、秦升泽和李谷成（2021b）在研究中皆将 $FN100$ 与 $FN101$ 变量作为精准扶贫政策的替代变量，并多通过双重差分等方法从不同角度考察精准扶贫的减贫效果。

王立勇和许明（2019）使用2010～2016年的CFPS面板数据，采取连续型DID模型发现精准扶贫政策显著提升了农村贫困群体的收入水平，并且政策具有时间滞后效应，越到政策实施的后期效果愈加明显，同时贫困状况越严重的地区，减贫效果越好。刘钊和王作功（2020）使用2014年、2016年、2018年的三期CFPS面板数据，采取DID模型发现精准扶贫政策增加了农户的人均收入，提升了家庭农用机械的价值，但边际政策效果呈现递减的趋势。杨超（2021）使用2010～2018年的CFPS五期追踪数据，通过无条件分位数回归发现精准扶贫政策提升了农户家庭纯收入，但影响效果具有明显的异质性，对低收入群体收入的提升较为明显,对极端贫困人口的效果最为明显。

鉴于此,本章选取是否接受政府补助（treat）与补助金额对数（help）作为精准扶贫政策变量的代理变量,将2016年和2018年调研中都接受补助的农户界定为处理组,赋值为1（treat=1）,将这两次调研都没有接受补助的农户界定为对照组,赋值为0（treat=0）,剔除这两次调研中只有接受一次补助的样本。政策实施时间变量post在政策实施前赋值为0,实施后赋值为1。

5.1.2.3 控制变量

基于王立勇和许明（2019）、李晗和陆迁（2021）、尹志超等（2020）、尹志超和郭沛瑶（2021）、秦升泽和李谷成（2021a）等文献,本章在模型中添加控制变量,主要涉及家庭层面（家庭规模、有无家庭成员从事农业生产活动以及家庭存款对数）与户主层面（户主的性别、年龄与婚姻状况）。

表5-2为变量描述性统计情况。变量的描述性统计包括变量的均值、标准差、最小值、最大值和样本数。为剔除物价影响,政策补助金额、人均家庭纯收入、家庭存款金额以2012年为基期,按照农村居民消费价格指数（农村CPI）进行平减。为进行对数化处理,将政策补助金额、人均家庭纯收入、家庭存款金额加1取对数。

表5-2　　　　　　　变量的描述性统计

变量	均值	标准差	最小值	最大值	样本数
多维相对贫困指数	0.233	0.154	0	0.72	14 457
多维相对贫困虚拟变量	0.291	0.454	0	1	14 457
年人均家庭纯收入对数	6.591	4.148	0	13.42	14 457
政策实施变量	0.458	0.498	0	1	14 457
政策实施时间变量	0.491	0.500	0	1	14 457

第 5 章　精准扶贫政策对农户多维相对贫困的影响评估

续表

变量	均值	标准差	最小值	最大值	样本数
补助金额对数	2.037	3.137	0	10.81	14 457
性别	0.596	0.491	0	1	14 457
年龄	49.722	12.33	17	80	14 457
婚姻状况	0.904	0.295	0	1	14 457
家庭规模	4.132	1.872	1	16	14 457
家庭从事农业活动	0.855	0.352	0	1	14 457
家庭存款金额对数	6.137	4.501	0	15.32	14 457

5.2　实证估计结果

5.2.1　基准模型回归

表 5-3 为精准扶贫政策对农户多维相对贫困与收入影响的估计结果。列（1）、列（2）、列（3）、列（4）、列（5）、列（6）分别是因变量为多维相对贫困指数、多维相对贫困虚拟变量、人均纯收入对数的回归结果，列（1）、列（2）和列（5）、列（6）使用双重差分模型，列（3）、列（4）使用面板 Probit 模型。列（1）、列（2）、列（3）、列（4）中政策实施变量与政策实施时间变量的交互项 $treat \times post$ 的系数在 1% 的水平上显著为负，列（5）、列（6）中变量的交互项 $treat \times post$ 的系数在 1% 的水平上显著为正，这说明精准扶贫政策增加了农户的收入，显著地缓解了农户多维相对贫困状况，无论从单一的绝对收入维度，还是从多维相对贫困角度，政策效应明显。针对控制变量而言，家庭中若有人从事农业生产时，会面临较多的自然风险与市场风险，更

137

容易陷入多维相对贫困状态；家庭的储蓄越多，应对风险的能力越强，更容易摆脱多维相对贫困状态。

表5-3 政策实施对农户多维相对贫困与收入影响的估计结果

变量	deprivedscore		deprivedddummy		income	
	(1)	(2)	(3)	(4)	(5)	(6)
treat×post	-0.1075*** (0.0031)	-0.1044*** (0.0032)	-0.3470*** (0.0277)	-0.3976*** (0.0282)	0.5197*** (0.0224)	0.5100*** (0.0223)
gender		-0.0052* (0.0031)		0.0982*** (0.0231)		0.0897*** (0.0223)
age		-0.0007*** (0.0002)		0.0043*** (0.0009)		-0.0018 (0.0012)
marry		0.0056 (0.0064)		-0.2038*** (0.0387)		-0.2378*** (0.0464)
familysize		0.0073*** (0.0012)		-0.0004 (0.0063)		-0.0794*** (0.0086)
agriculture		0.0392*** (0.0047)		0.3505*** (0.0354)		-0.2876*** (0.0339)
save		-0.0015*** (0.0003)		-0.0342*** (0.0025)		0.0221*** (0.0021)
常数项	0.2574*** (0.0013)	0.2337*** (0.0098)	-0.4778*** (0.0124)	-0.6565*** (0.0657)	8.8473*** (0.0090)	9.5414*** (0.0721)
样本数	14457	14457	14457	14457	14085	14085
R-square	0.103	0.118			0.052	0.092

注：*、**、***分别表示10%、5%和1%显著性水平，括号内是标准误，省份固定效应和年份固定效应已控制，估计结果略。

资料来源：本表由笔者根据 CFPS 数据库运用 STATA 软件计算整理可得。

表5-4为精准扶贫政策补助金额对农户多维相对贫困影响的固定效应模型回归结果，列（1）、列（2）和列（3）、列（4）分别是因变量为多维相对贫困指数与多维相对贫困状态虚拟变量的回归结果。列

（1）、列（2）、列（3）、列（4）中 *help* 的系数都在1%的水平上显著为负，这说明精准扶贫政策补助金额越多，多维相对贫困指数越低，越不容易陷入多维相对贫困状态。

表 5-4　　政策补助金额对农户多维相对贫困影响的估计结果

变量	*deprivedscore*		*deprivedummy*	
	（1）	（2）	（3）	（4）
help	-0.0137*** (0.0004)	-0.0135*** (0.0004)	-0.0568*** (0.0037)	-0.0644*** (0.0038)
gender		-0.0047 (0.0031)		0.1016*** (0.0232)
age		-0.0004** (0.0002)		0.0049*** (0.0009)
marry		0.0040 (0.0064)		-0.2159*** (0.0388)
familysize		0.0067*** (0.0012)		0.0008 (0.0063)
agriculture		0.0435*** (0.0047)		0.3574*** (0.0355)
save		-0.0014*** (0.0003)		-0.0338*** (0.0025)
常数项	0.2609*** (0.0013)	0.2240*** (0.0097)	-0.4442*** (0.0129)	-0.6542*** (0.0659)
样本数	14 457	14 457	14 457	14 457
R-square	0.116	0.132		

注：*、**、***分别表示10%、5%和1%显著性水平，括号内是标准误，省份固定效应和年份固定效应已控制，估计结果略。

资料来源：本表由笔者根据CFPS数据库运用STATA软件计算整理可得。

5.2.2 动态效应分析

在基准回归模型的基础上，本节进一步分析政策的动态效应。表5-5为精准扶贫政策对农户多维相对贫困影响的动态效应估计结果。列（1）、列（2）和列（3）、列（4）分别是因变量为多维相对贫困指数与多维相对贫困虚拟变量的动态效应回归结果，其中变量的交互项 $treat \times post1$ 为2016年的政策效应、变量的交互项 $treat \times post2$ 为2018年的政策效应。从回归结果可以发现，变量的交互项 $treat \times post2$ 的系数比变量的交互项 $treat \times post1$ 大，2018年的政策效应比2016年更为显著，精准扶贫政策对贫困户多维相对贫困指数与虚拟变量的影响效果随着时间的推移逐渐增强。一是因为精准扶贫政策在实施的过程可能存在时滞效应，2014年5月国务院下达了《建立精准扶贫工作机制实施方案》，指出应该在当年10月前完成建档立卡工作，有关数据应上传到电脑，联网运行，采取动态管理，逐年更新，2014年底完成贫困户识别工作，2015年正式实施对精准识别的贫困户各种优惠政策，因此在2016年政策效果还未完全显现（尹志超等，2020）；二是因为精准扶贫政策增加了贫困户造血能力和风险应对能力，政策具有长期效应。

表5-5　　　　　　　　动态效应估计结果

变量	*deprivedscore*		*deprivedummy*	
	（1）	（2）	（3）	（4）
*treat × post*1	-0.1036*** (0.0038)	-0.1026*** (0.0038)	-0.2836*** (0.0364)	-0.3450*** (0.0370)
*treat × post*2	-0.1115*** (0.0038)	-0.1063*** (0.0039)	-0.4152*** (0.0380)	-0.4548*** (0.0387)
gender		-0.0053* (0.0031)		0.0977*** (0.0231)

续表

变量	*deprivedscore*		*depriveddummy*	
	(1)	(2)	(3)	(4)
age		-0.0007*** (0.0002)		0.0044*** (0.0009)
marry		0.0056 (0.0064)		-0.2040*** (0.0387)
familysize		0.0072*** (0.0012)		-0.0005 (0.0063)
agriculture		0.0391*** (0.0047)		0.3493*** (0.0354)
save		-0.0015*** (0.0003)		-0.0340*** (0.0025)
常数项	0.2574*** (0.0013)	0.2334*** (0.0098)	-0.4778*** (0.0124)	-0.6595*** (0.0658)
样本数	14 457	14 457	14 457	14 457
R - square	0.103	0.118		

注：*、**、*** 分别表示10%、5%和1%显著性水平，括号内是标准误，省份固定效应和年份固定效应已控制，估计结果略。

资料来源：本表由笔者根据CFPS数据库运用STATA软件计算整理可得。

5.2.3 异质性分析

5.2.3.1 不同类型农户异质性

已有关于扶贫政策评估的文献中，大多考察扶贫政策对全部农户或者贫困户的影响，较少区分政策对不同类型农户的影响强度的差异，没有把贫困户和非贫困户的影响异质性涵盖在内，政策在实行过程中可能出现农户的贫困状况显著改善，但是贫困户与非贫困户的差距不断增大的情况。鉴于此，本节将分析政策对不同农户影响的异质性。根据国务院 2013 年发布的《扶贫开发建档立卡工作方案》,各省应以 2013 年农民人均 2 730 元作为贫困户的主要识别标准,可结合本地实际略微调整。为进行对比分析,因此本节将样本中 2014 年人均纯收入 2 800 元以下农户划分为贫困组,2 800 元以上农户划分为非贫困组。

表 5-6 为政策实施对不同类型农户多维相对贫困影响的估计结果。列(1)、列(2)和列(3)、列(4)分别为政策对贫困户与非贫困户影响的回归结果。列(1)、列(2)、列(3)、列(4)中变量的交互项 $treat \times post$ 的系数都在 1% 的水平上显著为负,这说明精准扶贫政策能显著缓解贫困户与非贫困户的多维相对贫困状况,同时对比列(1)、列(2)与列(3)、列(4)的系数可知,政策对贫困户的影响大于对非贫困户的影响。

表 5-6　　　　不同类型农户异质性的估计结果

变量	deprivedscore			
	(1) 贫困户	(2) 贫困户	(3) 非贫困户	(4) 非贫困户
$treat \times post$	-0.1550*** (0.0082)	-0.1494*** (0.0083)	-0.0970*** (0.0038)	-0.0943*** (0.0038)
$gender$		-0.0033 (0.0092)		-0.0019 (0.0038)
age		-0.0002 (0.0005)		-0.0011*** (0.0002)
$marry$		0.0555*** (0.0196)		-0.0052*** (0.0016)
$familysize$		0.0006 (0.0035)		0.0029 (0.0082)
$agriculture$		0.0417*** (0.0148)		0.0081*** (0.0015)
$save$		-0.0063*** (0.0008)		0.0418*** (0.0060)

第 5 章　精准扶贫政策对农户多维相对贫困的影响评估

续表

变量	deprivedscore			
	（1）贫困户	（2）贫困户	（3）非贫困户	（4）非贫困户
常数项	0.3741*** （0.0037）	0.3280*** （0.0338）	0.2305*** （0.0016）	0.2255*** （0.0134）
样本数	1 924	1 924	8 820	8 820
$R-square$	0.198	0.237	0.091	0.107

注：*、**、*** 分别表示 10%、5% 和 1% 显著性水平，括号内是标准误，省份固定效应和年份固定效应已控制，估计结果略。

资料来源：本表由笔者根据 CFPS 数据库运用 STATA 软件计算整理可得。

图 5-1 为精准扶贫政策对不同类型农户多维相对贫困影响的平行趋势检验图。据图可知，在政策实施前，贫困户与非贫困户多维相对贫困指数的基本发展趋势一致，满足平行趋势假定，但二者之间的多维相对贫困指数相差较大，且差距有进一步扩大的趋势，随着政策的实施，贫困户多维相对贫困指数迅速降低且下降速度大于非贫困户，两者差距扩大的趋势得到扭转。结合表 5-6 和图 5-1，可知政策不仅缓解了贫困户的多维相对贫困状况，还减小了其与非贫困户多维相对贫困的差距。

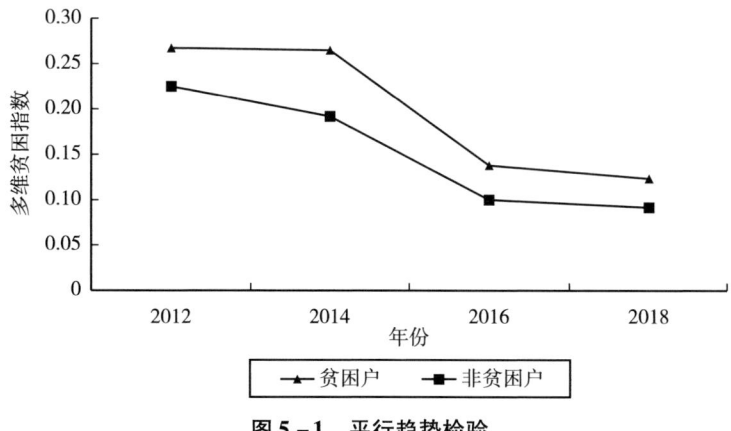

图 5-1　平行趋势检验

5.2.3.2 区域异质性

为深入探讨精准扶贫政策对农户多维相对贫困影响的区域异质性，通过 DID 模型分析东部、中部、西部三大区域扶贫政策对农户多维相对贫困影响的差异。表 5-7 为不同区域精准扶贫政策对农户多维相对贫困指数的估计结果。据表 5-7 可知，中部、西部地区政策的效果大于东部地区。我国幅员辽阔，地区之间经济社会发展水平差异较大。相较于东部地区而言，中部、西部地区贫困人口多，脱贫任务重，是精准扶贫政策的重点地区（李小云等，2020）。《财政部贯彻落实打赢脱贫攻坚战三年行动指导意见的实施方案》中指出，中央财政专项扶贫资金、教育与重点生态功能区转移支付、中央基建投资以及农村危房改造补助资金应向中部、西部深度贫困地区倾斜。精准扶贫在中部、西部地区所投入的扶贫资源远多于东部地区（汪三贵和曾小溪，2018）。精准扶贫政策的重点在中部、西部地区，对农户多维相对贫困的作用在中部、西部地区比在东部地区更为显著。

表 5-7　　　　　　　区域异质性的估计结果

变量	*deprivedscore*					
	贫困户			非贫困户		
	(1) 东部	(2) 中部	(3) 西部	(4) 东部	(5) 中部	(6) 西部
treat × post	-0.1179 *** (0.0126)	-0.1264 *** (0.0113)	-0.1214 *** (0.0098)	-0.1050 *** (0.0051)	-0.1092 *** (0.0049)	-0.1111 *** (0.0045)
gender	-0.0016 (0.0130)	-0.0028 (0.0148)	-0.0059 (0.0105)	0.0066 (0.0044)	0.0024 (0.0051)	0.0027 (0.0049)
age	-0.0040 *** (0.0010)	0.0001 (0.0007)	-0.0012 ** (0.0006)	-0.0019 *** (0.0003)	-0.0014 *** (0.0003)	-0.0015 *** (0.0002)
marry	0.0607 * (0.0349)	-0.0181 (0.0305)	0.0338 (0.0207)	0.0099 (0.0105)	0.0207 * (0.0118)	0.0222 ** (0.0094)

续表

变量	*deprivedscore*					
	贫困户			非贫困户		
	(1) 东部	(2) 中部	(3) 西部	(4) 东部	(5) 中部	(6) 西部
familysize	-0.0043 (0.0054)	0.0091** (0.0045)	-0.0013 (0.0043)	0.0116*** (0.0019)	0.0094*** (0.0019)	0.0038** (0.0018)
agriculture	0.0068 (0.0213)	-0.0261 (0.0191)	0.0492*** (0.0190)	0.0407*** (0.0072)	0.0219*** (0.0077)	0.0033 (0.0079)
save	-0.0050*** (0.0012)	-0.0030** (0.0012)	0.0003 (0.0010)	-0.0012*** (0.0004)	0.0003 (0.0005)	0.0005 (0.0004)
常数项	0.4200*** (0.0648)	0.2398*** (0.0462)	0.2298*** (0.0365)	0.1775*** (0.0155)	0.1621*** (0.0172)	0.2179*** (0.0140)
样本数	564	448	908	3 292	2 500	3 024
R-square	0.290	0.311	0.220	0.209	0.248	0.246

注：*、**、***分别表示10%、5%和1%显著性水平，括号内是标准误，省份固定效应和年份固定效应已控制，估计结果略。

资料来源：本表由笔者根据 CFPS 数据库运用 STATA 软件计算整理可得。

5.2.3.3 不同维度异质性

表5-8、表5-9、表5-10、表5-11、表5-12分别为精准扶贫政策对相对贫困、生活质量、教育、健康、就业状况五个子维度多维相对贫困指数与多维相对贫困虚拟变量的影响，除了相对贫困维度外，精准扶贫政策对生活质量、教育、健康与就业维度的贫困状况都具有明显的缓解作用，政策主要通过生活质量、教育、健康与就业维度来减缓农户的多维相对贫困状况。政策在执行的过程中注重解决农户的绝对贫困问题，而对其相对贫困问题重视程度不够，在"后扶贫时代"，要着重解决农户的相对贫困问题，减少农户之间的收入差距。

表 5–8　政策实施对相对贫困维度影响的估计结果

变量	*deprivedscore*		*depriveddummy*	
	（1）	（2）	（3）	（4）
treat × post	0.0411*** (0.0106)	0.0319*** (0.0107)	0.1796*** (0.0250)	0.1222*** (0.0255)
控制变量	否	是	否	是
常数项	0.3800*** (0.0042)	0.1843*** (0.0332)	-0.3227*** (0.0121)	-0.9467*** (0.0655)
样本数	14 457	14 457	14 457	14 457

注：*、**、*** 分别表示10%、5%和1%显著性水平，括号内是标准误，省份固定效应和年份固定效应已控制，估计结果略。

资料来源：本表由笔者根据 CFPS 数据库运用 STATA 软件计算整理可得。

表 5–9　政策实施对生活质量维度影响的估计结果

变量	*deprivedscore*		*depriveddummy*	
	（1）	（2）	（3）	（4）
treat × post	-0.0897*** (0.0042)	-0.0894*** (0.0043)	-0.1582*** (0.0249)	-0.2188*** (0.0254)
控制变量	否	是	否	是
常数项	0.3678*** (0.0017)	0.2659*** (0.0133)	0.2210*** (0.0120)	-0.1174* (0.0621)
样本数	14 457	14 457	14 457	14 457

注：*、**、*** 分别表示10%、5%和1%显著性水平，括号内是标准误，省份固定效应和年份固定效应已控制，估计结果略。

资料来源：本表由笔者根据 CFPS 数据库运用 STATA 软件计算整理可得。

表 5–10　政策实施对教育维度影响的估计结果

变量	*deprivedscore*		*depriveddummy*	
	（1）	（2）	（3）	（4）
treat × post	-0.0316*** (0.0041)	-0.0300*** (0.0041)	-0.1368*** (0.0304)	-0.1513*** (0.0311)

第 5 章　精准扶贫政策对农户多维相对贫困的影响评估

续表

变量	*deprivedscore*		*depriveddummy*	
	(1)	(2)	(3)	(4)
控制变量	否	是	否	是
常数项	0.0930 *** (0.0016)	0.1560 *** (0.0128)	-0.9322 *** (0.0139)	-0.3931 *** (0.0712)
样本数	14 457	14 457	14 457	14 457

注：*、**、***分别表示10%、5%和1%显著性水平，括号内是标准误，省份固定效应和年份固定效应已控制，估计结果略。

资料来源：本表由笔者根据CFPS数据库运用STATA软件计算整理可得。

表 5-11　　　　政策实施对健康维度影响的估计结果

变量	*deprivedscore*		*depriveddummy*	
	(1)	(2)	(3)	(4)
$treat \times post$	-0.0473 *** (0.0041)	-0.0450 *** (0.0041)	-0.1537 *** (0.0262)	-0.1763 *** (0.0266)
控制变量	否	是	否	是
常数项	0.1325 *** (0.0016)	0.1578 *** (0.0128)	-0.4167 *** (0.0122)	-0.5394 *** (0.0627)
样本数	14 457	14 457	14 457	14 457

注：*、**、***分别表示10%、5%和1%显著性水平，括号内是标准误，省份固定效应和年份固定效应已控制，估计结果略。

资料来源：本表由笔者根据CFPS数据库运用STATA软件计算整理可得。

表 5-12　　　　政策实施对就业维度影响的估计结果

变量	*deprivedscore*		*depriveddummy*	
	(1)	(2)	(3)	(4)
$treat \times post$	-0.4099 *** (0.0057)	-0.3895 *** (0.0057)	-2.1641 *** (0.0507)	-2.1675 *** (0.0507)

续表

变量	deprivedscore		depriveddummy	
	(1)	(2)	(3)	(4)
控制变量	否	是	否	是
常数项	0.3137 *** (0.0023)	0.4045 *** (0.0176)	0.1352 *** (0.0119)	0.2787 *** (0.0661)
样本数	14 457	14 457	14 457	14 457

注：*、**、*** 分别表示10%、5%和1%显著性水平，括号内是标准误，省份固定效应和年份固定效应已控制，估计结果略。
资料来源：本表由笔者根据 CFPS 数据库运用 STATA 软件计算整理可得。

5.3 中介效应分析

中介效应（mediation effect）分析方法可厘清自变量对因变量的传导路径与影响机制，能发现较为深入的结论，在经济学、管理学、心理学与传播学等人文社会科学中应用较为广泛。中介效应分析建立在中介变量的基础之上，中介变量指的是在考察自变量 X 对因变量 Y 的影响时，如果自变量 X 通过影响变量 Z 的路径来影响因变量 Y，则变量 Z 为 X 影响 Y 的中介变量（温忠麟等，2004；温忠麟和叶宝娟，2014）。中介效应分析的关键在识别并且检验变量 Z 是否为真的中介变量。中介效应实质上为间接效应，类似于路径的作用。本节通过中介效应模型识别与检验精准扶贫政策对农村居民多维贫困的作用路径与影响机制。基于中介效应模型（温忠麟等，2004），设定下列回归方程：

$$MP_{0i} = \alpha_0 + \alpha_1 (treat_i \times post_i) + \alpha_2 X_i + \varepsilon_1 \quad (5-5)$$

$$Med_i = \beta_0 + \beta_1 (treat_i \times post_i) + \beta_2 X_i + \varepsilon_2 \quad (5-6)$$

$$MP_{0i} = \gamma_0 + \gamma_1 (treat_i \times post_i) + \gamma_2 Med_i + \gamma_3 X_i + \varepsilon_3 \quad (5-7)$$

其中，MP_{0i} 为农户 i 的多维相对贫困指数，$treat_i \times post_i$ 为核心解释变量，Med_i 为农户 i 的中介变量，X_i 为一系列控制变量，α、β、γ 为一系列待估参数，ε_1、ε_2、ε_3 为随机误差项。

本节采用逐步回归法进行中介效应分析。该法是巴隆和肯尼（Baron and Kenny，1987）最先提出，温忠麟等（2004）在其基础上做出了改进。具体的验证过程为：（1）验证模型的总效应（Total effect），即查看模型中式（5-5）的系数 α_1 的显著性。（2）验证系数乘积（$\beta_1 \times \gamma_2$）的显著性，主要根据式（5-6）的系数 β_1 和式（5-7）的系数 γ_2 间接实现。（3）验证式（5-7）的系数 γ_1 的显著性。若系数 α_1、β_1、γ_2 与 γ_1 皆显著，则称为部分中介效应；如果系数 α_1、β_1、γ_2 显著，但 γ_1 不显著，则称为完全中介效应（Zhao et al.，2010；MacKinnon，2000）。但如果系数 α_1 与 β_1 中若有一个不显著，还需进行 Sobel 检验，若进行 Sobel 检验得到的 Z 值显著，则存在中介效应，否则中介效应不显著（温忠麟和叶宝娟，2014）。

虽说运用逐步回归探索中介效应存在一定的缺陷，但逐步回归法容易理解，操作简单，在中介效应检验中运用较为广泛。基于数据的可得性，本节通过逐步回归法对信贷约束变量进行中介效应检验。

为验证假设4（精准扶贫政策会通过影响农户信贷获得的方式影响其多维相对贫困），参照车四方（2019）、张子豪和谭燕芝（2020）等文献，本节使用每年待偿银行贷款的对数（$credit$）作为信贷获得的代理变量。表5-13为信贷获得的中介效应模型检验结果，其中列（1）、列（3）中变量的交互项 $treat \times post$ 的系数显著为负，列（2）中变量的交互项 $treat \times post$ 的系数显著为正，部分中介效应成立，精准扶贫政策可以通过增加信贷获得的方式缓解其多维相对贫困状况。

表 5–13　　　　　　　信贷获得的中介效应检验结果

变量	(1) deprivedscore	(2) credit	(3) deprivedscore
$treat \times post$	-0.1037*** (0.0024)	0.2891*** (0.0866)	-0.1034*** (0.0024)
$gender$	0.0053** (0.0026)	0.2773*** (0.0918)	0.0056** (0.0026)
age	-0.0012*** (0.0001)	-0.0056 (0.0052)	-0.0012*** (0.0001)
$marry$	0.0120** (0.0056)	0.2300 (0.2008)	0.0123** (0.0056)
$familysize$	0.0069*** (0.0010)	0.1301*** (0.0355)	0.0071*** (0.0010)
$agriculture$	0.0315*** (0.0044)	1.4266*** (0.1580)	0.0330*** (0.0044)
$save$	-0.0003 (0.0002)	-0.0098 (0.0087)	-0.0003 (0.0002)
$credit$			-0.0010*** (0.0003)
常数项	0.1730*** (0.0093)	1.6359*** (0.3311)	0.1746*** (0.0093)
样本数	11 033	11 033	11 033
$R-square$	0.246	0.019	0.247

注：*、**、***分别表示10%、5%和1%显著性水平，括号内是标准误，省份固定效应和年份固定效应已控制，估计结果略。

资料来源：本表由笔者根据CFPS数据库运用STATA软件计算整理可得。

5.4　稳健性检验

本节使用断点回归法进行稳健性检验。前面通过"是否收到政府补助""政府补助总额（元/年）"作为精准扶贫政策的代理变量，从各种角度探讨了精准扶贫对农户多维相对贫困的影响效果。为提升前面实证结果的稳健性，本节构造驱动变量，使用断点回归法评估精准扶贫政策对农户多维相对贫困的影响效果。由于断点回归模型所估计的结果为政策的局部处理效应，不能估算出平均处理效应，但估计结果可以作为前面分析结果的重要佐证。

精准扶贫政策在识别贫困户时，多采取农户的人均家庭收入作为主要的评定标准。鉴于此，张全红和周强（2019）、周强等（2021）等基于 CFPS 面板数据，通过构造人均收入断点采取断点回归法从不同角度衡量了精准扶贫的政策效果。张全红和周强（2019）通过 2014～2016 年的两期 CFPS 面板数据，以贫困线为断点发现精准扶贫政策明显提升了贫困户的家庭纯收入与转移收入，减少了人均支出与外出务工比例，此外政策具有显著的异质性，对因病致贫家庭的效果最为显著。周强（2021）基于 2016～2018 年的两期 CFPS 追踪数据，采取断点回归法发现政策显著降低了农村地区的贫困发生率与贫困深度，并且具有"正外溢"效应，惠及非贫困家庭；政策效果主要通过转移支付的形式实现，但转移支付不能实现对贫困群体的"赋能"，致使出现"福利依赖"现象。周强等（2021）根据 2012～2018 年的 CFPS 面板数据，采取断点回归法与双重差分法深入考察了政策对贫困家庭"思想与智力"层面的影响效果，发现精准扶贫政策的实行增加了贫困群体的生活满意度、信心水平、工作时间与教育支出，提升了贫困群体的努力水平，但是也使部分贫困户产生了"福利依赖"思想，削弱了减贫效果。

借鉴上述研究思路，本节将贫困线这一制度断点看成识别标准，以贫困线两边的样本受到政策照顾的概率产生跳跃为条件，采取断点回归模型来估计精准扶贫项目的政策效应，对前面的结果进行稳健性检验。

5.4.1 断点回归模型估计

断点回归方法（regression discontinuity design，RD）是一种局部随机实验方法（Thistlewaite and Campbell，1960），同其他政策评估办法相比与随机实验更为类似（Lee，2010）。运用断点回归方法的核心在于找到驱动变量（forcing variable）与"断点"，驱动变量多为政策法规与制度，也可能是外界环境的变化，能否成为断点主要由政策或制度是否在某方面存在"一刀切"的准实验特点。"断点"周围的样本主要的特征应该较为接近，以便实现"反事实"观察。受到"断点"影响的样本为处理组，未受到影响的样本为控制组，从而实现局部的随机实验。

本节将精准扶贫政策采取农户人均收入是否到达贫困线来确定贫困户的制度特征看成驱动变量，将贫困线标准看成断点。在评定建档立卡贫困户实际操作中，地方政府不单以农户的收入为唯一标准，还注重在收入水平上的民主评议。这表明农户收入水平比贫困线标准低才能满足评定的"资格"，而通过上一级的民主评议后才能被确定为建档立卡贫困户。在断点左右样本受到政策照顾的概率并不是为0与1的跳跃，而是概率的增加或减小。精确断点回归（sharp regression discontinuity design，S-RD）在此处不适用，因此本节使用模糊断点方法（fuzzy regression discontinuity design，F-RD）进行分析。参照布罗洛等（Brollo et al.，2013）研究，模糊断点回归模型的估计可以通过两阶段最小二乘法（2SLS）实现（Imbens and Lemieux，2018），其估计结果等价于工具变量估计结果（Angrist and Pischke，2018），具体如下：

$$D_i = \delta + \lambda T_i + f(z_i) + \varphi X_{it} + \mu_{it} \quad (5-8)$$

$$Y_{it} = \alpha + \beta \hat{D} + f(z_i) + \gamma X_{it} + \varepsilon_{it} \quad (5-9)$$

其中，Y_{it}是本章研究的结果变量，即农户的多维相对贫困状况与收入水平。参数β为需要估计的政策效应，不同于双重差分模型估计的结果为

第 5 章　精准扶贫政策对农户多维相对贫困的影响评估

平均处理效应，此处得出的结果是局部平均处理效应。式（5-8）和式（5-9）分别为一阶段与二阶段回归表达式。z_i为家庭人均收入，也是本节的驱动变量，具体形式为家庭人均收入和断点（贫困线）的差，此处采取标准化处理。$f(z_i)$为z_i的多项式函数。$T_i=1$（人均收入比贫困线低）表示基于人均收入标准确定的享受精准扶贫政策的资格，即在收入贫困线下的农户获得"建档立卡"的参评资格，但不代表此时农户已经被确定成为建档立卡贫困户。同理，$T_i=0$（人均收入比贫困线高）含义为没有参评成为建档立卡贫困户的资格，但不代表该农户没有被确定成为建档立卡贫困户。D_i即处理状态变量，$D_i=1$表示收到政策照顾的样本进入处理组，反之表示进入控制组。在进行断点回归分析中，T_i是处理状态变量D_i的工具变量，采取两阶段最小二乘法（2SLS）估计。X_{it}为控制变量，μ_{it}与ε_{it}均为残差项。

根据国务院2013年发布的《扶贫开发建档立卡工作方案》，各省应将2013年农民人均年收入2 730元作为贫困户的主要识别标准，并结合本地实际略微调整。各地为便于执行政策，在2014年确定建档立卡贫困户时多将人均年收入2 800元作为标准（谢家智和车四方，2017；马小勇和吴晓，2019；王小林和冯贺霞，2020）。笔者在几次精准扶贫政策第三方评估的实践中也发现各地在执行建档立卡时基本都以2 800元作为识别标准。因此本节选取家庭人均年收入2 800元（2014年的不变价格）为贫困标准。同时，因为断点回归估计的结果为局部平均处理效应，还要将贫困线标准（断点）周围样本的稳定性考虑在内，因此在使用模糊断点回归时应该将样本时间区间限定为2016年与2018年两轮的CFPS调查，以保证分析样本的稳定性。

模糊断点回归估计要求在第一阶段回归时产生明显跳跃且通过显著性验证（周强等，2021），即政策使得低收入农户在贫困线标准处的结果变量发生明显跳跃。图5-2为精准扶贫政策断点与结果变量（多维相对贫困指数与人均收入对数）关系的可视化分布图，由图5-2可知，存在真实有效的第一阶段。精准扶贫政策显著缓解了贫困户的多维相对贫困状态,增加了贫困户的收入。在受到政策照顾和没有受到政策照顾的样本间,结果变量发生了明显的跳跃,因此可以将断点处的跳跃看成精准扶贫政策对贫困户影响的因果效应。

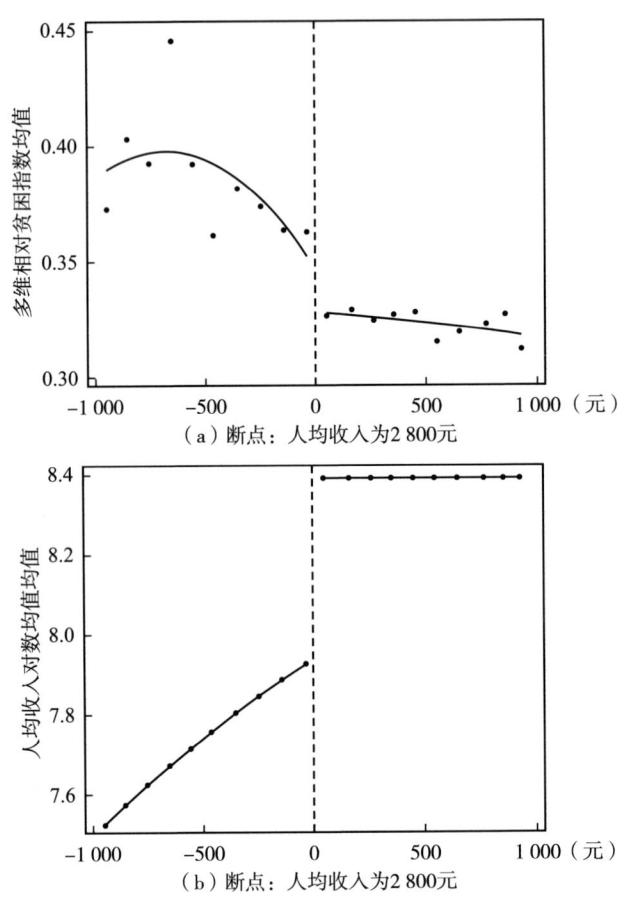

图5-2 精准扶贫政策断点与结果变量之间的关系

注:上述回归结果通过最优宽带实现,其中图中虚线为模糊断点估计所采取的断点,本节对断点进行了标准化处理,即人均收入减去2 800元(2014年不变价格)。

资料来源:笔者根据CFPS数据库运用STATA软件计算整理可得。

断点回归计算的参数对带宽（band width）的设置较为敏感，选取合适的带宽对估计的稳健性具有重要影响。过小的带宽表明多数样本在分析时会被删掉，失去部分有效的信息，同时对协变量与$f(z_i)$所要求的假设过于严格，因此本节设置多重带宽进行 F-RD 回归。表 5-14 为不同带宽下断点回归模型的估计结果，其中结果变量为农户的多维相对贫困指数（deprivedscore）和人均收入对数（income）。表 5-14 中最优带宽通过 CCT 法（Calonico et al., 2014）进行计算。在不同带宽下精准扶贫政策对贫困户的多维相对贫困指数与人均收入对数均存在显著影响。精准扶贫政策不仅显著降低了贫困户的多维相对贫困状况，还明显提升了贫困户收入水平。再一次印证了前面分析的结果。

表 5-14　　　　　不同带宽下断点回归模型的估计结果

变量	(1) +/-800	(2) +/-1 000	(3) +/-1 200	(4) 最优带宽
deprivedscore	-0.0275*** (0.0081)	-0.0279*** (0.0074)	-0.0295*** (0.0068)	-0.0274*** (0.0077)
income	0.4471*** (0.0001)	0.4444*** (0.0001)	0.4401*** (0.0001)	0.4496*** (0.0000)
$f(z)$：分段式线性函数	是	是	是	是
偏差校正局部多项式	是	是	是	是

注：***表示 1% 显著性水平，括号内是标准误。因为不同结果变量所对应的样本量不相同，所以没有列出模型的样本量。
资料来源：本表由笔者根据 CFPS 数据库运用 STATA 软件计算整理可得。

5.4.2　驱动变量连续性检验

在使用断点回归方法的一个前提是个体对驱动变量不存在操纵行为。在精准扶贫项目的执行过程中，部分被访问者可能会因为希望得到政策照顾从而瞒报其真实收入，人为"操纵"断点（Mccrary，2008）。为了验证断点周围样本是否具有"操纵"其家庭收入从而改变其贫困识别状态的状况，本节使用对家庭人均收入在断点周围的分布采取McCrary检验。鉴于人均收入在6 000元以上的样本成为建档立卡贫困户的概率较小（周强，2021），本节仅仅汇报人均收入在6 000元以下家庭的检验结果（见图5-3）。如果将家庭收入的范围扩大，对McCrary检验结果的影响较小。结果表明，密度函数分布曲线估计值的置信区间重合度较高，且断点两旁的密度函数不存在明显差异，被采访对象操作驱动变量的可能性较小。

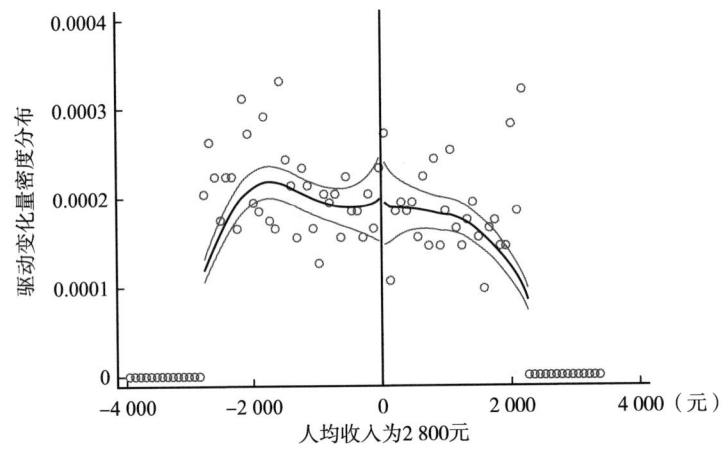

图5-3 驱动变量的核密度曲线（McCrary检验）

注：上述回归结果通过最优宽带实现，其中图中竖线为模糊断点估计所采取的断点，本节对断点进行了标准化处理，即人均收入减去2 800元（2014年不变价格）。
资料来源：笔者根据CFPS数据库运用STATA软件计算整理可得。

5.4.3 断点回归有效性检验

在本节中，如果被调查样本的家庭特征在断点处周围的条件密度函数发生了跳跃现象，就不能将政策效果归功于精准扶贫政策（张全红和

第5章　精准扶贫政策对农户多维相对贫困的影响评估

周强，2019）。因此，如果断点回归估计的结果有效，不受项目影响的其他特征变量在断点左右不应该发生跳跃现象，即除开结果变量的其他特征变量在断点左右应该是连续的，因此本节检验各控制变量的连续性。检验结果（见表5-15）表明各个协变量的平衡性检验结果可以发现，在断点处均存在连续，因此满足平滑性要求，前面断点回归的结果具有有效性。

本节构造驱动变量作为精准扶贫政策的替代变量，使用模糊断点回归法衡量其政策效果，并通过了驱动变量的连续性检验与断点回归有效性检验，再一次印证了前面基准回归模型的实证结论。

表5-15　　　　　　　　协变量的连续性检验估计结果

变量	(1) gender	(2) age	(3) marry	(4) agriculture	(5) familysize	(6) save
RD_Estimate	-0.0111 (0.0495)	-2.0500 (1.4171)	0.0521 (0.0394)	0.0318 (0.0279)	0.3393 (0.2461)	0.7189 (0.4861)
$f(z)$：分段式线性函数	是	是	是	是	是	是
偏差校正局部多项式	是	是	是	是	是	是

注：括号内是标准误，因为不同结果变量所对应的样本量不相同，所以没有列出模型的样本量。

资料来源：本表由笔者根据CFPS数据库运用STATA软件计算整理可得。

5.5　本章小结

本章将精准扶贫政策看成一次准自然实验，通过2012~2018年的四期中国家庭追踪调查追踪数据，基于第4章测算的农户多维相对贫困指数，实证研究了精准扶贫政策对农户多维相对贫困的影响。实证表明五点。第一，精准扶贫政策增加了农户的收入，显著地缓解了农户的多维相对贫困状况，无论从单一的绝对收入维度，还是从多维相对贫困角度，政策效应明显，并且政策具有长期效应。第二，就农户异质性而言，政策不仅改善了贫困户多维相对贫困状况，还减小了其与非贫困户多维相对贫困的差距，精准扶贫政策在实施过程中较少出现"精英俘获"现象。就区域异质性而言，精准扶贫政策的重点在中部、西部地区，对中部、西部地区的影响效果比对东部地区的影响效果更为显著。就各个维度异质性而言，除了相对贫困维度外，精准扶贫政策对生活质量、教育、健康与就业维度的贫困状况都具有明显的缓解作用，政策主要通过生活质量、教育、健康与就业维度来减缓农户的多维相对贫困状况。政策在执行的过程中注重解决农户的绝对贫困问题，而对相对贫困问题重视程度不够，在"后扶贫时代"，要着重解决农户的相对贫困问题，减少农户之间的收入差距。第三，借助中介效应模型发现精准扶贫政策可以通过增加农户信贷获得的方式改善其多维相对贫困状况。第四，农户的其他特征因素对其多维相对贫困也有显著影响。家庭中若有人从事农业生产时，会面临较多的自然风险与市场风险，更容易陷入多维相对贫困状态；家庭的储蓄越多，应对风险的能力越强，更容易摆脱多维相对贫困状态。第五，构造驱动变量作为精准扶贫政策的替代变量，使用模糊断点回归法对前面结果进行稳健性分析，回归结果通过了驱动变量的连续性检验与断点回归有效性检验，再一次印证了基准回归模型的实证结论。

第6章

精准扶贫政策对农户贫困脆弱性的影响评估

第五章研究了精准扶贫政策对农户多维相对贫困的影响效果,从静态角度考察了精准扶贫政策的减贫效果。由于贫困具有动态性,如若仅仅考察精准扶贫政策对农村家庭当前贫困的影响,不考察未来贫困,就不能准确地衡量政策的长期减贫效果,会对未来扶贫政策的制定产生误导[①]。从这个角度来说,应从动态角度以及事前预测的角度深入考察精准扶贫政策的减贫效果。本章使用 2012~2018 年的四期 CFPS 面板数据,实证探讨了精准扶贫政策对农户贫困脆弱性的影响效果,同时通过中介效应模型探讨了影响机制的作用路径,以期为扶贫政策的制定提供参考与借鉴。

---

① 如精准扶贫政策对当前的贫困有较好的减贫效果,但对家庭长期贫困状况不利,或者政策对现今的贫困缓解效果不显著,但有利于改善家庭长期的贫困状况。

6.1 变量界定

被解释变量。本章的被解释变量为第 4 章测算的 1.9 美元与 3.1 美元贫困线下的贫困脆弱性指数（$vul1$、$vul2$）与虚拟变量（$vep1$、$vep2$），分别从不同角度描述出农村家庭贫困脆弱性情况。其中，贫困脆弱性指数越大，贫困脆弱性状况越严重。若农户位于贫困脆弱性状态，贫困脆弱性虚拟变量取值为 1，否则为 0。

核心解释变量。同第 5 章实证的选取方式一致，借鉴马小勇和吴晓（2019）、王立勇和许明（2019）、刘钊和王作功（2020）、杨超（2021）、许永洪等（2021）、周强（2021）、郭芮绮等（2021）、秦升泽和李谷成（2021a，2021b）等文献，本章选取 CFPS 问卷中 $FN100$ "是否收到政府补助"和 $FN101$ "政府补助总额（元/年）"作为精准扶贫政策变量的代理变量。将 2016 年和 2018 年调研中都接受补助的农户界定为处理组，赋值为 1（$treat=1$），将这两次调研都没有接受补助的农户界定为对照组，赋值为 0（$treat=0$），剔除这两次调研中只有接受一次补助的样本。政策实施时间变量 $post$ 在政策实施前赋值为 0，实施后赋值为 1。

控制变量。基于郭劲光和孙浩（2019）、王立勇和许明（2019）、尹志超和郭沛瑶（2021）、申云和李京蓉（2022）等文献以及数据的可得性，本章在模型中加入控制变量，主要涉及家庭层面（家庭规模、有无家庭成员从事农业生产活动以及家庭存款对数）与户主层面（户主的性别、年龄、婚姻状况）。

表 6-1、表 6-2 分别为变量定义与变量的描述性统计。政策补助金额、家庭存款金额以 2012 年为基期，按照农村居民消费价格指数（农村 CPI）进行平减。为进行对数化处理，将政策补助金额、家庭存

第6章 精准扶贫政策对农户贫困脆弱性的影响评估

款金额加 1 取对数。由表 6-2 可知，1.9 美元贫困脆弱性概率均值为 19.3%，3.1 美元贫困脆弱性概率均值为 42.5%。

表 6-1　　　　　　　　　　　　变量定义

变量类型	变量名	变量符号	说明
被解释变量	贫困脆弱性指数	$vul1$	1.9 美元贫困线下的贫困脆弱性指数
		$vul2$	3.1 美元贫困线下的贫困脆弱性指数
	贫困脆弱性虚拟变量	$vep1$	1.9 美元贫困线下的贫困脆弱性虚拟变量
		$vep2$	3.1 美元贫困线下的贫困脆弱性虚拟变量
解释变量	政策实施变量	$treat$	虚拟变量，接受政府精准扶贫补助的赋值为 1，否则赋值为 0
	政策实施时间变量	$post$	政策实施前赋值为 0，实施后赋值为 1
	政策补助金额对数	$help$	接受政府精准扶贫补助金额（元）取自然对数
控制变量	性别	$gender$	户主的性别为男性赋值为 1，女性赋值为 0
	年龄	age	户主的年龄（岁）
	婚姻状况	$marry$	户主的婚姻状况，如果已婚为 1，其他为 0
	家庭规模	$familysize$	家庭人口数量（人）
	是否从事农业活动	$agriculture$	家庭从事农业生产赋值为 1，否则赋值为 0
	家庭存款金额对数	$save$	家庭现金存款（元），取自然对数

表 6-2　　　　　　　　　　　变量的描述性统计

变量	符号	平均值	标准差	最小值	最大值
1.9 美元贫困线下的贫困脆弱性指数	$vul1$	0.193	0.264	0	1
3.1 美元贫困线下的贫困脆弱性指数	$vul2$	0.425	0.328	0	1
1.9 美元贫困线下的贫困脆弱性虚拟变量	$vep1$	0.144	0.351	0	1
3.1 美元贫困线下的贫困脆弱性虚拟变量	$vep2$	0.404	0.491	0	1
政策实施变量	$treat$	0.63	0.483	0	1
政策实施时间变量	$post$	0.491	0.5	0	1

续表

变量	符号	平均值	标准差	最小值	最大值
政策补助金额对数	*help*	4.136	3.361	0	10.81
性别	*gender*	0.586	0.493	0	1
年龄	*age*	50.791	12.614	17	80
婚姻状况	*marry*	0.892	0.311	0	1
家庭规模	*familysize*	4.067	1.929	1	16
家庭从事农业活动	*agriculture*	0.855	0.352	0	1
存款金额对数	*save*	5.47	4.096	0	14.221

6.2 实证估计结果

6.2.1 基准模型回归

表6-3为精准扶贫政策对农户贫困脆弱性指数与脆弱性状态虚拟变量影响的估计结果。列（1）、列（2）因变量分别是1.9美元和3.1美元贫困线下的脆弱性指数，使用双重差分模型。列（3）、列（4）因变量分别是1.9美元和3.1美元贫困线下的脆弱性状态虚拟变量，使用面板Probit模型。列（1）、列（2）、列（3）、列（4）中政策实施变量与政策时间变量的交互项 $treat \times post$ 的系数显著为负。无论是从脆弱性指数角度，还是从贫困脆弱性状态角度，精准扶贫政策显著改善了贫困户的脆弱性状况，降低贫困户未来贫困发生的概率。同时比较列（1）、列（2）可知，精准扶贫政策对脆弱性指数影响的强度由-0.0527减少到-0.1141，这表明政策对3.1美元脆弱性家庭影响效果比对1.9美元脆弱性家庭影响效果大。

第6章 精准扶贫政策对农户贫困脆弱性的影响评估

针对家庭层面中控制变量而言，家庭规模的系数在1%的水平上显著为正。通过表6-2中样本的描述性统计可知，家庭的平均规模为4.067人。在此基础上家庭规模越大，中老年人与儿童数量越大，抚养比也越大，应对风险的能力越弱，因而贫困脆弱性越高。针对户主层面中控制变量来说，户主的年龄越大，家庭贫困脆弱性越高。通过前面样本的描述性统计可知，户主年龄的平均值为50.791岁，因此户主的年龄越大，家庭在未来陷入贫困的概率更高。户主的婚姻状况对贫困脆弱性也有影响，当户主的婚姻状况是已婚时，贫困脆弱性显著降低。农业的生产周期较长，容易受到自然风险和市场风险的影响，农户家庭如果从事农业生产活动更容易在未来陷入贫困。存款对数对脆弱性的影响在1%的水平上显著为负，家庭的存款越多，未来陷入贫困的概率越低。

表6-3　　　　政策实施对农户贫困脆弱性影响的估计结果

变量	(1) $vul1$	(2) $vul2$	(3) $vep1$	(4) $vep2$
$treat \times post$	-0.0527*** (0.0047)	-0.1141*** (0.0052)	-0.0656* (0.0342)	-0.2897*** (0.0291)
$gender$	-0.0189*** (0.0048)	-0.0276*** (0.0052)	0.0301 (0.0311)	0.0030 (0.0257)
age	0.0048*** (0.0003)	0.0058*** (0.0003)	0.0365*** (0.0014)	0.0434*** (0.0012)
$marry$	-0.0448*** (0.0101)	-0.0199* (0.0110)	-0.3776*** (0.0537)	-0.5168*** (0.0474)
$familysize$	0.0588*** (0.0019)	0.0824*** (0.0020)	0.2634*** (0.0081)	0.3745*** (0.0088)
$agriculture$	0.0183** (0.0074)	0.1156*** (0.0081)	0.3090*** (0.0574)	0.8326*** (0.0436)

续表

变量	(1) $vul1$	(2) $vul2$	(3) $vep1$	(4) $vep2$
$save$	-0.0042*** (0.0005)	-0.0027*** (0.0005)	-0.0443*** (0.0033)	-0.0425*** (0.0028)
常数项	-0.1911*** (0.0157)	-0.1685*** (0.0172)	-3.7817*** (0.1104)	-3.6631*** (0.0947)
样本数	13 406	13 406	12 806	12 806
$R-square$	0.168	0.282		

注：***表示1%显著性水平，括号内是标准误，省份固定效应和年份固定效应已控制，估计结果略。

资料来源：本表由笔者根据 CFPS 数据库运用 STATA 软件计算整理可得。

表6-4为精准扶贫政策补助金额对农户贫困脆弱性指数影响的固定效应模型回归结果。列（1）、列（2）、列（3）、列（4）的因变量分别为1.9美元和3.1美元贫困线下的脆弱性指数。其中，一次项 $help$ 的系数为负，二次项 $help^2$ 的系数为正。据此可知，精准扶贫政策补助与农户的贫困脆弱性指数存在"U"型关系，在"U"型的拐点到来之前，政策补助会显著降低农户的贫困脆弱性，而在拐点之后，政策补助会增加农户的贫困脆弱性。过低的补助会影响扶贫政策的脱贫效果，增加农户的返贫风险，致使脱贫质量不高，而过高的精准扶贫政策补助会使农户陷入福利依赖困境，产生反激励效果，应该调整政策的补助标准，优化补助模式，防止出现因扶持力度不足导致的贫困现象和因为福利依赖导致的返贫现象。

第6章 精准扶贫政策对农户贫困脆弱性的影响评估

表6-4 政策补助金额对农户贫困脆弱性影响的估计结果

变量	vul1 (1)	vul1 (2)	vul2 (3)	vul2 (4)
$help$	-0.0811*** (0.0034)	-0.0854*** (0.0031)	-0.0974*** (0.0040)	-0.0988*** (0.0034)
$help2$	0.0049** (0.0022)	0.0032* (0.0019)	0.0047** (0.0022)	-0.0223** (0.0088)
$gender$		0.0024 (0.0023)		0.0272 (0.0321)
age		-0.0011*** (0.0001)		-0.0036*** (0.0013)
$marry$		0.0078* (0.0047)		-0.2607*** (0.0505)
$familysize$		0.0059*** (0.0009)		-0.0084 (0.0090)
$agriculture$		0.0291*** (0.0034)		0.0098 (0.0457)
$save$		-0.0004** (0.0002)		-0.0240*** (0.0035)
常数项	0.1958*** (0.0009)	0.1959*** (0.0071)	-1.2343*** (0.0166)	-0.6769*** (0.0842)
样本数	14 457	14 457	14 457	14 457
$R-square$	0.236	0.251	0.208	0.238

注：*、**、***分别表示10%、5%和1%显著性水平，括号内是标准误，省份固定效应和年份固定效应已控制，估计结果略。
资料来源：本表由笔者根据CFPS数据库运用STATA软件计算整理可得。

6.2.2 动态效应分析

在基准回归模型的基础上，本节进一步分析政策的动态效应。表6-5为动态效应的估计结果。列（1）、列（2）的因变量分别是

1.9美元和3.1美元贫困线下的脆弱性指数,列(3)、列(4)的因变量分别是1.9美元和3.1美元贫困线下的脆弱性状态虚拟变量。其中变量的交互项 $treat \times post1$、变量的交互项 $treat \times post2$ 分别表示2016年与2018年的政策效应,从回归结果可以发现,变量的交互项 $treat \times post2$ 的系数比变量的交互项 $treat \times post1$ 大,2018年的政策效果比2016年更为显著,政策对农户贫困脆弱性指数的影响随着时间的推移愈发显著。一是因为政策在执行的过程可能存在时滞效应。2014年底完成贫困户识别工作,2015年正式实施对精准识别的贫困户各种优惠政策,因此在2016年时政策效果还未完全显现。二是因为随着政策的深入推进,中央和地方持续性投入扶贫资金不断增加,随着时间推移,政策效果愈发显著。三是因为精准扶贫政策增加了农村居民内生发展动力,增加了贫困户造血能力和风险应对能力,政策具有长期效应。

表6-5　　　　　　　　　动态效应估计结果

变量	(1) $vul1$	(2) $vul2$	(3) $vep1$	(4) $vep2$
$treat \times post1$	-0.0013 (0.0056)	-0.0460*** (0.0061)	0.1727*** (0.0416)	-0.0187 (0.0378)
$treat \times post2$	-0.1085*** (0.0057)	-0.1881*** (0.0062)	-0.4088*** (0.0523)	-0.5896*** (0.0399)
$gender$	-0.0202*** (0.0047)	-0.0293*** (0.0051)	0.0288 (0.0313)	-0.0013 (0.0258)
age	0.0052*** (0.0003)	0.0064*** (0.0003)	0.0370*** (0.0014)	0.0442*** (0.0012)
$marry$	-0.0463*** (0.0099)	-0.0218** (0.0108)	-0.3776*** (0.0541)	-0.5219*** (0.0476)
$familysize$	0.0575*** (0.0018)	0.0807*** (0.0020)	0.2642*** (0.0082)	0.3774*** (0.0089)
$agriculture$	0.0140* (0.0073)	0.1099*** (0.0079)	0.3024*** (0.0577)	0.8292*** (0.0437)

续表

变量	(1)	(2)	(3)	(4)
	$vul1$	$vul2$	$vep1$	$vep2$
$save$	-0.0038*** (0.0005)	-0.0021*** (0.0005)	-0.0432*** (0.0033)	-0.0415*** (0.0028)
常数项	-0.2022*** (0.0155)	-0.1833*** (0.0168)	-3.8124*** (0.1111)	-3.7111*** (0.0954)
样本数	13 406	13 406	12 806	12 806
$R-square$	0.192	0.312		

注：*、**、***分别表示10%、5%和1%显著性水平，括号内是标准误，省份固定效应和年份固定效应已控制，估计结果略。
资料来源：本表由笔者根据CFPS数据库运用STATA软件计算整理可得。

6.2.3 异质性分析

6.2.3.1 区域异质性

为了深入探讨精准扶贫政策对农户贫困脆弱性影响的地区异质性，通过分组回归实证探讨东部、中部、西部三大区域扶贫政策对农户贫困脆弱性影响效果的差异。表6-6为区域异质性估计结果，据表6-6可知，同全国的趋势一致，三大区域的精准扶贫政策均会降低不同贫困线的脆弱性。政策对3.1美元贫困线的影响大于1.9美元贫困线的影响。1.9美元贫困线下，东部、中部、西部区域政策对贫困脆弱性影响的系数分别是-0.0378、-0.0499和-0.0656；3.1美元贫困线下，东部、中部、西部区域政策对贫困脆弱性影响的系数分别是-0.1119、-0.1257和-0.1367。

政策对农户脆弱性的影响强度中部、西部比东部强。相较于东部地区而言，中部、西部地区贫困人口多，脱贫任务重，是精准扶贫政策的重点地区。《中国农村扶贫开发纲要（2011—2020年）》强调"要加大对中部、西部地区的扶贫力度，做好对中部、西部地区的对口帮扶工作"，其确定的14个集中连片特困地区和国家级扶贫县也基本位于中部、西部地区（王恒，2020）。精准扶贫在中部、西部地区所投入的扶贫资源多于东部地区（李小云等，2020），对农户脆弱性的作用在中部、西部地区比在东部地区更为显著。

表6-6　　　　　　　　　区域异质性估计结果

变量	$vul1$			$vul2$		
	（1）东部	（2）中部	（3）西部	（4）东部	（5）中部	（6）西部
$treat \times post$	-0.0378*** (0.0081)	-0.0499*** (0.0080)	-0.0656*** (0.0083)	-0.1119*** (0.0094)	-0.1257*** (0.0090)	-0.1367*** (0.0086)
$gender$	-0.0189*** (0.0072)	-0.0272*** (0.0084)	-0.0131 (0.0090)	-0.0280*** (0.0084)	-0.0342*** (0.0095)	-0.0219** (0.0093)
age	0.0043*** (0.0005)	0.0040*** (0.0005)	0.0056*** (0.0004)	0.0055*** (0.0005)	0.0062*** (0.0005)	0.0058*** (0.0005)
$marry$	-0.0207 (0.0171)	-0.0727*** (0.0180)	-0.0427** (0.0174)	-0.0115 (0.0198)	-0.0384* (0.0203)	-0.0115 (0.0179)
$familysize$	0.0513*** (0.0031)	0.0594*** (0.0031)	0.0643*** (0.0034)	0.0796*** (0.0036)	0.0803*** (0.0035)	0.0864*** (0.0035)
$agriculture$	0.0192* (0.0112)	0.0205 (0.0126)	0.0177 (0.0145)	0.1188*** (0.0129)	0.1038*** (0.0142)	0.1223*** (0.0149)
$save$	-0.0053*** (0.0007)	-0.0035*** (0.0008)	-0.0038*** (0.0008)	-0.0046*** (0.0008)	-0.0016* (0.0009)	-0.0019** (0.0008)
常数项	-0.1785*** (0.0268)	-0.1462*** (0.0284)	-0.2181*** (0.0269)	-0.1706*** (0.0311)	-0.1720*** (0.0320)	-0.1569*** (0.0276)
样本数	4 759	3 837	4 792	4 759	3 837	4 792
$R-square$	0.142	0.195	0.172	0.257	0.319	0.274

注：*、**、***分别表示10%、5%和1%显著性水平，括号内是标准误，省份固定效应和年份固定效应已控制，估计结果略。

资料来源：本表由笔者根据CFPS数据库运用STATA软件计算整理可得。

6.2.3.2 不同贫困程度农户的异质性

上述研究考察了精准扶贫政策对所有农户的平均影响,并没有区分出政策对不同类型农户影响强度的差异,没有将不同脆弱性农户的异质性涵盖在内。基于此,本节将采取分位数DID模型来探讨政策对不同脆弱性程度农户影响强度的差异。以1.9美元贫困脆弱性指数均值的10%、20%、30%、40%、50%、60%、70%、80%、90%为标准,将总体样本分为9组。表6-7为分位数回归结果。据表6-7可知,总体而言,农户贫困脆弱性指数越大,回归系数越大,即精准扶贫政策对高脆弱性农户的影响强度大于对中低脆弱性农户的影响,政策显著地提升贫困户的内生造血能力和风险应对能力。

表6-7 政策对不同贫困脆弱性程度农户影响的估计结果

贫困脆弱性指数	(1) $treat \times post$	(2) 控制变量	(3) 常数项
q10	-0.0077 *** (0.0015)	是	-0.0593 *** (0.0038)
q20	-0.0141 *** (0.0027)	是	-0.1205 *** (0.0068)
q30	-0.0227 *** (0.0034)	是	-0.1715 *** (0.0087)
q40	-0.0325 *** (0.0041)	是	-0.2214 *** (0.0105)
q50	-0.0431 *** (0.0048)	是	-0.2464 *** (0.0123)
q60	-0.0516 *** (0.0052)	是	-0.2534 *** (0.0132)
q70	-0.0618 *** (0.0069)	是	-0.2419 *** (0.0178)

续表

贫困脆弱性指数	(1) $treat \times post$	(2) 控制变量	(3) 常数项
q80	-0.0636*** (0.0094)	是	-0.1700*** (0.0241)
q90	0.0258* (0.0147)	是	-0.0778** (0.0376)

注：*、**、***分别表示10%、5%和1%显著性水平，省份固定效应和年份固定效应已控制，估计结果略。
资料来源：本表由笔者根据CFPS数据库运用STATA软件计算整理可得。

6.2.3.3 政策对高变动脆弱性与低均值型农户影响的异质性分析

对于贫困脆弱性程度接近或者相等的农户来说，其脆弱性产生的原因可能不同。或是因为收入水平低下导致的脆弱性，或是因为收入的高波动性导致的脆弱性。借鉴梁凡（2018）、孙伯驰（2020）的研究思路，本节基于农户的贫困脆弱性水平与收入水平将脆弱性划分为高变动型脆弱型（high variability，HV）与低均值型脆弱型（low mean，LM）两种类型。划分HV型贫困与LM贫困主要基于两条标准：一是贫困脆弱性水平，二是收入水平。当农户的脆弱性比脆弱线高，且收入水平比贫困线高时，则将其划分为高变动型脆弱农户家庭。这些农户的收入不稳定，容易受到外生的风险冲击。当农村家庭的脆弱性比脆弱线高，且收入水平比贫困线低时，则将其划分为低均值型脆弱家庭，这类家庭的贫困脆弱性通常是由于低收入所导致。

表6-8为政策实施对高变动脆弱型与低均值脆弱型农户影响的估计结果。列（1）、列（2）和列（3）、列（4）分别是政策实施对高变动脆弱性农户与低均值脆弱性农户影响的分组回归结果。据表6-8可知，列（1）、列（2）中变量的交互项 $treat \times post$ 的系数不显著，而列

(3)、列（4）中变量的交互项 $treat \times post$ 的系数在1%的水平上显著为负。政策实施能显著改善低均值农户的脆弱性状况，而对高变动农户的脆弱性影响并不显著。政策对高变动脆弱型农户的关注度不足，对收入波动导致的脆弱性农户重视不够，有待改进。

表6-8　政策实施对高变动脆弱型与低均值脆弱型农户影响的估计结果

变量	高变动脆弱型农户		低均值脆弱型农户	
	(1)	(2)	(3)	(4)
	vul1	vul2	vul1	vul2
$treat \times post$	-0.0119 (0.0101)	-0.0388 (0.0297)	-0.0414*** (0.0089)	-0.0698*** (0.0083)
控制变量	否	是	否	是
常数项	0.3331*** (0.0043)	-0.2565*** (0.0402)	0.6720*** (0.0042)	-0.1199*** (0.0383)
样本数	1 632	1 632	3 811	3 811

注：*** 表示1%显著性水平，括号内是标准误，省份固定效应和年份固定效应已控制，估计结果略。
资料来源：本表由笔者根据CFPS数据库运用STATA软件计算整理可得。

6.2.3.4　政策对暂时性贫困与慢性贫困性农户影响的异质性分析

借鉴梁凡（2018）、王增文和胡国恒（2021）的研究思路，本节将农户划分为暂时性贫困样本和慢性贫困样本。将CFPS样本中2012年和2014年都为贫困脆弱性家庭界定为慢性贫困家庭，而只有一次脆弱性经历界定为暂时性贫困家庭。表6-9为政策实施对暂时性贫困与慢性贫困农户脆弱性异质性的回归结果。据表6-9可知，列（1）、列（2）中变量的交互项 $treat \times post$ 的系数在1%的水平上显著为负，而列（3）、列（4）中变量的交互项 $treat \times post$ 的系数不显著。政策实施能显著减缓暂时性贫困农户的脆弱性状况，而对慢性贫困农户脆弱性的影响效果并不显著，政策对慢性贫困农户的减贫效果有待提升。后续扶贫政策的制定时应着重关注慢性贫困群体，通过多种方式降低其贫困脆弱性，使其摆脱慢性贫困。

表6-9　政策实施对暂时性贫困与慢性贫困农户脆弱性影响的估计结果

变量	暂时性贫困农户		慢性贫困农户	
	（1）	（2）	（3）	（4）
	$vul1$	$vul2$	$vul1$	$vul2$
$treat \times post$	-0.0098*** (0.0038)	-0.0275*** (0.0054)	-0.1432 (0.0992)	-0.1456 (0.1081)
控制变量	否	是	否	是
常数项	0.1559*** (0.0023)	-0.2179*** (0.0163)	0.7397*** (0.0040)	-0.0084 (0.0341)
样本数	4 262	4 262	1 344	1 344

注：***表示1%显著性水平，括号内是标准误，省份固定效应和年份固定效应已控制，估计结果略。
资料来源：本表由笔者根据CFPS数据库运用STATA软件计算整理可得。

6.3　中介效应分析

通过上述实证分析可知，精准扶贫政策能显著降低农户的贫困脆弱性。本节将运用中介效应模型深入探讨精准扶贫政策对农户贫困脆弱性的影响机制，验证本章的研究假设6（精准扶贫政策会通过影响农户生计资本的方式影响其贫困脆弱性）。基于可持续生计框架，生计资本不仅对农户的生计策略与生计行为有重要影响，也是其抵御风险的基本保障，而精准扶贫政策无疑对于农户的生计资本具有重要影响（汪磊与汪霞，2016；马赞甫与王永平，2018）。基于数据的可得性，本节选取生

第6章 精准扶贫政策对农户贫困脆弱性的影响评估

计资本重点人力资本和社会资本作为中介变量进行机制检验。

人力资本改善是精准扶贫项目影响贫困脆弱性的重要渠道。已有研究指出，在教育扶贫、健康扶贫等扶贫政策作用下，农户的人力资本增长迅速，并经过"赋能"的形式提升了其风险应对能力与社会竞争力（乔俊峰和郭明悦，2021；Liao et al.，2021）。参照汪为（2018）、王雪琪（2021）等研究，本节使用农户家庭劳动力平均受教育年限的作为其人力资本（human capital）的代理变量。表6-10为1.9美元贫困脆弱性下的人力资本中介效应检验结果。其中，列（1）、列（3）中变量的交互项 treat×post 的系数显著为负，列（2）中变量的交互项 treat×post 的系数显著为正，部分中介效应成立，精准扶贫政策可以通过增加其人力资本的方式降低其未来陷入贫困的概率。

表6-10　　　　　　　人力资本的中介效应检验结果

变量	(1) vul1	(2) human capital	(3) vul1
treat×post	-0.7927*** (0.0546)	0.2370*** (0.0259)	-0.7778*** (0.0548)
gender	0.0243 (0.0319)	0.0897*** (0.0256)	0.0344 (0.0320)
age	-0.0043*** (0.0013)	0.0003 (0.0014)	-0.0050*** (0.0013)
marry	-0.2489*** (0.0499)	0.0182 (0.0527)	-0.2418*** (0.0499)
familysize	-0.0099 (0.0089)	0.0217** (0.0098)	-0.0079 (0.0089)
agriculture	-0.0021 (0.0452)	0.1968*** (0.0387)	0.0226 (0.0455)
save	-0.0245*** (0.0035)	-0.0068*** (0.0025)	-0.0246*** (0.0035)

续表

变量	(1)	(2)	(3)
	vul1	human capital	vul1
human capital			-0.0512*** (0.0123)
常数项	-0.6811*** (0.0835)	6.3007*** (0.0803)	-0.3494*** (0.1155)
样本数	14 457	14 457	14 457
R-square	0.178	0.014	0.201

注：**、***分别表示5%和1%显著性水平，括号内是标准误，省份固定效应和年份固定效应已控制，估计结果略。

资料来源：本表由笔者根据CFPS数据库运用STATA软件计算整理可得。

社会资本是指个体从社会网络与社会制度中获取的各类信息、资源与优势等，是一种"穷人的资本"。精准扶贫政策也会通过作用于社会资本的方式影响其贫困脆弱性状况。精准扶贫政策是一个涵盖产业扶贫、电商扶贫、易地扶贫搬迁等多个方面的完备政策体系，这些政策从多个角度增加了农户的资源禀赋（涂冰倩等，2018），提升了其从外界获得信息与资源的能力（车四方，2019），有利于其优化资源配置。

其中，通过驻村工作队、科技特派员、致富带头人、党员干部结对帮扶以及给予农户更多就业机会的方式扩宽了农户的社会网络（王恒，2020，秦升泽和李谷成，2021b）；电商扶贫通过互联网为贫困群体提供更为方便的媒介从而融入宽广的社会网络（王文略，2019），贫困群体可以利用互联网学习技能、开展合作与交流，贫困群体通过交流与合作建立新的社会关系；易地扶贫搬迁使搬迁农户与亲朋好友等外在的交往更为便利，增加了搬迁户与外界的交流。农户可以利用增加的社会网络与信息资源获得更多的发展机会，增加其未来收入水平和风险应对能力。精准扶贫政策在一定程度上解决了贫困户社会资本不足的问题（李

第6章 精准扶贫政策对农户贫困脆弱性的影响评估

玉山等，2021；申云和李京蓉，2022），因此本节选取农户的社会资本作为中介变量，考察精准扶贫政策对农户贫困脆弱性影响的中介效应。

参照车四方（2019）、史恒通等（2019）等文献，本节使用每年给亲戚经济帮助金额的对数作为社会资本（social capital）的代理变量。表6-11为社会资本的中介效应模型检验结果，其中列（1）、列（3）中变量的交互项 treat×post 的系数显著为负，列（2）中变量的交互项 treat×post 的系数显著为正，部分中介效应成立，精准扶贫政策可以通过增加农户社会资本的方式缓解其贫困脆弱性。

表6-11　社会资本的中介效应检验结果

变量	（1） vul1	（2） social capital	（3） vul1
treat×post	-0.0527*** (0.0047)	0.1768** (0.0718)	-0.0523*** (0.0047)
gender	-0.0189*** (0.0048)	0.1413** (0.0709)	-0.0183*** (0.0048)
age	0.0048*** (0.0003)	-0.0244*** (0.0038)	0.0048*** (0.0003)
marry	-0.0448*** (0.0101)	0.0656 (0.1456)	-0.0447*** (0.0101)
familysize	0.0588*** (0.0019)	-0.1220*** (0.0273)	0.0586*** (0.0019)
agriculture	0.0183** (0.0074)	-0.5256*** (0.1071)	0.0173** (0.0074)
save	-0.0042*** (0.0005)	0.0364*** (0.0068)	-0.0042*** (0.0005)
social capital			-0.0021*** (0.0007)

续表

变量	(1)	(2)	(3)
	$vul1$	$social\ capital$	$vul1$
常数项	-0.1911*** (0.0157)	3.3708*** (0.2222)	-0.1851*** (0.0159)
样本数	13 384	13 384	13 384
$R-square$	0.168	0.017	0.169

注：***表示1%显著性水平，括号内是标准误，省份固定效应和年份固定效应已控制，估计结果略。

资料来源：本表由笔者根据CFPS数据库运用STATA软件计算整理可得。

6.4　稳健性检验

贫困脆弱性的内涵较为丰富，较为通用的测算方式就有三种（唐丽霞等，2010；刘牧，2016），在测算时可能产生测量误差从而导致内生性（万广华等，2011；张国培和庄天慧，2011；金鑫，2015）。因此本节在测量贫困脆弱性时选取当前研究使用最多的VEP法，以便测算结果可以和其他文献进行对比研究。在使用VEP法测算贫困脆弱性时，选取村级特征（村人均纯收入、该村距本县县城距离、该村地貌）、家庭特征（家庭规模、人均纯收入对数、人均储蓄对数、人均土地价值对数、人均耐用品资产对数）、户主特征（性别、年龄、婚姻状态、就业情况）多级特征变量作为控制变量，指标选取尽量全面，减少测量偏差。本节在评估政策的长期减贫效果时，不仅使用贫困脆弱性指数作为因变量，还使用脆弱性状态虚拟变量作为因变量的替代变量进行补充性分析，以期实证估计结果尽量与实际相符。

本节使用的基准模型为在政策评估的研究中应用较为广泛的双重差分法模型。双重差分模型既能控制样本之间不可观测的个体异质性，又

第6章 精准扶贫政策对农户贫困脆弱性的影响评估

能控制随时间变化的不可观测总体因素的影响，因而能得到对政策效果的无偏估计（陈林和伍海军，2015）。为使实证估计结果更加稳健，本节将从多个角度进行稳健性检验，涵盖平行趋势检验、更换方法检验（PSM – DID 模型、连续型 DID 模型、断点回归法模型）以及更换 CHFS 面板数据检验。

6.4.1 平行趋势检验

处理组和控制组在政策执行前符合平行趋势假定是使用双重差分法进行政策评估的前提。为直观观察两组的变化情况，本节绘制了受到政策照顾样本和未受到政策照顾样本在政策实施前的年度趋势分布图（见图 6 – 1）。据图 6 – 1 可知，两组在政策实施前的基本趋势变化一致，没有出现明显的"阿森菲尔特沉降"情况，满足平行趋势假定，通过了平行趋势检验。

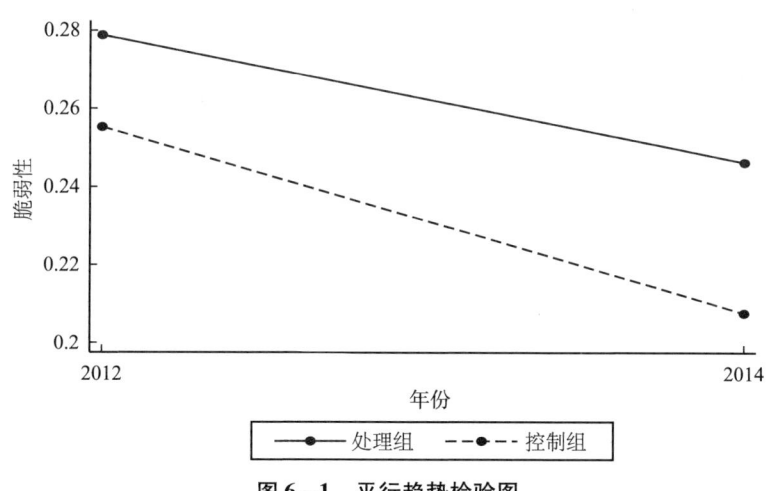

图 6 – 1　平行趋势检验图

6.4.2 更换方法检验

为提升基准回归模型实证结果的稳健性,本节将更换实证方法,使用 PSM – DID 模型、连续型 DID 模型以及断点回归模型进行稳健性检验。

6.4.2.1 PSM – DID 模型估计

运用双重差分法评估政策实施效果的前提要求实验组与控制组的选取是随机的。受到政策照顾的农户和未受到政策照顾的农户的划分可能存在样本自选择的情况,两者之间的家庭状况与个人特征可能相差较大。以政府为主导的扶贫政策在实施的过程中可能会发生"精英俘获"现象(邢成举和李小云,2017;温涛等,2016)。温铁军和杨帅(2012)指出随着大量扶贫资源投入农村,有一定社会关系与经济实力的精英农户可能会优先收益,即"大农吃小农"。胡联和汪三贵(2017)发现在识别建档立卡农户过程中会出现"瞄准偏差",而村干部任职时期太长是主要原因,因此在识别贫困户过程中应该调动农民的积极性,同时引用第三方监督以改善村级治理。

刘升(2015)通过对某省国家重点贫困村的案例分析发现,不同的扶贫模式会导致农户精英对扶贫资源的不同俘获模式。农村精英特别是体制内精英通常在信息、社会关系以及资源划分等占据有利地位,为了得到高额利益,会通过参与开发或者管理扶贫的形式得到扶贫资源的经营权与管理权,最终垄断了各种扶贫设施与资金的使用权。例如,在调研区域就发现了某村的村主任通过自身的优势条件得到了扶贫资源的长期使用权,且将该使用权当成资本,以资本化的形式出租扶贫机械的使用权得到了大量收益。农户能否获得各种政策补助不仅与农户的收入水平和生活水平相关,还与农户的社会资本、社会关系等有着较大的联系，这会导致上述模型估计结果有偏，得到的结论有待商榷（邢成举，2014；杨亮承，2016）。

为获得更为稳健的模型估计结果，本节运用 PSM-DID 模型进行稳健性分析。选取各个控制变量进行匹配，其中户主层面包括户主性别、年龄（王志涛和徐兵霞，2020）、婚姻状况（谭燕芝和叶程芳，2020），家庭层面包括人口数量（卢悦和田相辉，2019）、是否从事农业生产活动、收入（尹志超等，2020）、家庭存款对数。使用卡尺范围内的 k 近邻匹配，k 赋值为 5，卡尺范围选定为 0.01。在匹配后，进行平衡性检验（Rosenbaum and Rubin，1985）。表 6-12 为匹配前后的平衡性检验情况，倾向得分匹配修正了实验组和控制组样本值的分布偏差，匹配后的偏误比例基本小于 20%，匹配质量较高，通过了平衡性检验。

表 6-12　　　　　　　　匹配前后的平衡性检验

变量	样本匹配	实验组	控制组	偏误比例（%）	偏误减低比例（%）	两组差异 t 值
fincome	U	9.124	9.037	9.300	97.30	4.350
	M	9.124	9.122	0.300		0.110
gender	U	0.606	0.593	2.800	52.40	1.340
	M	0.606	0.600	1.300		0.540
age	U	52.29	50.74	13.20	84	6.320
	M	52.29	52.04	2.100		0.870
marry	U	0.904	0.909	-1.600	34.70	-0.770
	M	0.903	0.916	-4.300		-0.420
familysize	U	4.200	4.170	1.600	88.70	0.790
	M	4.200	4.204	-0.200		-0.070
agriculture	U	0.916	0.894	7.700	63.20	3.620
	M	0.916	0.924	-2.800		-1.240

续表

变量	样本匹配	实验组	控制组	偏误比例（％）	偏误减低比例（％）	两组差异 t 值
save	U	6.113	6.135	-0.500	5.100	-0.230
	M	6.113	6.092	0.500		0.180

资料来源：本表由笔者根据 CFPS 数据库运用 STATA 软件计算整理可得。

在进行倾向得分匹配（PSM）步骤后，本节得到了新的处理组和对照组，可以通过对比实验组和控制组估计出精准扶贫对农户贫困脆弱性的影响。表 6-13 为基于 PSM-DID 模型的平均处理效应。其中列（1）、列（2）的因变量分别为 1.9 美元和 3.1 美元贫困线下的脆弱性指数，列（3）、列（4）的因变量分别为 1.9 美元和 3.1 美元贫困线下的脆弱性状态虚拟变量。平均处理效应的方向与趋势与前面分析相同，变量的交互项 *treat × post* 的系数显著为负，表明前面的分析结果较为稳健。

表 6-13　　　　　　PSM-DID 模型的估计结果

变量	(1) *vul1*	(2) *vul2*	(3) *vep1*	(4) *vep2*
treat × post	-0.0343*** (0.0052)	-0.0948*** (0.0057)	-0.0489 (0.0361)	-0.1732*** (0.0304)
gender	-0.0182*** (0.0056)	-0.0280*** (0.0061)	0.0370 (0.0357)	-0.0231 (0.0290)
age	0.0049*** (0.0003)	0.0060*** (0.0003)	0.0404*** (0.0016)	0.0477*** (0.0014)
marry	-0.0370*** (0.0124)	-0.0155 (0.0136)	-0.4110*** (0.0595)	-0.5279*** (0.0529)
familysize	0.0587*** (0.0022)	0.0817*** (0.0024)	0.2630*** (0.0091)	0.3831*** (0.0099)

续表

变量	(1) vul1	(2) vul2	(3) vep1	(4) vep2
agriculture	0.0338 *** (0.0098)	0.1265 *** (0.0107)	0.4849 *** (0.0826)	0.8917 *** (0.0587)
save	-0.0043 *** (0.0005)	-0.0028 *** (0.0006)	-0.0429 *** (0.0038)	-0.0425 *** (0.0031)
常数项	-0.2305 *** (0.0205)	-0.1981 *** (0.0224)	-4.2544 *** (0.1413)	-4.0662 *** (0.1163)
样本数	10 537	10 537	10 080	10 080
$R-square$	0.160	0.259		

注：*** 表示1%显著性水平，括号内是标准误，省份固定效应和年份固定效应已控制，估计结果略。

资料来源：本表由笔者根据 CFPS 数据库运用 STATA 软件计算整理可得。

6.4.2.2 连续型 DID 模型估计

普通 DID 模型中所使用的核心解释变量为政策实施变量与政策实施时间变量的交互项，即变量的交互项 $treat \times post$，但使用这种 0-1 变量体现不出不同实验组处理程度的差别。有些情况下，不同个体受政策影响的程度是不同的，在本节中表现为每个农户受到政策照顾的力度存在差异。为提升实证结果的稳健性，参考陈玉宇（Yuyu et al., 2007）和南希（Nancy, 2008）的研究逻辑，使用连续型 DID 模型进行稳健性分析，使用表示政策实行力度的连续变量与政策处理时间变量的交互项 $help \times post$ 作为自变量，这能体现出实验组中的不同样本受到政策照顾的差异。表 6-14 为连续型 DID 模型回归结果，再一次证明了基准回归模型的结论。

表 6-14　　　　　　　　连续型 DID 模型的估计结果

变量	（1） $vul1$	（2） $vul2$	（3） $vep1$	（4） $vep2$
$help \times post$	-0.0081*** (0.0006)	-0.0160*** (0.0006)	-0.0139*** (0.0046)	-0.0528*** (0.0040)
$gender$	-0.0190*** (0.0048)	-0.0274*** (0.0052)	0.0303 (0.0311)	0.0054 (0.0257)
age	0.0051*** (0.0003)	0.0062*** (0.0003)	0.0367*** (0.0014)	0.0442*** (0.0012)
$marry$	-0.0465*** (0.0101)	-0.0224** (0.0109)	-0.3804*** (0.0537)	-0.5354*** (0.0476)
$familysize$	0.0583*** (0.0019)	0.0816*** (0.0020)	0.2638*** (0.0081)	0.3788*** (0.0089)
$agriculture$	0.0204*** (0.0074)	0.1207*** (0.0080)	0.3110*** (0.0574)	0.8411*** (0.0437)
$save$	-0.0041*** (0.0005)	-0.0024*** (0.0005)	-0.0442*** (0.0033)	-0.0419*** (0.0028)
常数项	-0.1983*** (0.0157)	-0.1815*** (0.0171)	-3.7794*** (0.1104)	-3.6757*** (0.0950)
样本数	13 406	13 406	12 806	12 806
R-square	0.175	0.294		

注：**、***分别表示5%和1%显著性水平，括号内是标准误，省份固定效应和年份固定效应已控制，估计结果略。

资料来源：本表由笔者根据 CFPS 数据库运用 STATA 软件计算整理可得。

6.4.2.3　断点回归模型估计

本节使用的断点回归法与第 5 章类似，将精准扶贫政策采取农户人均收入是否到达贫困线来区分是否贫困户的制度特征看成驱动变量，将贫困线标准看成断点，使用模糊断点回归法考察精准扶贫的政策效果。模糊断点回归估计要求在第一阶段回归时产生明显跳跃且通过显著性验证（Lee，2010），即政策使得低收入农户在贫困线标准处的结果变量发

第6章 精准扶贫政策对农户贫困脆弱性的影响评估

生明显跳跃。图6-2为精准扶贫政策断点与结果变量（不同贫困线标准下的脆弱性指数）关系的可视化分布图，由图6-2可知，存在真实有效的第一阶段。精准扶贫政策显著缓解了贫困户的脆弱性状况。在受到政策照顾和没有受到政策照顾的样本之间，结果变量发生了明显的跳跃，因此可以将断点处的跳跃看成精准扶贫政策对贫困户影响的因果效应。

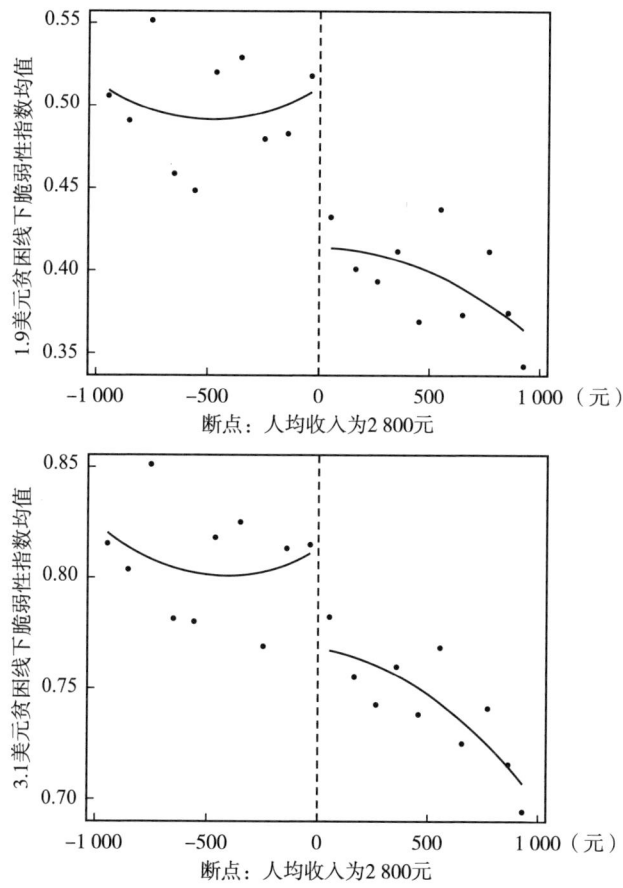

图6-2 精准扶贫政策断点与结果变量之间的关系

注：上述回归结果通过最优宽带实现，其中图中虚线为模糊断点估计所采取的断点，本节对断点进行了标准化处理，即人均收入减去2 800元（2014年不变价格）。
资料来源：笔者根据CFPS数据库运用STATA软件计算整理可得。

表6-15为不同带宽下的断点回归估计结果，表中最优带宽通过CCT法（Calonico et al.，2014）计算可得。在不同带宽下精准扶贫政策对贫困户的不同贫困线标准下的脆弱性指数存在显著影响。精准扶贫政策显著改善了农户的贫困脆弱性状况，再一次印证了前面分析的结果。此外，在使用断点回归法进行政策评估时需要进行驱动变量的连续性检验与有效性检验。本节所使用的驱动变量与断点与第5章的完全相同，因此不需再单独地进行上述检验，详见第5章的断点回归法稳健性检验。

表6-15　　　　　不同带宽下断点回归模型的估计结果

变量	(1) +/-800	(2) +/-1 000	(3) +/-1 200	(4) 最优带宽
$vul1$	-0.0752*** (0.0285)	-0.0787*** (0.0256)	-0.0746*** (0.0233)	-0.0783*** (0.0247)
$vul2$	-0.0341* (0.0197)	-0.0355** (0.0177)	-0.0335** (0.0163)	-0.0333** (0.0161)
$f(z)$：分段式线性函数	是	是	是	是
偏差校正局部多项式	是	是	是	是

注：*、**、***分别表示10%、5%和1%显著性水平，括号内是标准误，因为不同结果变量所对应的样本量不相同，所以没有列出模型的样本量。
资料来源：本表由笔者根据CFPS数据库运用STATA软件计算整理可得。

6.4.3　更换数据检验

为了验证上述回归结果的稳健性，此处将数据更换为CHFS数据进行稳健性检验。西南财经大学的中国家庭金融调查（China household finance survey，CHFS）项目包含精准扶贫政策相关方面的信息，和本章的主题比较接近，因此本章使用2013~2019年的四期CHFS面板数据

第6章 精准扶贫政策对农户贫困脆弱性的影响评估

对上面的结论进行重新验证。2015 年的 CHFS 问卷中有选项 B1001a（您家是否为贫困户？），2017 年的问卷中有选项 H3510（您家是否是贫困户？），这里的贫困户即建档立卡贫困户。基于国家规定，农户人均收入低于一定的标准就可申请贫困户，并需填写《贫困手册》，经过村级评议与公示，乡镇级政府审核才能成为贫困户，享受精准扶贫的政策优惠。因此尹志超等（2020）、尹志超和郭沛瑶（2021）、李晗和陆迁（2021）在研究中使用该数据将是否建档立卡贫困户作为是否享受精准扶贫政策的替代变量，并通过双重差分方法从不同角度考察精准扶贫的政策效果。

尹志超等（2020）使用 2011~2017 年的四期 CHFS 面板数据，发现精准扶贫政策扩宽了农户就业渠道，增加了农业信贷规模，政策的瞄准效果较好，助农贷款资金在发放时没有发生明显的"精英俘获"现象。李晗和陆迁（2021）基于 2011~2017 年的四期 CHFS 面板数据指出精准扶贫政策通过提高家庭资产与人力资本的方式使贫困农户的家庭复原力得到了显著的提升，并且政策效果具有持续性。尹志超和郭沛瑶（2021）通过 2013~2019 年的四期 CHFS 数据，发现精准扶贫政策对各类消费支出都具有显著的促进作用。

借鉴上述思路，本节将是否建档立卡贫困户作为是否享受精准扶贫政策的替代变量，使用双重差分法考察精准扶贫政策对农户贫困脆弱性的影响效果。2015 年和 2017 年两次 CHFS 调研中都为建档立卡贫困户的家庭瞄准精度相对较高，因此将 2015 年和 2017 年调研中皆为建档立卡贫困户的农户界定为处理组，赋值为 1（$treat=1$），将两轮项目中都不是建档立卡贫困户的农户界定为控制组，赋值为 0（$treat=0$），剔除这两次调研中只有接受一次补助的样本。处理组与控制组在政策执行之前赋值为 0，在政策执行之后赋值为 1，因此 2013 年数据赋值为 0，2015 年、2017 年、2019 年数据赋值为 1。采取双重差分模型来衡量精准扶贫对农户贫困脆弱性的影响效果。

贫困脆弱性指数的测算采取的方法与使用的主要变量与前面类似，控制与第4章模型的类似的控制变量（性别、年龄、婚姻状况、家庭规模、家庭从事农业活动、家庭存款对数），回归结果如表6-16所示。列（1）、列（2）、列（3）、列（4）的因变量分别为1.9和3.1美元下的贫困脆弱性指数。回归结果发现精准扶贫政策能显著降低农户的贫困脆弱性，再一次印证了基准回归模型的研究结论。

表6-16　　　　　　基于CHFS面板数据的估计结果

变量	$vul1$		$vul2$	
	(1)	(2)	(3)	(4)
$treat \times post$	-0.0377*** (0.0116)	-0.0467** (0.0185)	-0.0267** (0.0122)	-0.0170 (0.0228)
$gender$		0.0176 (0.0147)		0.0259 (0.0181)
age		0.0074*** (0.0005)		0.0079*** (0.0006)
$marry$		-0.0006 (0.0046)		-0.0069 (0.0057)
$familysize$		0.0699*** (0.0024)		0.0799*** (0.0030)
$agriculture$		0.0572*** (0.0087)		0.0791*** (0.0107)
$save$		-0.0056*** (0.0009)		-0.0054*** (0.0011)
常数项	0.2970*** (0.0022)	-0.4694*** (0.0353)	0.6177*** (0.0023)	-0.2344*** (0.0436)
样本数	8 074	8 074	8 074	8 074
$R-square$	0.027	0.312	0.032	0.275

注：**、***分别表示5%和1%显著性水平，括号内是标准误，省份固定效应和年份固定效应已控制，估计结果略。

资料来源：本表由笔者根据CFPS数据库运用STATA软件计算整理可得。

第 6 章　精准扶贫政策对农户贫困脆弱性的影响评估

6.5　本章小结

本章将精准扶贫政策看成一次准自然实验，通过第 4 章测算的贫困脆弱性指数，实证研究了精准扶贫政策对农户贫困脆弱性的影响。实证表明：(1) 精准扶贫政策显著降低了贫困户的脆弱性，并且政策具有长期效应，结果通过了平行趋势检验、更换方法检验（PSM-DID 模型、连续型 DID 模型、断点回归法模型）以及更换 CHFS 面板数据检验；政策补助与农户的贫困脆弱性存在"U"型关系，在拐点到来之前，政策补助会显著降低农户的贫困脆弱性，而在拐点之后，政策补助会增加农户的贫困脆弱性。(2) 就异质性而言，精准扶贫政策对中部、西部地区农户脆弱性的改善程度大于对东部地区的改善程度；政策对贫困户脆弱性的影响效果比对非贫困户脆弱性的影响效果更大，明显地提升了贫困群体的内生造血功能和风险应对功能；政策实施对低均值农户的脆弱性有明显的效果，而对高变动农户的脆弱性影响效果并不显著，政策对高变动脆弱型农户的关注度不足，对收入波动导致的脆弱性农户重视不够，有待改进；政策实施对暂时性贫困农户的脆弱性有明显的效果，而对慢性贫困农户脆弱性影响较小，政策对慢性贫困农户的减贫效果有待提升，后续扶贫政策的制定时应着重关注慢性贫困群体，通过多种方式降低其贫困脆弱性。(3) 借助中介效应模型发现精准扶贫政策可以通过增加农户人力资本与社会资本的方式改善降低其贫困脆弱性。(4) 农户的其他特征因素对其贫困脆弱性也有显著影响。户主的年龄越大，户主的婚姻状态是未婚时，贫困脆弱性越高；农户家庭中若有人从事农业生产，农户家庭存款越少，贫困脆弱性越高。

第7章

研究结论与政策建议

本书以我国的精准扶贫政策为研究对象,按照"框架构建—效果评估—政策建议"的逻辑主线展开。首先,本书对国内外多维贫困、相对贫困、贫困脆弱性等相关文献进行梳理与评述,基于可行能力剥夺理论、相对贫困理论、贫困脆弱性等贫困理论,构建精准扶贫政策效果的评估框架;其次,运用2012~2018年的CFPS四期追踪数据,测算了我国农户的多维相对贫困指数与贫困脆弱性指数,在测度的基础上采用双重差分法、面板Probit、断点回归等模型实证探讨了精准扶贫政策对农户多维相对贫困与贫困脆弱性的影响效果及中介效应机制;最后,基于上述研究结论提出政策建议。本章将总结主要章节得出的研究结论,并基于研究结论提出对应的政策建议。根据本书存在的不足,指出相应研究的未来展望。

7.1 主要研究结论

第一,多维相对贫困指数的测算结果表明:首先,就农户单维贫困而言,2012~2018年,除相对收入指标外,其余指标的贫困发生率均显著降低，农户贫困状况得到了较大的改善；西部地区多数指标的单维贫困发生率比东部、中部地区高。其次，我国农户的多维相对贫困近年来呈现出显著缓解与减弱趋势，但仍有改进空间，在临界值 $k=0.3$ 时，到 2018 年仍有 24% 的农户位于多维相对贫困状态；多维相对贫困户、多维相对贫困发生率、贫困剥夺总额、多维相对贫困指数逐渐减少；西部地区的多维相对贫困状况最为严重，中部次之，东部再次之；所有农户的平均剥夺份额变化幅度较小，我国农户多维相对贫困减缓的主要原因是总体贫困人数的减少，而陷入贫困的家庭被剥夺维度数量没有明显改变。最后，就指标贡献率而言，农户各贫困指标对多维相对贫困的贡献率悬殊，而不同指标对多维相对贫困指数的贡献率在不同临界值 k 下大致相同；相对收入、日常结余、饮用水、做饭燃料、教育负担、BMI 指数、就业保障指标贡献率较高，我国农户的相对贫困形势较为严峻，是农户多维相对贫困的主要来源；分地区而言，相较于东部、中部地区，西部地区的相对贫困状况最为严重，贡献率最高。

第二，贫困脆弱性指数的测算结果表明：首先，就时间而言，我国农户贫困脆弱性发生率除 2016 年小范围内上升外，整体呈现下降趋势，到 2018 年，仍有 10.11% 的农户位于 1.9 美元贫困线下的脆弱性状态；就区域而言，西部最高，中部次之，东部最低。其次，从时间维度来说，在不同标准线下，贫困脆弱性指数平均值近年来呈现出递减的趋势；从区域维度来说，西部最高，中部次之，东部最低。再次，从人均收入与消费角度来看，精准扶贫政策瞄准效果较好，但部分比例仍然被家庭状况较好的农户获得，且该现象在贫困脆弱性组别中表现最为明显，这表明政策补助还存在一定程度的瞄准偏差，政策补助的分配机制有待进一步优化。

第三，精准扶贫政策对农户多维相对贫困影响的实证结果表明：首先，政策增加了农户的收入，显著地缓解了农户的多维相对贫困状况，无论从单一的绝对收入维度，还是从多维相对贫困角度，政策效应明显，并且政策具有长期效应。其次，就农户异质性而言，政策不仅改善了贫困户多维相对贫困状况，还减小了其与非贫困户多维相对贫困的差距，精准扶贫政策在实施过程中较少出现"精英俘获"现象；就区域异质性而言，精准扶贫政策的重点在中部、西部地区，对中部、西部地区的影响效果比对东部地区的影响效果更为显著；就各个维度异质性而言，除了相对贫困维度外，精准扶贫政策对生活质量、教育、健康与就业维度的贫困状况都具有明显的缓解作用，政策在执行的过程中注重解决农户的绝对贫困问题，而对相对贫困问题重视程度不够。再次，借助中介效应模型发现精准扶贫政策可以通过增加农户信贷获得的方式改善其多维相对贫困状况。最后，农户的其他特征因素对其多维相对贫困也有显著影响。家庭中若有人从事农业生产时，会面临较多的自然风险与市场风险，更容易陷入多维相对贫困；家庭的储蓄越多，应对风险的能力越强，更容易摆脱多维相对贫困状态。

第四，精准扶贫政策对农户贫困脆弱性影响的实证结果表明：首先，政策能显著降低农户的贫困脆弱性，并且政策具有长期效应；政策补助与农户的贫困脆弱性存在"U"型关系，在拐点到来之前，政策补助会显著降低农户的贫困脆弱性，而在拐点之后，政策补助会增加农户的贫困脆弱性，过低的补助会影响扶贫政策的脱贫效果，增加农户的返贫风险，致使脱贫质量不高，而过高的精准扶贫政策补助会使农户陷入福利依赖困境。其次，就异质性而言，政策对中部、西部地区农户脆弱性的改善程度大于对东部地区的改善程度；政策对贫困户脆弱性的影响效果比对非贫困户脆弱性的影响效果更加明显；政策实施对低均值农户的脆弱性有明显的效果，而对高变动农户的脆弱性影响效果并不显著；政策实施对暂时性贫困农户的脆弱性有明显的效果，而对慢性贫困农户脆弱性影响效果并不明显。再次，借助中介效应模型发现精准扶贫政策可以通过增加农户人力资本与社会资本的方式改善降低其贫困脆弱性。最后，农户的其他特征因素对其贫困脆弱性也有显著影响。户主的年龄越大,户主的婚姻状态是未婚时,贫困脆弱性越高;农户家庭中若有人从事农业生产,农户家庭存款越少,贫困脆弱性越高。

7.2 政策建议

7.2.1 巩固脱贫攻坚成果,保持帮扶政策持续稳定

通过本书第6章可知精准扶贫政策显著减缓了农户的贫困脆弱性,但相较于东部地区,中部、西部地区贫困脆弱性状况仍然较差,尤其是集中连片特困地区等深度贫困地区贫困户脱贫质量不高。部分贫困户的生计仍然依靠政府"输血"为主,返贫概率较高,旷日持久的新冠疫情更是加剧了外在风险对贫困户的冲击。同时,政策补助还存在一定程度的瞄准偏差,政策对高变动脆弱型农户、慢性贫困脆弱性农户的关注度不足,反贫困政策的效果有待提升。

一是持续巩固脱贫攻坚成果。随着精准扶贫工作的结束,我国进入脱贫攻坚与乡村振兴过渡衔接期,应持续巩固脱贫攻坚成果,在贫困状况较为严重的地区,坚持"不摘责任、不摘政策、不摘帮扶",保持帮扶政策持续稳定。健全防止返贫动态监测和帮扶机制,对易返贫致贫人口及时发现、及时帮扶,守住防止规模性返贫底线。此外,农户的生计资本对于减缓其贫困脆弱性具有重要意义,应发挥生计资本在减缓农户长期贫困中的作用,增加对农户教育与医疗卫生的财政支持,改善农户的社会网络,实现农户各类生计资本积累与可持续生计产出,从而提升农户抵御各类风险冲击的能力。

二是加强扶贫项目资产管理和监督。建立扶贫项目科学管理机制,

防止出现滥用"挪用""套取"扶贫资金与项目的现象,提升产业扶贫政策的可持续性。过低的精准扶贫政策补助会影响扶贫政策的脱贫效果,增加农户的返贫风险,致使脱贫质量不高,而过高的补助会使农户陷入福利依赖困境,产生反激励效果,应该调整政策的补助标准,优化补助模式,防止出现因扶持力度不足导致的贫困现象和因为福利依赖导致的返贫现象。

三是针对不同脆弱性的农户实行差异化的扶贫政策。精准扶贫对贫困脆弱性的影响效果具有异质性,因此应采用差异化的反贫困措施,对不同区域、不同农户采用不同的帮扶措施,提升农户对帮扶政策的接受度。对于高变动型脆弱性农户,应培育更多的非农就业机会,促进农户非农就业转移,引导农村剩余劳动力向城市转移,同时增加农业保险保费补贴金额与报销范围,扩充农户融资渠道,降低收入与消费的波动幅度。对于慢性贫困脆弱性家庭,应提升对该群体的帮助力度与扶持力度,构建农村慢性贫困综合干预体系。强化对慢性贫困群体采取的"低保"与"临时性救助"相结合的制度性兜底策略,增加医疗保险报销比例,部分地区可直接选聘慢性贫困家庭成员成为护林员,增加对慢性贫困家庭的育儿支持,阻断代际贫困。

7.2.2 建立与中国国情相符合的多维相对贫困指标体系

我国多维相对贫困的研究是在参考国外已有研究基础上发展而来,国内研究尝试构造与我国国情适应的多维相对贫困指标体系,也根据自身的研究特点和需要使用了各种指标体系,但是互相之间相差较大,测度结果悬殊,不能进行横向对比,也不能精准地识别农户的贫困状况,研究结果不利于指导反贫困实践。我国的扶贫主体是政府,政府在扶贫政策上投入了大量资源。随着 2020 年脱贫攻坚战的结束,我国已经消

第 7 章 研究结论与政策建议

除了绝对贫困与区域性整体贫困，未来较长一段时间贫困问题的主要表现形式为相对贫困与多维贫困。因此政府应该制定与我国实际相结合的多维相对贫困指标体系，以期为未来扶贫工作提供指导与参考。

多维相对贫困的维度、指标、权重以及临界值对测度结果有较大的影响。我国是世界上人口最多的国家，面积广阔，地形复杂多样，区域之间经济社会发展水平相差较大，这种不平衡不仅包括东部、中部、西部差异，也包括民族地区与非民族地区的差异以及集中连片特困地区与非集中连片地区的差异，如本书第 4 章测度的多维相对贫困指数在东部、中部、西部地区就有较大的差异，因此全国不宜采用完全相同的多维相对贫困体系（汪为，2018）。中央政府可确定一个基准指标，各地根据该蓝本结合本地的情况做相应的动态调整，类似于我国确定的国家贫困线，政府可根据这个指标体系发布当地的多维相对贫困指数，只有这样所测算的多维相对贫困指数既能横向对比，又能指导实践。

在构建多维相对贫困指标时，还应把握以下几点：一是要注重维度与指标的完整性与代表性，多维相对贫困的指标除了涵盖农村居民的收入与消费方面，还要尽量刻画出农村居民的贫困情况，如医疗、教育、居住环境等维度和指标，同时也不需要将农村居民的所有生活指标包括在内，不宜过分复杂，需要选取有代表性的指标。已有的多维指标体系构建时没有把多重共线性考虑在内，各指标之间所涵盖信息高度重合，一个农村家庭可能因为收入水平的提高增加了对耐用消费品的购买和装修了家庭的卫生设施，若将这三个指标都包含到指标体系，则会包含大量的重复信息，所以在测算前可进行降维，过滤掉重复信息，从而使测算结果更为精准（车四方，2019）。二是在指标与维度的选取中，需要贫困户、政府扶贫机构以及学术科研机构等多方主体的配合，群策群力。三是动态性，未来一段时间为脱贫攻坚与乡村振兴的过渡衔接期，多维相对贫困指标应基于经济社会发展状况与扶贫工作重心调整的需要不断调整与完善。

7.2.3 提高农村地区多维相对贫困福利水平

7.2.3.1 减缓农户相对贫困

由第4章、第5章内容可知,我国农户的相对贫困指标的发生率较高,并且对多维相对贫困的贡献率最高。精准扶贫政策提升了农户的绝对收入,但是对农户相对贫困影响效果有待提升。需采取各种手段与措施激发农村经济活力,降低农户之间的收入差距。在绝对贫困治理阶段,我国采取的是"超常规"策略,即发挥社会制度的优越性,落实多方主体责任,投入大量资源,采取对口支援等方式精准地对贫困群体进行帮扶。而较之于绝对贫困,相对贫困是一个将会长期存在的社会现象。因此治理相对贫困是一个循序渐进、逐渐深入的过程,需要转换扶贫策略,在达到社会财富整体富有的同时实现收入的合理分配(马孟庭,2022)。

一是加大对农村地区尤其是贫困地区农村地区的转移支付,根据"多予、少取、放活"原则,在政策与资金层面向其倾斜(孙淑云和郎杰燕,2018;孙淑云和任雪,2018)。二是应完善针对农村居民的民生保障制度,在城乡融合背景下统筹城乡社保体系,增加低收入群体的收入水平(孔祥智和谢东东,2022)。三是应加速推进农业现代化,提升农业的全要素生产率(李谷成等,2010),振兴乡村产业,尝试将农业与电商直播等新形式结合,畅通农产品销路,着力解决农产品"卖难"问题,提高农民收入。这不仅能缓解农村居民的相对贫困状况,也能减小其未来陷入贫困的概率,实现乡村的全面振兴。

7.2.3.2 加强农村地区的基础设施建设

根据本书第4章的内容可知,我国农村地区在做饭燃料、饮用水使用等指标上贫困发生率和贡献率较高,仍有较大的改进空间,要加强农村地区的相关方面的基础设施建设,把农村作为未来公共基础设施建设的重心区域(车四方,2019)。开展农村道路畅通政策,农村公路建设修建到户,改善农村做饭燃料与饮用水落后的状况,提升贫困地区互联网宽带的覆盖率。适度展开合村并居工程,减少基础设施建设与维护的成本,基础设施建成后,基于建管并重的原则,建立长期管理机制(孙健等,2020)。

7.2.3.3 强化对农村教育的支持

通过第4章内容可知,经过多年的教育精准扶贫,如"控辍保学""义务教育学生营养改善计划"等措施使农村的教育贫困状况得到了较大的改善,辍学率大幅度降低,在一定程度上阻断了贫困的代际传递(杨晨晨和刘云艳,2019),但仍有较大的提升空间。农户的教育负担较重,对农户多维相对贫困的贡献率高。相较于城镇,农村的教育投入低,城乡教育公共服务水平相差较大(Banerjee et al.,2016)。教育状况改善有利于农户人力资本的提升,对农户的多维相对贫困与脆弱性都具有明显的减缓作用。应该继续加强对农村地区教育的投入,推动城乡居民教育均衡发展,在转向乡村振兴衔接过渡期应注意激发贫困人口的内生发展动力与积极性,注重发展职业教育,注重扶贫过程中扶贫、扶志、扶智"三扶"结合(程明等,2020)。同时,继续提高乡村教师的福利待遇水平,吸引高学历人才在基层从事义务教育,加强对教育扶贫专项资金的管理,不能因为其他原因挤占教师工资的发放(李兴洲和邢贞良,2018)。

7.2.3.4 增加对农户的信贷支持

由第5章的内容可知,信贷获得在精准扶贫政策影响农户多维相对贫困影响中具有中介效应,因此应该采取各种措施缓解农户的信贷约束。首先，要强化对贫困地区的信贷支持力度，扩大金融服务在农村地区的覆盖范围。金融管理机构应发挥好政策指引功能，引导金融机构增加对贫困区域的信贷资源投入，降低不同收入群体之间的金融鸿沟，让贫困群体享受更多的金融服务。其次，各级政府部门应健全与完善小额扶贫信贷的风险补偿分摊模式。一是政府机构可以在金融机构设置风险补偿资金账户，专款专用。二是贫困地区财政与扶贫部门可根据贫困群体的征信状况与贫困状况，采取各类贴息政策。例如，可根据偿还时间范围以及实际贫困程度采取差额贴息政策。对于提前偿还、按期偿还或深度贫困家庭给予全额贴息，而对于没有按时还款的轻度贫困户可根据逾期情况严重程度采取不同的贴息份额。最后，在解决贫困群体资金短缺难题的同时，政府机构也应该着眼于农户代际差异性的特点，对贫困户尤其是新生代农民展开金融知识培训，采取农户容易理解的方式宣传金融知识，提升农户的金融知识与素养，引导农户融入农村金融市场，提升其风险防范意识，建立正确的信贷观念。

7.2.4 把贫困脆弱性纳入反贫困政策的瞄准体系与考核体系

我国脱贫攻坚战取得了巨大成就，消除了绝对贫困和区域性整体贫困，是世界反贫困事业上的奇迹。但已有扶贫政策在瞄准贫困户时，多从农户的当前的经济状况出发，对其未来贫困状况不够重视。局部地区尤其是民族地区、集中连片特困地区以及自然环境较为恶劣的地区还存在脱贫不可持续的问题，返贫现象时有发生。因此在过渡衔接期瞄准扶贫对象和制定扶贫政策时，应该把农户的贫困脆弱性纳入工作体系（刘金新，2018），增加对贫困的动态监测。

在政策对象瞄准时，要将现在没有处于贫困状况但未来可能陷入贫困的农户纳入帮扶对象名单中，从动态角度做到事前预测，提升政策减贫效率。在政策执行时，对于脆弱性较高的农村家庭可提前给予帮扶，提高其应对未来风险冲击的能力，从而有效降低贫困的发生。贫困户中有一部分为老弱病残群体，丧失了劳动能力，无法依靠自身"造血"，只能靠外部"输血"救济式扶贫（张昭和杨澄宇，2020）。对仅靠就业扶贫与产业扶贫措施不能摆脱贫困的农户，特别是拥有重疾、重残的对象实行"兜底保障"政策，需要政府建立涵盖住房、教育、医疗多层次的长期扶贫措施，帮助其走出长期贫困陷阱。

7.2.5 统筹区域发展，减小区域发展水平差距

从第4章有关农户多维相对贫困与贫困脆弱性的测算结果发现，农村居民的多维相对贫困和贫困脆弱性状况存在显著的地区异质性，各地区之间的贫困状况存在着较大的差距，中部、西部地区的多维相对贫困与贫困脆弱性情况更为严重，应该统筹东部、中部、西部地区的发展，减小各地区间的差距。继续深入开展区域协调发展战略，包括西部大开发、振兴东北老工业基地、中部崛起等国家维度的区域发展战略，以及长江经济带、"一带一路"等新的区域战略，推动区域协同发展。同时，应推动区域之间基本公共服务均衡发展，从前面的分析可知东部、中部、西部地区的差距不仅体现在收入差距，还涵盖教育、医疗、基础设施等公共服务上面，因此应增加对中部、西部地区的转移支付，加强东部地区对中部、西部地区的对口帮扶和对口支援，促进不同区域之间基本实现区域公共服务均等化，形成东部、中部、西部地区协同工作局面。

7.3 研究展望

本书在测度我国农户多维相对贫困指数与贫困脆弱性指数的基础

上，重点探讨了精准扶贫政策对农户多维相对贫困与贫困脆弱性的影响效果。但限于研究主题的特殊性以及研究数据可得性，还有许多问题值得进一步研究，主要涵盖以下两个方面。

第一，多维相对贫困的测算方式有待改进。本书在测度农户多维相对贫困时采取的是学界最为通用的 A-F 双界限法，但该测算法有一些局限性（车四方，2019），例如，临界值 k 的选择。已有研究都基于经验把 k 赋值为 1/3，但没有给出这样做的原因（Alkire et al.，2010；Alkire et al.，2015；张全红和周强，2015）。应该深入探讨临界值 k 的选择原因，或是从数理角度给出解释，从而在后续测度多维相对贫困时更加精确，也能更好地与实际结合（Espinoza and Klasen，2018；车四方，2019）。同时在测度时也不应该完全局限于微观调研数据，可把夜间灯光数据和卫星遥感等数据适当调整并运用到多维相对贫困的测算中，提高测算结果的精确性。第二，深入探讨精准扶贫政策对不同层级主体的影响效果。精准扶贫政策不仅对贫困户进行建档立卡，也会对集中连片特困地区、贫困县、贫困村建档立卡进行帮扶。因此政策不仅会影响农户的贫困状况，也会对集中连片特困地区、贫困县、贫困村的区域贫困状况产生重要影响（李绍平等，2018）。本书由于数据较难获取等原因只从微观农户层面对精准扶贫的政策效果进行了探讨，尚未深入考察精准扶贫政策对集中连片特困地区、贫困县、贫困村的影响效果。后续研究应该深入探讨精准扶贫对不同层级主体政策效果的前提条件与适宜范围，从而使所得研究结论更具普适性与实用性。

参 考 文 献

1. ［印度］阿玛蒂亚·森. 贫困与饥荒：论权力与剥夺［M］. 北京：商务印书馆，2009.

2. 边恕，纪晓晨. 社会排斥对中国相对贫困的影响效应研究——基于 CFPS 2018 的经验分析［J］. 社会保障研究，2021，(3)：87-99.

3. 蔡昉. 农村发展不平衡的实证分析与战略思考［J］. 农村经济与社会，1994 (3)：7-15.

4. 蔡洁，夏显力. 农地转出：缓解还是加剧了农户的多维贫困？［J］. 长江流域资源与环境，2019，28 (12)：2971-2979.

5. 蔡宇涵，黄滢，郑新业. 脱贫攻坚政策的溢出效应：基于对非贫困户生活满意度的影响研究［J］. 中国工业经济，2021 (11)：24-43.

6. 车四方，谢家智，舒维佳. 基于不同权重选取的多维贫困测度与分析［J］. 数量经济研究，2018，9 (2)：47-60.

7. 车四方. 社会资本与农户多维贫困［D］. 重庆：西南大学，2019.

8. 陈纯槿，郅庭瑾. 教育能缓解城市流动人口相对贫困吗——基于中国五大城市群的经验证据［J］. 教育研究，2021，42 (4)：139-152.

9. 陈林，伍海军. 国内双重差分法的研究现状与潜在问题［J］. 数量经济技术经济研究，2015，32 (7)：133-148.

10. 陈梦根. 地区收入、食品价格与恩格尔系数［J］. 统计研究，2019，36 (6)：28-41.

11. 陈琦. 连片特困地区农村贫困的多维测量及政策意涵——以武

陵山片区为例 [J]. 四川师范大学学报（社会科学版），2012，39（3）：58-63.

12. 陈潭. 公共政策变迁的理论命题及其阐释 [J]. 中国软科学，2004（12）：10-17.

13. 陈悦，陈超美，刘则渊，等. CiteSpace知识图谱的方法论功能 [J]. 科学学研究，2015，33（2）：242-253.

14. 陈宗胜，黄云，周云波. 多维贫困理论及测度方法在中国的应用研究与治理实践 [J]. 国外社会科学，2020（6）：15-34.

15. 陈宗胜，沈扬扬，周云波. 中国农村贫困状况的绝对与相对变动——兼论相对贫困线的设定 [J]. 管理世界，2013（1）：67-75，77，76，187-188.

16. 程明，钱力，吴波. "后扶贫时代"返贫治理问题研究 [J]. 重庆理工大学学报（社会科学），2020，34（3）：81-87.

17. 程峥. 脱贫攻坚中的形式主义要不得 [J]. 人民论坛，2020（15）：68-69.

18. 程中培，乐章. 美好生活的社会保护水准：社会政策体系中基本生活需要标准的建构 [J]. 求实，2020，（2）：65-75，111.

19. 崔元培，魏子鲲，王建忠，等. 中国70年扶贫政策历史演进分析 [J]. 世界农业，2020（4）：4-12.

20. 邓大松，钟悦，杨晶. 精准扶贫对农户多维贫困的影响机制分析：外出务工的中介作用 [J]. 经济与管理评论，2020，36（5）：27-41.

21. 邓维杰. 精准扶贫的难点、对策与路径选择 [J]. 农村经济，2014（6）：78-81.

22. 高强，孔祥智. 论相对贫困的内涵、特点难点及应对之策 [J]. 新疆师范大学学报（哲学社会科学版），2020，41（3）：120-128，2.

23. 高艳云. 中国城乡多维贫困的测度及比较 [J]. 统计研究，2012，29（11）：61-66.

36. 郝宇, 尹佳音, 杨东伟. 中国能源贫困的区域差异探究 [J]. 中国能源, 2014, 36 (11): 34-38.

37. 何春, 刘荣增. 土地流转是否纾解了农村相对贫困? [J]. 商业研究, 2021, (5): 103-112.

38. 何欣, 朱可涵. 农户信息水平、精英俘获与农村低保瞄准 [J]. 经济研究, 2019, 54 (12): 150-164.

39. 何宗樾, 宋旭光. 中国农民工多维贫困及其户籍影响 [J]. 财经问题研究, 2018 (5): 82-89.

40. 胡兵, 胡宝娣, 赖景生. 经济增长、收入分配对农村贫困变动的影响 [J]. 财经研究, 2005 (8): 89-99.

41. 胡道玖. 可行能力: 阿马蒂亚·森的发展经济学方法及价值关怀 [J]. 福建论坛 (人文社会科学版), 2014 (4): 74-80.

42. 胡晗, 司亚飞, 王立剑. 产业扶贫政策对贫困户生计策略和收入的影响——来自陕西省的经验证据 [J]. 中国农村经济, 2018 (1): 78-89.

43. 胡联, 汪三贵, 王娜. 贫困村互助资金存在精英俘获吗——基于5省30个贫困村互助资金试点村的经验证据 [J]. 经济学家, 2015 (9): 78-85.

44. 胡联, 汪三贵. 我国建档立卡面临精英俘获的挑战吗? [J]. 管理世界, 2017 (1): 89-98.

45. 胡联, 姚绍群, 杨成喻, 吉路涵. 数字普惠金融有利于缓解相对贫困吗? [J]. 财经研究, 2021, 47 (12): 93-107.

46. 贾俊雪, 秦聪, 刘勇政. "自上而下"与"自下而上"融合的政策设计——基于农村发展扶贫项目的经验分析 [J]. 中国社会科学, 2017 (9): 68-89, 206-207.

47. 贾玮, 黄春杰, 孙百才. 教育能够缓解农村相对贫困吗?——基于农村家庭多维相对贫困的测量和实证分析 [J]. 教育与经济,

24. 葛志军，邢成举．精准扶贫：内涵、实践困境及其原因阐释——基于宁夏银川两个村庄的调查［J］．贵州社会科学，2015（5）：157-163.

25. 龚晓宽，王永成．财政扶贫资金漏出的治理策略研究［J］．经济理论与经济管理，2006（6）：43-47.

26. 顾宁，刘洋．产业扶贫降低了贫困农户的脆弱性吗［J］．农业技术经济，2021（7）：92-102.

27. 关信平．论现阶段我国贫困的复杂性及反贫困行动的长期性［J］．社会科学辑刊，2018（1）：15-22，209.

28. 郭铖．贫困农民经济地位、社会互动与幸福感——以太行山集中连片特困地区为例［J］．贵州社会科学，2020（2）：153-159.

29. 郭劲光，孙浩．社会保障是否有助于未来减贫？——基于贫困脆弱性视角的检验［J］．学习与实践，2019（12）：105-117.

30. 郭劲光．我国贫困人口的脆弱度与贫困动态［J］．统计研究，2011，28（9）：42-48.

31. 郭君平，荆林波，张斌．国家级贫困县"帽子"的"棘轮效应"——基于全国2073个区县的实证研究［J］．中国农业大学学报（社会科学版），2016，33（4）：93-105.

32. 郭鹏，余小方，程飞．中国农村贫困的特征以及反贫困对策［J］．西北农林科技大学学报（社会科学版），2006（1）：9-13.

33. 郭芮绮，胡依，闵淑慧，等．精准扶贫对农村人口医疗保健支出的影响研究——基于倾向得分匹配（PSM）的实证研究［J］．中国卫生事业管理，2021，38（11）：850-853.

34. 郭熙保，周强．长期多维贫困、不平等与致贫因素［J］．经济研究，2016，51（6）：143-156.

35. 韩华为．农村低保户瞄准中的偏误——基于社区瞄准机制的分析［J］．经济学动态，2018（2）：49-64.

2021, 37 (5): 11-19.

48. 蒋丽丽. 贫困脆弱性理论与政策研究新进展 [J]. 经济学动态, 2017 (6): 96-108.

49. 蒋南平, 郑万军. 中国农民工多维返贫测度问题 [J]. 中国农村经济, 2017 (6): 58-69.

50. 解垩. 养老金与老年人口多维贫困和不平等研究——基于非强制养老保险城乡比较的视角 [J]. 中国人口科学, 2017 (5): 62-73, 127.

51. 金鑫. 当代中国应对自然灾害导致返贫的对策研究 [D]. 长春: 吉林大学, 2015.

52. 孔祥智, 谢东东. 缩小差距、城乡融合与共同富裕 [J]. 南京农业大学学报（社会科学版）, 2022, 22 (1): 12-22.

53. 匡兵. 耕地休耕政策评估及优化研究 [D]. 武汉: 华中科技大学, 2018.

54. 李博, 左停. 精准扶贫视角下农村产业化扶贫政策执行逻辑的探讨——以Y村大棚蔬菜产业扶贫为例 [J]. 西南大学学报（社会科学版）, 2016, 42 (4): 66-73, 190.

55. 李芳华, 张阳阳, 郑新业. 精准扶贫政策效果评估——基于贫困人口微观追踪数据 [J]. 经济研究, 2020, 55 (8): 171-187.

56. 李谷成, 冯中朝, 范丽霞. 小农户真的更加具有效率吗？来自湖北省的经验证据 [J]. 经济学（季刊）, 2010, 9 (1): 95-124.

57. 李晗, 陆迁. 精准扶贫与贫困家庭复原力——基于CHFS微观数据的分析 [J/OL]. 中国农村观察, 2021 (2): 28-41.

58. 李佳路. 农户多维度贫困测量——以S省30个国家扶贫开发工作重点县为例 [J]. 财贸经济, 2010 (10): 63-68.

59. 李金亚, 李秉龙. 贫困村互助资金瞄准贫困户了吗——来自全国互助资金试点的农户抽样调查证据 [J]. 农业技术经济, 2013 (6):

96-105.

60. 李雷, 白军飞, 张彩萍. 贫困线视角下农村居民收入对膳食健康的影响研究——基于 CHNS 数据的微观实证 [J]. 农业现代化研究, 2020, 41 (1): 93-103.

61. 李绍平, 李帆, 董永庆. 集中连片特困地区减贫政策效应评估: 基于 PSM-DID 方法的检验 [J]. 改革, 2018 (12): 142-155.

62. 李树, 严茉. 班纳吉和迪弗洛对发展经济学的贡献——2019 年度诺贝尔经济学奖得主学术贡献评介 [J]. 经济学动态, 2019 (12): 108-121.

63. 李小云, 苑军军, 于乐荣. 论 2020 后农村减贫战略与政策: 从"扶贫"向"防贫"的转变 [J]. 农业经济问题, 2020 (2): 15-22.

64. 李兴洲, 邢贞良. 攻坚阶段我国教育扶贫的理论与实践创新 [J]. 教育与经济, 2018 (1): 42-47, 56.

65. 李莹, 于学霆, 李帆. 中国相对贫困标准界定与规模测算 [J]. 中国农村经济, 2021 (1): 31-48.

66. 李玉山, 卢敏, 朱冰洁. 多元精准扶贫政策实施与脱贫农户生计脆弱性——基于湘鄂渝黔毗邻民族地区的经验分析 [J]. 中国农村经济, 2021 (5): 60-82.

67. 李正图. 中国特色反贫困理论的形成逻辑 [J]. 人民论坛, 2021 (18): 54-56.

68. 李志平. "送猪崽"与"折现金": 我国产业精准扶贫的路径分析与政策模拟研究 [J]. 财经研究, 2017, 43 (4): 68-81.

69. 梁凡. 秦巴山区农户贫困脆弱性研究: 资源禀赋与风险冲击视角 [D]. 杨凌: 西北农林科技大学, 2018.

70. 林光华, 沈卫平, 钱鑫. 耐用品消费的内需扩大效应——基于农村家庭支出结构的视角 [J]. 江苏社会科学, 2013 (6): 53.

71. 林万龙, 孙颖. 精准到户?: 产业精准扶贫政策评价及下一步

改革思考 [J]. 中国农业大学学报（社会科学版），2020，37（6）：12-21.

72. 刘朝明，张衔. 扶贫攻坚与效益衡定分析方法——以四川省阿坝、甘孜、凉山自治州为样本点 [J]. 经济研究，1999（7）：49-56.

73. 刘冬梅. 中国政府开发式扶贫资金投放效果的实证研究 [J]. 管理世界，2001（6）：123-131.

74. 刘杰，李可可. 彼得·汤森的相对贫困理论及其在英国的实践 [J]. 社会保障研究（北京），2016，23（1）：1-11.

75. 刘金新. 脱贫脆弱户可持续生计研究 [D]. 北京：中共中央党校，2018.

76. 刘明月，冯晓龙，汪三贵. 易地扶贫搬迁农户的贫困脆弱性研究 [J]. 农村经济，2019（3）：64-72.

77. 刘牧. 当代中国农村扶贫开发战略研究 [D]. 长春：吉林大学，2016.

78. 刘升. 精英俘获与扶贫资源资本化研究——基于河北南村的个案研究 [J]. 南京农业大学学报（社会科学版），2015，15（5）：25-30，137-138.

79. 刘晓靖. 阿马蒂亚·森以"权利"和"可行能力"看待贫困思想论析 [J]. 郑州大学学报（哲学社会科学版），2011，44（1）：24-27.

80. 刘彦随，周扬，刘继来. 中国农村贫困化地域分异特征及其精准扶贫策略 [J]. 中国科学院院刊，2016，31（3）：269-278.

81. 刘一伟. "错位"还是"精准"：最低生活保障与农户多维贫困 [J]. 现代经济探讨，2018（4）：109-115.

82. 刘钊，王作功. 基于双重差分模型的精准扶贫政策评估与长效性研究——来自中国家庭追踪调查（CFPS）的证据 [J]. 江淮论坛，2020（3）：12-17.

83. 刘自敏，杨丹，张巍巍. 收入不平等、社会公正与认知幸福感

[J]．太原：山西财经大学学报，2018，40（5）：1-14．

84．卢盛峰，陈思霞，时良彦．走向收入平衡增长：中国转移支付系统"精准扶贫"了吗？[J]．经济研究，2018，53（11）：49-64．

85．卢悦，田相辉．退耕还林对农户收入的影响分析——基于PSM-DID方法 [J]．林业经济，2019，41（4）：87-93．

86．罗明忠，邱海兰．收入分配视域下相对贫困治理的逻辑思路与路径选择 [J]．求索，2021（2）：172-179．

87．吕开宇，施海波，李芸，等．新中国70年产业扶贫政策：演变路径、经验教训及前景展望 [J]．农业经济问题，2020（2）：23-30．

88．马孟庭．相对贫困治理驱动共同富裕发展：重大挑战与政策转向 [J]．新疆社会科学，2022（3）：1-10．

89．马小勇，吴晓．农村地区的扶贫更精准了吗？——基于CFPS数据的经验研究 [J]．财政研究，2019（1）：61-73．

90．马赞甫，王永平．生态移民家庭生计资本和生计模式的变化及其相互影响——基于贵州省10个移民安置点的跟踪调研 [J]．西部论坛，2018，28（4）：45-55．

91．牛筱颖．耐用品理论研究综述 [J]．经济学动态，2005（10）：99-104．

92．欧阳煌．精准扶贫战略落实与综合减贫体系构建思考 [J]．财政研究，2017（7）：2-8，22．

93．裴劲松，矫萌．劳动供给与农村家庭多维相对贫困减贫 [J]．中国人口科学，2021，（3）：69-81，127-128．

94．彭继权．农民工多维贫困动态性及其影响因素研究 [D]．武汉：中南财经政法大学，2019．

95．彭继权．非学历教育对农户相对贫困的影响——基于贫困脆弱性的视角 [J]．教育与经济，2021，164（6）：10-19，37．

96．彭澎，徐志刚．数字普惠金融能降低农户的脆弱性吗？[J]．经济评论，2021（1）：82-95.

97. 彭燕. 农村家庭女性多维动态贫困及影响因素研究［D］. 武汉：中南财经政法大学，2019.

98. 乔俊峰，郭明悦. 基本公共服务能有效提升脱贫质量吗？——基于多维贫困和多维贫困脆弱性的视角［J］. 财政研究，2021（12）：48-62.

99. 秦升泽，李谷成. 精准扶贫政策对农户多维贫困的影响研究——来自准自然实验的经验证据［J］. 海南大学学报（人文社会科学版），2022a（4）.

100. 秦升泽，李谷成. 精准扶贫政策对农户贫困脆弱性的影响研究——来自准自然实验的经验证据［J］. 中国农业资源与区划，2022b（8）.

101. 全芳. 农村留守家庭离散问题治理的公共政策调适研究［D］. 武汉：华中师范大学，2017.

102. 尚卫平，姚智谋. 多维贫困测度方法研究［J］. 财经研究，2005（12）：88-94.

103. 申云，李京蓉. 数字普惠金融与农户相对贫困脆弱性［J］. 华南农业大学学报（社会科学版），2022，89（1）：105-117.

104. 申云，李庆海，杨晶. 农业供应链金融信贷的减贫效应研究——基于不同主体领办合作社的实证比较［J］. 经济评论，2019（4）：94-107.

105. 申云，彭小兵. 链式融资模式与精准扶贫效果——基于准实验研究［J］. 财经研究，2016，42（9）：4-15.

106. 史恒通，赵伊凡，吴海霞. 社会资本对多维贫困的影响研究——来自陕西省延安市513个退耕农户的微观调查数据［J］. 农业技术经济，2019（1）：86-99.

107. 斯丽娟. 家庭教育支出降低了农户的贫困脆弱性吗？——基于

CFPS 微观数据的实证分析 [J]. 财经研究, 2019, 45 (11): 32-44.

108. 宋嘉豪, 吴海涛, 程威特. 劳动力禀赋、非农就业与相对贫困 [J]. 华中农业大学学报 (社会科学版), 2022 (1): 64-74.

109. 宋嘉豪, 吴海涛, 郑家喜. 城乡老年人多维贫困测度、分解与比较 [J]. 统计与决策, 2020, 36 (19): 65-69.

110. 宋乃庆, 罗士琰, 王晓杰. 义务教育改革与发展40年的中国模式 [J]. 南京社会科学, 2018 (9): 25-30, 39.

111. 宋扬, 刘建宏. 儿童时期多维贫困的长期影响——基于 CHARLS 生命历程数据的实证分析 [J]. 中国人民大学学报, 2019, 33 (3): 72-85.

112. 宋泽, 詹佳佳. 农村老年多维贫困的动态变化——来自 CHARLS 的经验证据 [J]. 社会保障研究, 2018 (5): 22-30.

113. 孙伯驰, 段志民. 农村低保制度的减贫效果——基于贫困脆弱性视角的实证分析 [J]. 财政研究, 2020 (2): 113-128.

114. 孙伯驰. 中国农村家庭贫困脆弱性及减贫效应研究 [D]. 天津: 天津财经大学, 2020.

115. 孙健, 张体栋, 张释文. 中国农村地区卫生基础设施建设研究 [J]. 广东社会科学, 2020 (3): 33-43.

116. 孙久文, 张倩. 2020 年后我国相对贫困标准: 经验、实践与理论构建 [J]. 新疆师范大学学报 (哲学社会科学版), 2021, 42 (4): 79-91, 2.

117. 孙淑云, 郎杰燕. 中国合作医疗治理六十年变迁 [J]. 甘肃社会科学, 2017 (1): 81-87.

118. 孙淑云, 任雪娇. 中国农村合作医疗制度变迁 [J]. 农业经济问题, 2018 (9): 24-32.

119. 谭燕芝, 叶程芳. 农户创业与农村家庭贫困脆弱性 [J]. 湘潭大学学报 (哲学社会科学版), 2020, 44 (1): 67-73.

120. 谭燕芝,张子豪. 社会网络、非正规金融与农户多维贫困[J]. 财经研究,2017,43(3):43-56.

121. 谭永风,陆迁,郎亮明. 市场不确定性、产业扶贫项目参与对农户贫困脆弱性的影响[J]. 西北农林科技大学学报(社会科学版),2020,20(4):121-130.

122. 檀学文. 走向共同富裕的解决相对贫困思路研究[J]. 中国农村经济,2020,No.426(6):21-36.

123. 唐娟莉. 农村饮水供给效果及影响因素:收入异质性视角的解析[J]. 农业现代化研究,2016,37(4):760-768.

124. 唐丽霞,李小云,左停. 社会排斥、脆弱性和可持续生计:贫困的三种分析框架及比较[J]. 贵州社会科学,2010(12):4-10.

125. 涂冰倩,李后建,唐欢. 健康冲击、社会资本与农户经济脆弱性——基于"CHIP2013"数据的实证分析[J]. 南方经济,2018(12):17-39.

126. 万广华,章元,史清华. 如何更准确地预测贫困脆弱性:基于中国农户面板数据的比较研究[J]. 农业技术经济,2011(9):13-23.

127. 万广华,章元. 我们能够在多大程度上准确预测贫困脆弱性?[J]. 数量经济技术经济研究,2009,26(6):138-148.

128. 汪磊,汪霞. 易地扶贫搬迁前后农户生计资本演化及其对增收的贡献度分析——基于贵州省的调查研究[J]. 探索,2016(6):93-98.

129. 汪三贵,曾小溪. 从区域扶贫开发到精准扶贫——改革开放40年中国扶贫政策的演进及脱贫攻坚的难点和对策[J]. 农业经济问题,2018(8):40-50.

130. 汪三贵,郭子豪. 论中国的精准扶贫[J]. 贵州社会科学,2015(5):147-150.

131. 汪三贵,李文,李芸. 我国扶贫资金投向及效果分析[J]. 农业技术经济，2004（5）：45-49.

132. 汪三贵，刘明月. 健康扶贫的作用机制、实施困境与政策选择［J］. 新疆师范大学学报（哲学社会科学版），2019，40（3）：82-91，92.

133. 汪三贵，刘未."六个精准"是精准扶贫的本质要求——习近平精准扶贫系列论述探析［J］. 毛泽东邓小平理论研究，2016（1）：40-43，93.

134. 汪为. 农村家庭多维贫困动态性研究［D］. 武汉：中南财经政法大学，2018.

135. 王博，朱玉春. 改革开放40年中国农村反贫困经验总结——兼论精准扶贫的历史必然性和长期性［J］. 西北农林科技大学学报（社会科学版），2018，18（6）：11-17.

136. 王博文. 陕西省秦巴山区精准扶贫项目绩效研究［D］. 杨凌：西北农林科技大学，2020.

137. 王春超，叶琴. 中国农民工多维贫困的演进——基于收入与教育维度的考察［J］. 经济研究，2014，49（12）：159-174.

138. 王汉杰，温涛，韩佳丽. 贫困地区农村金融减贫的产业结构门槛效应［J］. 财经科学，2018（9）：26-37.

139. 王恒，朱玉春. 社会资本对农户多维贫困的影响——基于劳动力流动的中介效应分析［J］. 中国农业大学学报，2021，26（4）：240-254.

140. 王恒. 社会资本、劳动力流动与农户多维贫困研究［D］. 杨凌：西北农林科技大学，2020.

141. 王晶，简安琪. 相对贫困城乡差异及社会保障的减贫效应［J］. 东北师大学报（哲学社会科学版），2021，（6）：18-27.

142. 王立勇，许明. 中国精准扶贫政策的减贫效应研究：来自准自然实验的经验证据［J］. 统计研究，2019，36（12）：15-26.

143. 王胜，屈阳，王琳，等．集中连片贫困山区电商扶贫的探索及启示——以重庆秦巴山区、武陵山区国家级贫困区县为例［J］．管理世界，2021，37（2）：95-106，8.

144. 王守坤．国家级贫困县身份与县级城乡收入差距［J］．人文杂志，2018（10）：43-51.

145. 王文略．风险冲击与机会缺失对农户多维贫困的影响研究［D］．杨凌：西北农林科技大学，2019.

146. 王维，向德平．从"嵌入"到"融入"：精准扶贫驻村帮扶工作机制研究［J］．南京农业大学学报（社会科学版），2020，20（1）：41-50.

147. 王小华，王定祥，温涛．中国农贷的减贫增收效应：贫困县与非贫困县的分层比较［J］．数量经济技术经济研究，2014，31（9）：40-55.

148. 王小林，Sabina Alkire．中国多维贫困测量：估计和政策含义［J］．中国农村经济，2009（12）：4-10，23.

149. 王小林，冯贺霞．2020年后中国多维相对贫困标准：国际经验与政策取向［J］．中国农村经济，2020（3）：2-21.

150. 王璇，王卓．农地流转、劳动力流动与农户多维相对贫困［J］．经济问题，2021（6）：65-72.

151. 王雪琪，朱高立，邹伟．农户生计资本、家庭要素流动与农地流转参与［J］．长江流域资源与环境，2021，30（4）：992-1002.

152. 王亚军，郑晓冬，方向明，陈典．留守经历对新生代农民工多维贫困的影响——来自中国流动人口动态监测调查的经验证据［J］．农业技术经济，2021（12）：1-18.

153. 王艺明，刘志红．大型公共支出项目的政策效果评估——以"八七扶贫攻坚计划"为例［J］．财贸经济，2016，37（1）：33-47.

154. 王雨磊，苏杨．中国的脱贫奇迹何以造就？——中国扶贫的精准行政模式及其国家治理体制基础 [J]. 管理世界, 2020, 36 (4): 195-209.

155. 王增文, 胡国恒. 社会政策能提高脱贫质量吗?——基于贫困发生率与贫困脆弱性视角 [J]. 宏观质量研究, 2021, 9 (4): 1-14.

156. 王志涛, 徐兵霞. 产业扶贫降低了贫困脆弱性吗?——基于CLDS 的准实验研究 [J]. 云南财经大学学报, 2020, 36 (10): 32-44.

157. 魏有兴, 杨佳惠. 后扶贫时期教育扶贫的目标转向与实践进路 [J]. 南京农业大学学报（社会科学版）, 2020, 20 (6): 97-104, 114.

158. 魏众. 健康对非农就业及其工资决定的影响 [J]. 经济研究, 2004 (2): 64-74.

159. 温涛, 朱炯, 王小华. 中国农贷的"精英俘获"机制: 贫困县与非贫困县的分层比较 [J]. 经济研究, 2016, 51 (2): 111-125.

160. 温铁军, 杨帅. 中国农村社会结构变化背景下的乡村治理与农村发展 [J]. 理论探讨, 2012 (6): 76-80.

161. 温雪, 钟金萍, 潘明清. 多维贫困视角下的精准扶贫瞄准效率 [J]. 农村经济, 2019 (5): 68-76.

162. 温忠麟, 叶宝娟. 中介效应分析: 方法和模型发展 [J]. 心理科学进展, 2014, 22 (5): 731-745.

163. 温忠麟. 张雷, 侯杰泰, 等. 中介效应检验程序及其应用 [J]. 心理学报, 2004 (5): 614-620.

164. 武国友. "八七扶贫攻坚计划"的制定、实施及其成效 [J]. 北京党史, 2011 (5): 7-10.

165. 夏显力, 陈哲, 张慧利, 赵敏娟. 农业高质量发展: 数字赋能与实现路径 [J]. 中国农村经济, 2019 (12): 2-15.

166. 谢家智, 车四方. 农村家庭多维贫困测度与分析 [J]. 统计研究, 2017, 34 (9): 44-55.

167. 邢成举，李小云. 相对贫困与新时代贫困治理机制的构建[J]. 改革，2019（12）：16-25.

168. 邢成举. 乡村扶贫资源分配中的精英俘获[D]. 北京：中国农业大学，2014.

169. 邢成举. 产业扶贫与扶贫"产业化"——基于广西产业扶贫的案例研究[J]. 西南大学学报（社会科学版），2017，43（5）：63-70，190.

170. 徐丽萍，夏庆杰，贺胜年. 中国老年人多维度精准扶贫测算研究——基于2010年和2016年中国家庭追踪调查数据[J]. 劳动经济研究，2019，7（5）：105-132.

171. 徐舒，王貂，杨汝岱. 国家级贫困县政策的收入分配效应[J]. 经济研究，2020，55（4）：134-149.

172. 徐玮，谢玉梅. 扶贫小额贷款模式与贫困户贷款可得性：理论分析与实证检验[J]. 农业经济问题，2019（2）：108-116.

173. 徐志刚，李美佳，王晨. 精准扶贫的脱贫与收入消费增长效应跟踪评估——来自江苏省"扶贫到户"政策的经验[J]. 南京农业大学学报（社会科学版），2019，19（6）：29-38，157.

174. 鄢洪涛，杨仕鹏. 农村医疗保险制度的相对贫困治理效应——基于贫困脆弱性视角的实证分析[J]. 湖南农业大学学报（社会科学版），2021，22（1）：48-55.

175. 燕继荣. 反贫困与国家治理——中国"脱贫攻坚"的创新意义[J]. 管理世界，2020，36（4）：209-220.

176. 杨超. 中国精准扶贫政策及财政支出的减贫效应评估[J]. 统计与决策，2021，37（16）：19-23.

177. 杨晨晨，刘云艳. 早期儿童多维贫困测度及致贫机理分析——基于重庆市武陵山区的实证研究[J]. 内蒙古社会科学（汉文版），2019，40（3）：58-66.

178. 杨亮承. 扶贫治理的实践逻辑［D］. 北京：中国农业大学，2016.

179. 杨龙，汪三贵. 贫困地区农户脆弱性及其影响因素分析［J］. 中国人口·资源与环境，2015，25（10）：150－156.

180. 杨颖. 公共支出、经济增长与贫困——基于2002—2008年中国贫困县相关数据的实证研究［J］. 贵州财经学院学报，2011（1）：88－94.

181. 姚树洁，张璇玥. 中国农村持续性多维贫困特征及成因——基于能力"剥夺—阻断"框架的实证分析［J］. 中国人口科学，2020（4）：31－45，126.

182. 尹志超，郭沛瑶，张琳琬. "为有源头活水来"：精准扶贫对农户信贷的影响［J］. 管理世界，2020，36（2）：59－71，194，218.

183. 尹志超，郭沛瑶. 精准扶贫政策效果评估——家庭消费视角下的实证研究［J］. 管理世界，2021，37（4）：64－83.

184. 袁利平，姜嘉伟. 教育扶贫何以可能——基于教育扶贫机制整体性框架的再思考［J］. 教育与经济，2021，37（1）：3－10.

185. 袁利平，姜嘉伟. 社会资本：后扶贫时代民族地区教育扶贫的行动逻辑［J］. 西南民族大学学报（人文社科版），2020，41（6）：219－226.

186. 张彬斌. 新时期政策扶贫：目标选择和农民增收［J］. 经济学（季刊），2013，12（3）：959－982.

187. 张博胜，曹筱杨. 精准扶贫政策对国家级贫困县城乡收入差距的影响［J］. 资源科学，2021，43（8）：1549－1561.

188. 张栋浩，尹志超，隋钰冰. 金融普惠可以提高减贫质量吗？——基于多维贫困的分析［J］. 南方经济，2020（10）：56－75.

189. 张国培，庄天慧. 自然灾害对农户贫困脆弱性的影响——基于云南省2009年的实证分析［J］. 四川农业大学学报，2011，29（1）：

136 - 140.

190. 张航, 邢敏慧. 脱贫能力、内生动力与教育扶贫政策满意度研究 [J]. 教育与经济, 2020, 36 (3): 10 - 17.

191. 张宁, 左丽, 陈彤, 等. 基于 Probit 模型的干旱地区智慧水利建设与农村多元主体参与意愿实证分析 [J]. 新疆农业科学, 2020, 57 (12): 2340 - 2350.

192. 张琦. 论缓解相对贫困的长效机制 [J]. 上海交通大学学报 (哲学社会科学版), 2020, 28 (6): 16 - 20.

193. 张清霞. 浙江农村相对贫困: 演变趋势、结构特征及影响因素 [D]. 杭州: 浙江大学, 2007.

194. 张全红, 李博, 周强. 中国多维贫困的动态测算、结构分解与精准扶贫 [J]. 财经研究, 2017, 43 (4): 31 - 40, 81.

195. 张全红, 周强. 精准扶贫政策效果评估——收入、消费、生活改善和外出务工 [J]. 统计研究, 2019, 36 (10): 17 - 29.

196. 张全红, 周强. 中国多维贫困的测度及分解: 1989~2009 年 [J]. 数量经济技术经济研究, 2014, 31 (6): 88 - 101.

197. 张全红, 周强. 中国贫困测度的多维方法和实证应用 [J]. 中国软科学, 2015 (7): 29 - 41.

198. 张璇玥, 姚树洁. 2010—2018 年中国农村多维贫困: 分布与特征 [J]. 农业经济问题, 2020 (7): 80 - 93.

199. 张昭, 杨澄宇. 老龄化与农村老年人口多维贫困——基于 AF 方法的贫困测度与分解 [J]. 人口与发展, 2020, 26 (1): 12 - 24, 11.

200. 张子豪, 谭燕芝. 认知能力、信贷与农户多维贫困 [J]. 农业技术经济, 2020 (8): 54 - 68.

201. 赵德强. 建国初期教育工作的缺失和值得记取的经验教训 [J]. 教育评论, 1997 (4): 6 - 9.

202. 赵迪, 罗慧娟. 欧美国家农村相对贫困治理的经验与启示

[J]. 世界农业, 2021 (9): 12-23, 67, 122.

203. 赵海霞, 杨力, 谢东. 精准扶贫研究现状与热点趋势可视化分析——基于 (2014-2019) CSSCI 数据库的 Cite Space 图谱呈现 [J]. 邢台学院学报, 2020, 35 (1): 5-16.

204. 赵雪雁, 陈欢欢, 马艳艳, 等. 2000-2015 年中国农村能源贫困的时空变化与影响因素 [J]. 地理研究, 2018, 37 (6): 1115-1126.

205. 郑浩. 贫困陷阱: 风险、人力资本传递和脆弱性 [D]. 武汉: 武汉大学, 2012.

206. 郑继承. 中国特色反贫困理论释析与新时代减贫战略展望 [J]. 经济问题探索, 2021 (1): 40-51.

207. 周坚, 周志凯, 何敏. 基本医疗保险减轻了农村老年人口贫困吗——从新农合到城乡居民医保 [J]. 社会保障研究, 2019 (3): 33-45.

208. 周强, 赵清云, 王爱君. "志智双扶": 精准扶贫政策对农村居民努力程度的影响 [J]. 财贸研究, 2021, 32 (12): 37-49.

209. 周强. 精准扶贫政策的减贫绩效与收入分配效应研究 [J]. 中国农村经济, 2021 (5): 38-59.

210. 周艳, 侯石安, 胡联. 财政专项扶贫的减贫效应分析——基于农村居民收入分组数据的实证检验 [J]. 财贸研究, 2018, 29 (7): 55-66.

211. 周云波, 贺坤. 精准扶贫视角下收入贫困与多维贫困的瞄准性比较 [J]. 财经科学, 2020 (1): 106-119.

212. 朱红根, 宋成校. 产业扶贫政策的福利效应及模式比较研究 [J]. 农业经济问题, 2021 (4): 83-98.

213. 朱火云. 城乡居民养老保险减贫效应评估——基于多维贫困的视角 [J]. 北京社会科学, 2017 (9): 112-119.

214. 朱梦冰, 李实. 精准扶贫重在精准识别贫困人口——农村低保政策的瞄准效果分析 [J]. 中国社会科学, 2017 (9): 90-112, 207.

215. 邹薇, 方迎风. 健康冲击、"能力"投资与贫困脆弱性: 基于中国数据的实证分析 [J]. 社会科学研究, 2013 (4): 1-7.

216. 邹薇, 方迎风. 怎样测度贫困: 从单维到多维 [J]. 国外社会科学, 2012 (2): 63-69.

217. 左孝凡. 邻里效应对农民贫困脆弱性的影响 [J]. 华南农业大学学报（社会科学版）, 2020, 19 (4): 31-44.

218. Acar A. The dynamics of multidimensional poverty in Turkey [D]. 2014.

219. Ahmed S A, Diffenbaugh N S, Hertel T W, et al. Climate volatility and poverty vulnerability in Tanzania [J]. *Global environmental change*, 2011, 21 (1): 46-55.

220. Alkire S, Foster J. Counting and multidimensional poverty measurement [J]. *Journal of Public Economics*, 2007, 95 (7-8): 476-487.

221. Alkire S, Roche J M, Ballon P, et al. Multidimensional poverty measurement and analysis [M]. Oxford University Press, USA, 2015.

222. Alkire S, Santos M E. Acute Multidimensional Poverty: A New Index for Developing Countries [J]. *Social Science Electronic Publishing*, 2010, 38 (HDRP-2010-11).

223. Angrist J D, Pischke J S. Mostly harmless econometrics [M]. Princeton university press, 2008.

224. Ashenfelter O. Union relative wage effects: new evidence and a survey of their implications for wage inflation [M]//Econometric contributions to public policy. Palgrave Macmillan, London, 1978: 31-63.

225. Azeem M M, Mugera A W, Schilizzi S. Vulnerability to multidi-

mensional poverty: an empirical comparison of alternative measurement approaches [J]. *Journal of Development Studies*, 2018, 54 (2): 1 – 25.

226. Azpitarte F. Was pro-poor economic growth in Australia for the income-poor? And for the multidimensionally-poor? [J]. *Social indicators research*, 2014, 117 (3): 871 – 905.

227. Banerjee A, Banerji R, Berry J, et al. Mainstreaming an Effective Intervention: Evidence from Randomized Evaluations of "Teaching at the Right Level" in India [J]. NBER Working Papers, 2016.

228. Baron R M, Kenny D A. The Moderator – Mediator Variable Distinction in Social Psychological Research [J]. *Journal of Personality and Social Psychology*, 1987, 51 (6): 1173 – 1182.

229. Betti G, Verma V. Measuring the degree of poverty in a dynamic and comparative context: a multi-dimensional approach using fuzzy set theory [C]//Proceedings, iccs-vi. 1999, 11: 289.

230. Bourguignon F, Chakravarty S R. The measurement of multidimensional poverty [M]//*Poverty, social exclusion and stochastic dominance*. Springer, Singapore, 2019: 83 – 107.

231. Brollo F, Nannicini T, Perotti R, et al. The political resource curse [J]. *American Economic Review*, 2013, 103 (5): 1759 – 96.

232. Burgess R, Pande R. Do rural banks matter? Evidence from the Indian social banking experiment [J]. *American Economic Review*, 2005, 95 (3): 780 – 795.

233. Calonico S, Cattaneo M D, Titiunik R. Robust nonparametric confidence intervals for regression-discontinuity designs [J]. *Econometrica*, 2014, 82 (6): 2295 – 2326.

234. Chakravarty S R, Majumder A. Measuring Human Poverty: A Generalized Index and an Application Using Basic Dimensions of Life and

Some Anthropometric Indicators [J]. *Journal of Human Development*, 2005, 6 (3): 275 - 299.

235. Chan S M, Wong H. Impact of income, deprivation and social exclusion on subjective poverty: a structural equation model of multidimensional poverty in Hong Kong [J]. *Social Indicators Research*, 2020, 152 (3): 971 - 990.

236. Chaudhuri S, Jalan J, Suryahadi A. Assessing household vulnerability to poverty from cross-sectional data: A methodology and estimates from Indonesia [J]. discussion papers, 2002.

237. Chen S T, Lee C C. Government size and economic growth in Taiwan: A threshold regression approach [J]. *Journal of Policy Modeling*, 2005, 27 (9): 1051 - 1066.

238. Christiaensen L J, Subbarao K. Toward an understanding of household vulnerability in rural Kenya [J]. *Policy Research Working Paper Series*, 2005, 14 (4): 520 - 558.

239. Dehury B, Mohanty S K. Regional estimates of multidimensional poverty in India [J]. *Economics Discussion Papers*, 2015, 9.

240. Dercon S, Hoddinott J, Woldehanna T. Shocks and Consumption in 15 Ethiopian Villages, 1999 - 2004 [J]. *Journal of African Economies*, 2005, 14 (4): 559 - 585.

241. Espinoza - Delgado J, Klasen S. Gender and multidimensional poverty in Nicaragua: An individual based approach [J]. *World Development*, 2018, 110: 466 - 491.

242. Evrard O, Goudineau Y. Planned Resettlement, Unexpected Migrations and Cultural Trauma in Laos [J]. *Development and Change*, 2004, 35 (5).

243. Fisher J A, Patenaude G, Meir P, et al. Strengthening conceptu-

al foundations: analysing frameworks for ecosystem services and poverty alleviation research [J]. *Global Environmental Change*, 2013, 23 (5): 1098 – 1111.

244. Friedman M. The permanent income hypothesis [M]//A theory of the consumption function. Princeton University Press, 1957: 20 – 37.

245. Gasparini L, Sosa – Escudero W, Marchionni M, et al. Multidimensional poverty in Latin America and the Caribbean: new evidence from the Gallup World Poll [J]. *The Journal of Economic Inequality*, 2013, 11 (2): 195 – 214.

246. Gerlitz J Y, Apablaza M, Hoermann B, et al. A Multidimensional poverty measure for the Hindu Kush – Himalayas, applied to selected districts in Nepal [J]. *Mountain Research & Development*, 2015, 35 (3): 278 – 288.

247. Geyer R. Exploring European social policy [M]. John Wiley & Sons, 2013.

248. Glennerster H, Hills J, Piachaud D, et al. One hundred years of poverty and policy [M]. Joseph Rowntree Foundation, 2004.

249. Glewwe P, Hall G. Are some groups more vulnerable to macroeconomic shocks than others? Hypothesis tests based on panel data from Peru [J]. *Journal of Development Economics*, 1998, 56 (1): 181 – 206.

250. Grech A G. Evaluating the Possible Impact of Pension Reforms on Elderly Poverty in Europe [J]. *Social Policy & Administration*, 2015, 49 (1): 68 – 87.

251. Habtewold T M. Impact of climate-smart agricultural technology on multidimensional poverty in rural Ethiopia [J]. *Journal of Integrative Agriculture*, 2021, 20 (4): 1021 – 1041.

252. Heckman J J. Sample Selection Bias Specification Error [J].

Econometrica, 1979, 47 (1).

253. Herington M J, Malakar Y. Who is energy poor? Revisiting energy (in) security in the case of Nepal [J]. *Energy Research & Social Science*, 2016, 21: 49 –53.

254. Hoddinott J, Quisumbing M A R. Data sources for microeconometric risk and vulnerability assessments [M]. World Bank, Social Protection, 2003.

255. Howes S, Hussain A. Regional growth and inequality in rural China [J]. Working Papers, 1994.

256. Imbens G W, Lemieux T. Regression discontinuity designs: A guide to practice [J]. *Journal of econometrics*, 2008, 142 (2): 615 –635.

257. Jalilian H, Kirkpatrick C. Does Financial Development Contribute to Poverty Reduction? [J]. *Journal of Development Studies*, 2005, 41 (4): 636 –656.

258. Karahasan B C, Bilgel F. The Topography and Sources of Multidimensional Poverty in Turkey [J]. *Social Indicators Research*, 2021 (3): 1 –33.

259. Katsushi S. Imai and Raghav Gaiha and Ganesh Thapa and Samuel Kobina Annim. Microfinance and Poverty—A Macro Perspective [J]. *World Development*, 2012.

260. Klasen S, Waibel H. Vulnerability to Poverty in South – East Asia: Drivers, Measurement, Responses, and Policy Issues [J]. *World Development*, 2015, 71: 1 –3.

261. Lee D S, Lemieux T. Regression discontinuity designs in economics [J]. *Journal of economic literature*, 2010, 48 (2): 281 –355.

262. Lehtim? ki P L. Exploring The Relationship Between Multidimensional Poverty And Subjective Well – Being Among Young Women In Three

Sub – Saharan African Countries: A Capability Approach [D]. The University of Bergen, 2021.

263. Leichenko R, Silva J A. Climate change and poverty: vulnerability, impacts, and alleviation strategies [J]. *Wiley Interdisciplinary Reviews: Climate Change*, 2014, 5 (4): 539 – 556.

264. Liao, Chuan, et al. Targeted poverty alleviation through photovoltaic-based intervention: Rhetoric and reality in Qinghai, China [J]. *World Development*, 2021, 137: 105117.

265. Ligon E, Schechter L. Measuring vulnerability [J]. *The Economic Journal*, 2003, 113 (486): C95 – C102.

266. Lin J Y. Rural Reforms and Agricultural Growth in China [J]. *American Economic Review*, 1992, 82.

267. Liu M Y, Feng X L, Wang S G, et al. Does poverty-alleviation-based industry development improve farmers' livelihood capital [J]. *Journal of Integrative Agriculture*, 2021, 20 (4): 915 – 926.

268. Martinez A, Perales F. The dynamics of multidimensional poverty in contemporary Australia [J]. *Social Indicators Research*, 2017, 130 (2): 479 – 496.

269. Martínez – Martínez O A, Coutiño B, Ramírez – López A. Beyond multidimensional poverty: challenges of measurement and its link with social policy in Mexico [J]. *International Journal of Sociology and Social Policy*, 2021.

270. Mccrary J. Manipulation of the running variable in the regression discontinuity design: A density test [J]. *Journal of Econometrics*, 2008, 142 (2): 698 – 714.

271. Mcculloch N, Calandrino M. Vulnerability and Chronic Poverty in Rural Sichuan [J]. *World Development*, 2003, 31.

272. Meng L. Evaluating China's poverty alleviation program: A regression discontinuity approach – ScienceDirect [J]. *Journal of Public Economics*, 2013, 101 (1): 1 – 11.

273. Meyer B D, Sullivan J X. Winning the War: Poverty from the Great Society to the Great Recession [J]. *Brookings papers on economic activity*, 2012.

274. Montalvo J G, Ravallion M. The pattern of growth and poverty reduction in China [J]. *Journal of Comparative Economics*, 2010, 38 (1): 2 – 16.

275. Nancy Qian. Missing women and the price of tea in China: The effect of sex-specific earnings on sex imbalance [J]. *The Quarterly Journal of Economics*, 2008, 123 (3): 1251 – 1285.

276. Oyekale T O. Impact of poverty reduction programs on multidimensional poverty in rural Nigeria [J]. *Journal of Sustainable Development in Africa*, 2011, 13 (6): 1 – 11.

277. Pinilla – Roncancio M, Alkire S. How poor are people with disabilities? Evidence based on the global multidimensional poverty index [J]. *Journal of Disability Policy Studies*, 2021, 31 (4): 206 – 216.

278. Praag B, Ferrer – i – Carbonell A. A multidimensional approach to subjective poverty [M]//Quantitative approaches to multidimensional poverty measurement. Palgrave Macmillan, London, 2008: 135 – 154.

279. Pritchett L, Suryahadi A, Sumarto S. Quantifying Vulnerability to Poverty: A Proposed Measure, Applied to Indonesia. 2000.

280. Restaino S E. The impact of microfinance on poverty [M]. University of South Carolina, 2010.

281. Rogan M. Gender and multidimensional poverty in South Africa: Applying the global multidimensional poverty index (MPI) [J]. *Social Indi-*

cators Research, 2016, 126 (3): 987 -1006.

282. Rosenbaum P R, Rubin D B. The central role of the propensity score in observational studies for causal effects [J]. *Biometrika*, 1983, 70 (1): 41 -55.

283. Rozelle S, Park A, Benziger V, et al. Targeted poverty investments and economic growth in China [J]. *World Development*, 1998, 26 (12): 2137 -2151.

284. Silber J, Chakravarty S R, Deutsch J. On the Watts Multidimensional Poverty Index and its Decomposition [J]. *World Development*, 2008, 36 (6): 1067 -1077.

285. Singh S K, Maddala G S. A Function for Size Distribution of Incomes [M]//Modeling Income Distributions and Lorenz Curves. Springer New York, 2008.

286. Singh V, Jaiswal A, Porter J D H, et al. TB control, poverty, and vulnerability in Delhi, India [J]. *Tropical Medicine & International Health*, 2002, 7 (8): 693 -700.

287. Thistlethwaite D L, Campbell D T. Regression-discontinuity analysis: An alternative to the ex post facto experiment [J]. *Journal of Educational psychology*, 1960, 51 (6): 309.

288. Townsend R M, Ueda K. Financial Deepening, Inequality, and Growth: A Model - Based Quantitative Evaluation1 [J]. *Review of Economic Studies*, 2006, 73 (1): 251 -293.

289. Townsend, P., 1979, "The Development of Research on Poverty", in Department of Health and Social Security, Social Security Research: The Definition and Measurement of Poverty, London, HMSO.

290. Wagle U. Multidimensional Poverty Measurement [J]. *Economic Studies in Inequality*, Social Exclusion and Well - Being, 2008, 95 (2):

476 – 487.

291. Ward P S. Transient Poverty, Poverty Dynamics, and Vulnerability to Poverty: An Empirical Analysis Using a Balanced Panel from Rural China – ScienceDirect [J]. *World Development*, 2016, 78: 541 – 553.

292. Yuyu, Chen, Li – An, et al. The long-term health and economic consequences of the 1959 – 1961 famine in China. [J]. *Journal of health economics*, 2007.

293. Zhang Z, Ma C, Wang A. A longitudinal study of multidimensional poverty in rural China from 2010 to 2018 [J]. *Economics Letters*, 2021, 204: 109912.

294. Zhao X, Jr J G L, Chen Q. Reconsidering Baron and Kenny: Myths and Truths about Mediation Analysis [J]. *Journal of Consumer Research*, 2010, 37 (2): 197 – 206.

附录1：建档立卡流程图

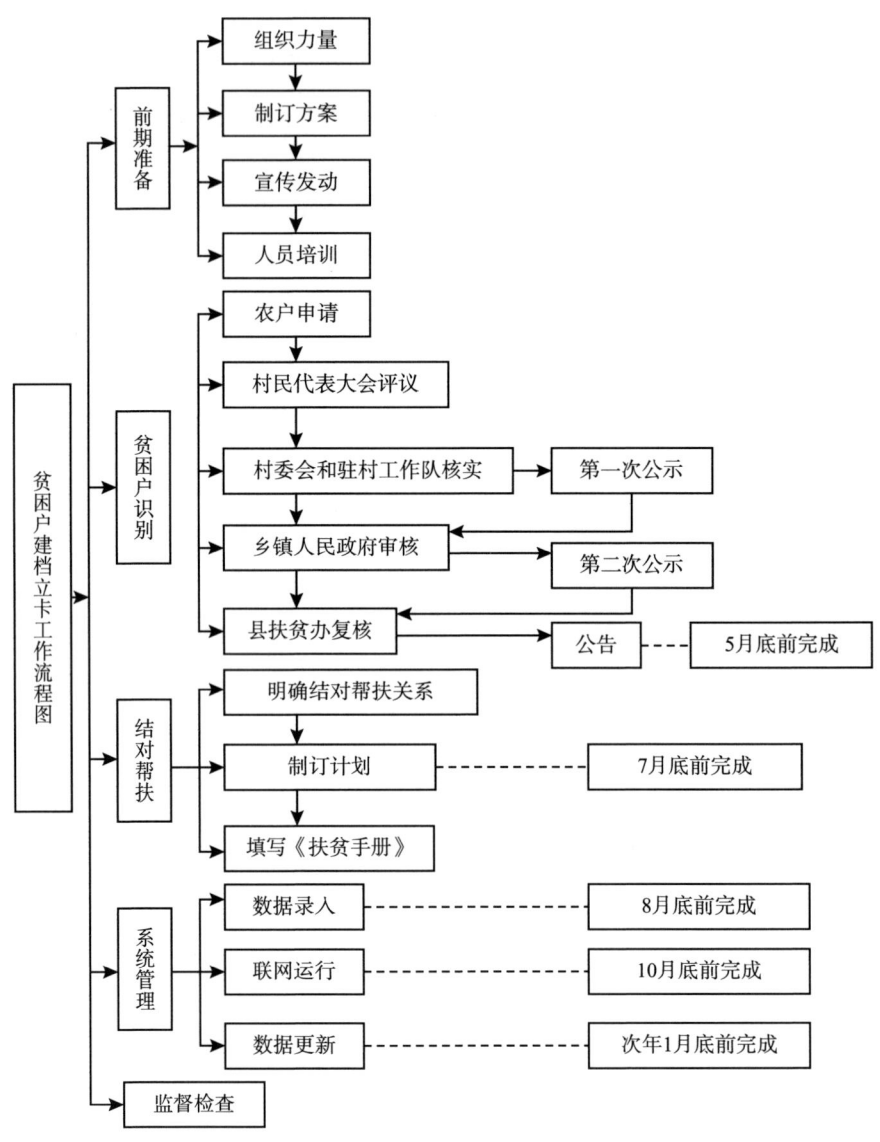

贫困户建档立卡流程

附录1：建档立卡流程图

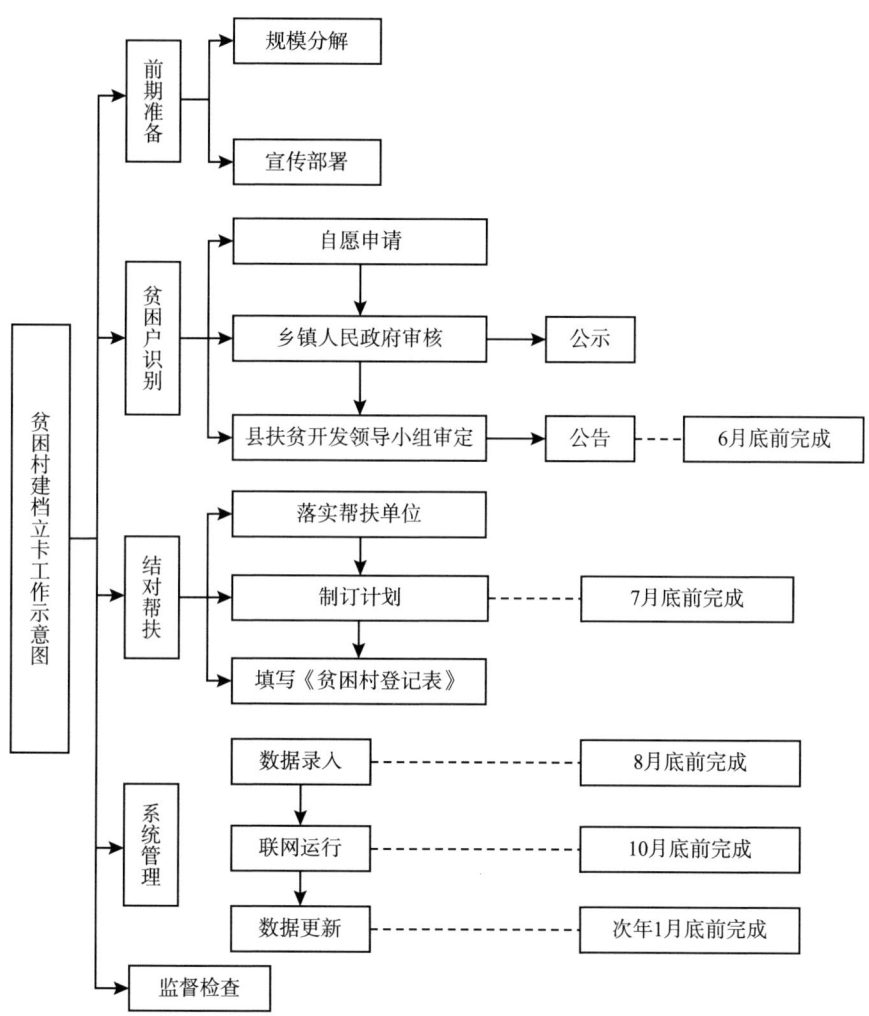

贫困户与贫困村建档立卡流程

附录2：贫困户申请书

贫困户申请书

村委会：

  我家住　　　　　　　　组，家庭人口　　人，其中有劳动能力　　　人，2013年家庭人均纯收入　　　　元。特申请为贫困户。

申请人（签字）

年　　月　　日

后 记

转眼自己也开始步入而立之年，逐渐感觉到青春在慢慢地溜走。出生于农村，从小在民族山区长大，很早就见证了农民的不易与辛苦。还记得爷爷带着我第一次去田里掰了半天玉米，腰都差点累断了。稍大一点，开始在城里读中学，就发现城里和农村的物质生活存在天壤之别，当时就想弄清楚农民为什么过得这么苦，所以在报考研究生的时候选取了农业经济相关专业，并对于自己所学充满热爱。硕博八年，不后悔当初的选择！经过多年的学习，我对这个问题渐渐明了，也更加深刻地理解了祖国大地的社会现实。

这本书的主体内容来源于我的博士毕业论文。我在博士阶段选取"精准扶贫政策"作为毕业论文的研究方向也是因为机缘巧合。2016年10月，在海南大学读硕士期间，我参加了由海南省教育厅组织的在东方市展开的教育精准扶贫督查工作，十多天的时间跑完了海南省东方市所有的乡镇并接触了几百个贫困户，开始了解到部分民族地区的贫困问题触目惊心，也发现这种大规模的多主体协同的精准型扶贫方式显著提升了贫困家庭的教育水平，减少了贫困儿童的辍学率。然后在2020年10月我又参加了中科院地理研究所组织的精准扶贫第三方评估工作，在湖北宜昌长阳土家族自治县内各乡镇考察了精准扶贫政策的成效，通过和多位基层扶贫工作人员和贫困户的交流，获得了很多一手资料，让我对精准扶贫政策有了更深入的了解，就想通过自己所学较为科学地对精准扶贫的政策效果进行评估，从经济学的角度考察精准扶贫政策在减缓农户贫困的前提条件与适宜范围，从而为后扶贫时代提升低收入群体的收入水平建言献策。所幸部分研究成果得到了学界认同，先后发表于《海南大学学报（人文社会科学版）》《中国农业资源与区划》南大核心期刊。

博士五年时间过得真快！想当初也是机缘巧合之下来到华中农业大学读书，而今作为学术水平并不高的我竟然博士毕业了，真是难以想象！三十回望，真像一场梦。作为一个山区小镇青年，不聪明还甚懒惰，有一些缺点，一步步磕磕绊绊地走过来，还挺有意思！感谢老天，这一路走来，得到了太多人的帮助。感恩一切帮助我的人，让我走到现在。

感谢恩师李谷成教授。高山仰止，景行行止。谢谢李老师一直以来对我的关心、爱护与帮助。李老师还时时刻刻关心我的生活，经常会把我叫到办公室面对面谈心聊天。当我在论文写作遇到挫折时，不停地鼓励我、支持我，帮助我修改，让我重拾信心。谢谢李老师，想对您说一声师恩不忘！感谢恩师吴平教授。还记得写的第一篇论文被您逐字逐句地修改，并且前前后后改了十余遍。我曾将被您改过的文章已经装订成册，发现差不多有半人高。也谢谢您带领我走入编辑出版领域的大门，带我体会到编辑领域的美，让我读一个博士却有读两个博士的收获，使我在科研中"农经"和"编辑""两肩挑"。毕业后我也会更加努力，不辜负您的希望！

在这里我要着重感谢叶锋师弟，我在博士论文的修改过程中得到了他很大的帮助与支持，他花了很多的时间与精力帮助我从头到尾修改毕

后　记

业论文，最后博士论文的通过他功不可没！感谢童婷师妹和丁逸飞师弟对我博士论文的修改与校对。在我博士论文受挫时，是姜维军大哥天天陪着我，安慰我，帮助我修改，陪我度过最煎熬的岁月。

本书能够顺利出版，离不开经济科学出版社编辑老师的大力支持，在此特别致谢！

秦升泽
二〇二二年十月于武汉

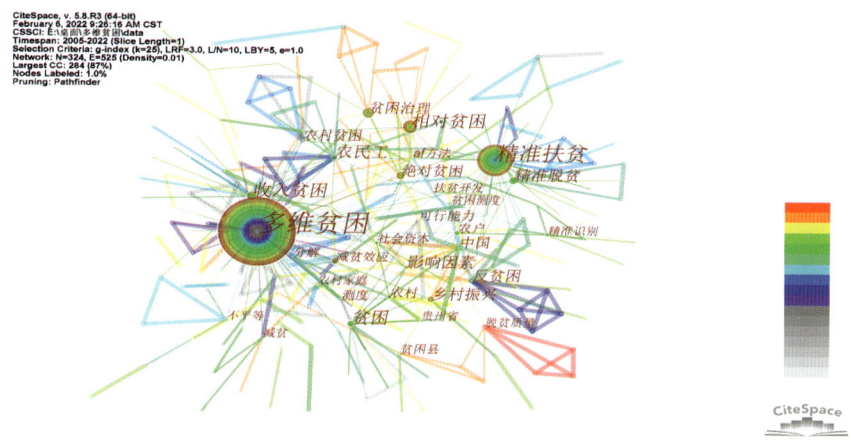

图 1：国内多维贫困研究关键词聚类图

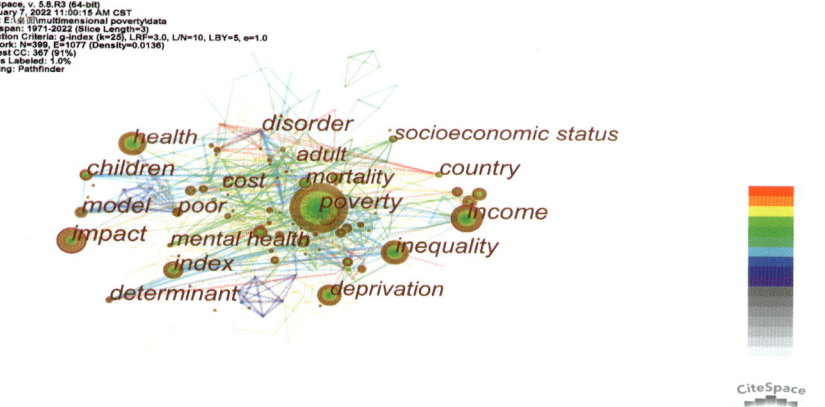

图 2：国外多维贫困研究关键词聚类图

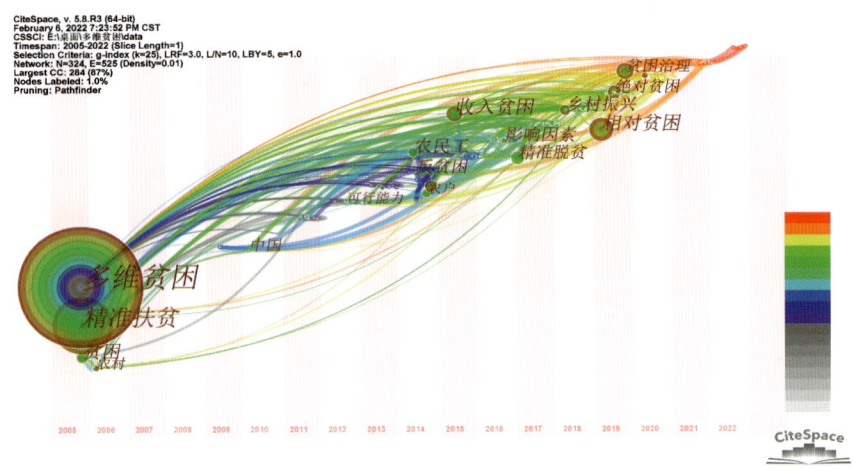

图 3：国内多维贫困研究时序图

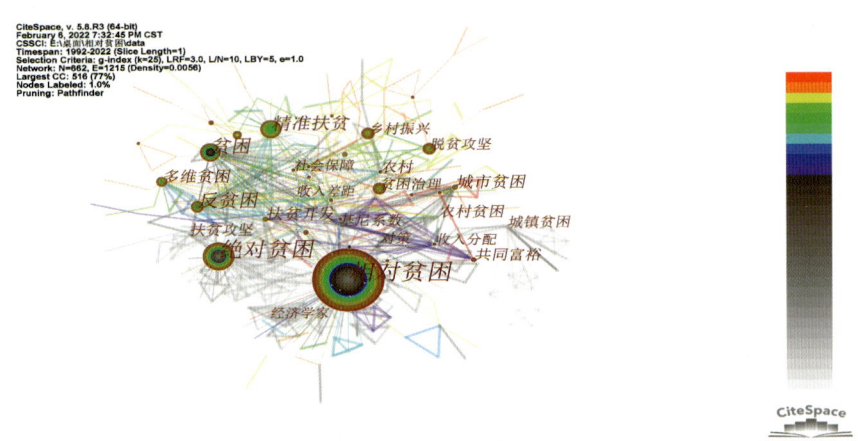

图 4：国内相对贫困研究关键词聚类图